ガバナンスと評価 16

科学技術政策とアカウンタビリティ

山谷清志 監修／南島和久 編著

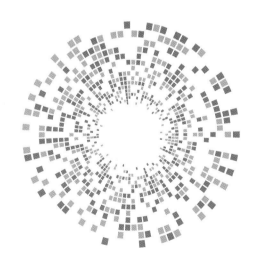

晃洋書房

はしがき

　本書の主題は「科学技術政策はコントロールできるのか」である．まずはこの主題の背景について触れたい．

　日本では長らく「技術立国」あるいは「科学技術立国」ということがいわれてきた．日本は加工貿易によって経済的繁栄を手にしてきた．その基盤にあったのは日本の工業製品の水準の高さであった．

　しかし，ここにきて日本の研究力の失速が嘆かれるようになっている．「失われた30年」はすでに「失われた40年」といわれるようになっている．この問題をなんとか克服できないものか．そのためにこれまで，科学技術政策関連のさまざまな改革が取り組まれてきた．その1つが第二次安倍晋三内閣発足後ほどなくして取りまとめられた「日本再興戦略── Japan is Back ──」（2013年6月14日閣議決定）であった．

　日本再興戦略2013では「失われた20年」への問題認識が示されながら，「科学技術イノベーションの推進」という項目が設けられていた．そこでは，「技術で勝ってビジネスで負ける」状況，さらには「技術でも負ける」状況があるとされており，研究開発投資の推進による「科学技術立国」の復活，ひいては世界経済フォーラムのイノベーション（技術力）ランキング首位獲得が目標として掲げられていた．

　その具体的な改革項目は，「『総合科学技術会議』の司令塔機能の強化」「革新的研究開発支援プログラムの創設」「研究開発法人の機能強化」「官・民の研究開発投資の強化」「知的財産戦略・標準化戦略の強化」などであった．なお，司令塔機能の強化策の中には，「アウトカムを重視した PDCA の積極的推進」も含まれていた．

　その後，「日本再興戦略」は2016年まで改訂がつづけられた．最後の改訂となった日本再興戦略改訂2016では，科学技術政策関連として，以下の6つのKPI（アウトカムベースの重要業績評価指標）が掲げられていた．

①「2025年までに企業から大学，国立研究開発法人等への投資を3倍増とすることを目指す」
②「今後10年間で世界大学ランキングトップ100に10校以上入る」

③「イノベーション（技術力）世界ランキングを5年以内に世界第1位に」

④「年俸制又は混合給与対象者を，2014年度は6,000人，2015年度は1万人規模とすることを目指す」

⑤「2015年度末で各大学の改革の取組への配分及びその影響を受ける運営費交付金の額を3〜4割とすることを目指す」

⑥「ベンチャー企業へのVC投資額の対名目GDP比を2022年までに倍増とすることを目指す」

しかし，その多くは実を結べていないままである．そればかりか，科学技術立国への危機感はさらに深まるばかりである．いったい，なぜなのか．

端的にいえばその原因は，科学技術の範囲が広く，そして深く，政府政策によって容易にコントロールができるようなものではないからではないか．本書の中では，科学技術あるいは科学技術政策を，聖書に出てくる怪獣「リヴァイアサン」になぞらえている．少なくとも科学技術や科学技術政策の中身についての基礎的な知識がなければ，そのコントロールに近づくことさえできない——そうした思いが本書の背景にはあった．

日本の科学技術とはいったいどういうものなのか．科学技術政策や科学技術・イノベーション政策はいったいどのような構造となっており，いかなる機能を果たしているのか．いま問題となっている争点の背景にはいったい何があるのか．そのすべてではないにせよ，これらの問題を一部でも解明しようとしたのが本書である．本書の目次を一瞥していただくとこのことが理解されよう．

本書の特徴は行政学からのアプローチを主軸している点にある．著者の全員が行政学者ではないが，その多くが行政学者である．一般的に科学技術政策を研究対象とするのは科学技術社会論（STS）や科学技術史，または自然科学分野である．なぜ，ここに行政学のアプローチが必要なのか．その理由は以下の3つである．

第1に，政策の実施体制，すなわち行政組織や外部団体に注目する必要があると考えたからである．科学技術政策について学ぼうとするなら，その司令塔機能の構造や機能，すなわち戦前の技術院，戦後の科学技術庁，中央省庁再編後に登場した総合科学技術会議，これが改組される形で登場した総合科学技術・イノベーション会議の構造や機能を踏まえる必要がある．さらには，その実働部隊たる国立研究開発法人や大学について見ておく必要がある．こうした

組織論の改革論は行政学のテリトリーにある.

　第2に,政策の実施体制の先に評価論議があるが,これを見据えようとしたからである.先の「日本再興戦略」でも登場したPDCAサイクルやアウトカムベースの評価論議は,政策の構造や機能の実態を踏まえなければ空疎なものとなる.ずらりと並べられたKPIをいくら追求しようとも,ボトルネックの解消に触れることができなければ,問題は繰り返されるばかりである.これを掘り下げるには政府政策の中身に迫る深い視座が必要である.行政学はこの点に優位性がある.

　第3に,本書のキーワードとしてアカウンタビリティを掲げていることである.アカウンタビリティは「説明責任」とも訳されるが,「説明して終わり」ではなく,「第三者からの責任追及」が重要となる.科学技術政策はこのアカウンタビリティが伝統的に弱いが,「社会のなかの科学」が強調される時代にあって,科学技術あるいは科学技術政策においてもアカウンタビリティは注目されるようになっている.近年,科学技術政策ではRRI(責任ある研究とイノベーション)やELSI(倫理的,法的,社会的含意)が強調されているが,アカウンタビリティ重視の傾向はこの潮流と交錯する.アカウンタビリティの研究蓄積は行政学において厚い.本書ではこれを科学技術政策において重視したということである.

　「リヴァイアサン」は神とも悪魔ともいわれてきた.トマス・ホッブズはその著作『リヴァイアサン』(1651年)において人間が作り出すコモンウエルスをこの名で呼んだ.それは王権神授説に代わるコモンウエルスの理論的基礎――社会契約説――を提供するとともに,「万人の万人に対する闘争」を止揚するものとして描かれていた.

　「リヴァイアサン」に向き合うのは難しい.キリスト教社会では7つの大罪の1つ,嫉妬の悪魔といわれる.同時に,この悪魔に向き合うためには徳が必要とされる.科学技術政策に置き換えれば,この位置にアカウンタビリティを含めた責任論が据えられる.

　はたしてわれわれは「リヴァイアサン」に向き合うことができるのか.本書がその一助となれば望外である.

　2025年1月

　　　　　　　　　　　　　　　　　　　　　　南　島　和　久

v

目　次

はしがき

【第1章】
科学技術政策とその評価 ……………………………………… 1

＋は じ め に　（1）

＋1．「リヴァイアサン」　（1）

＋2．大　前　提　（3）
　　　　　──アカウンタビリティ概念の拡大──

＋3．可視化とその枠組み　（6）

＋4．2つの整理軸　（10）

＋5．素人が科学をつかまえる　（12）

＋6．誤謬と混乱を超えて　（15）

【第2章】
科学技術政策の誕生 ……………………………………… 21
　　　──戦前・戦中・戦後──

＋は じ め に　（21）

＋1．科学と技術　（21）

＋2．科学技術の誕生　（25）

＋3．戦　時　体　制　（31）

＋4．戦後への承継　（33）

＋お わ り に　（36）

【第3章】
科学技術庁設置過程 ……………………………………………… 41
──「三度の波」と「一元化」──

+ はじめに　（41）

+ 1．科学技術庁設置までの「三度の波」　（42）

+ 2．初期科学技術庁の体制　（52）

+ 3．科学技術庁の誕生過程の結果　（53）

+ おわりに　（55）

【第4章】
司令塔機能の形成と展開 ……………………………………… 59

+ はじめに　（59）

+ 1．科学技術庁による科学技術政策の拡大（1956〜1994）　（59）

+ 2．科学技術基本法の制定と総合科学技術会議の成立（1995〜2004）　（63）

+ 3．科学技術イノベーション政策への展開（2005〜2020）　（68）

+ おわりに　（72）

【第5章】
科学技術政策と学術 …………………………………………… 81
──科学アカデミーをめぐって──

+ はじめに　（81）

+ 1．日本学術会議の動向　（84）

+ 2．科学技術政策の司令塔機能強化　（89）

+ 3．「車の両輪」論の捉え方　（97）

+ おわりに　（100）

【第6章】

研究開発機関の法人化と研究開発の評価 ……………… 105
──独立行政法人・国立大学法人・国立研究開発法人──

＋は　じ　め　に　（105）

＋１．独立行政法人と国立大学法人の制度　（105）

＋２．研究開発力強化法と国立研究開発法人制度　（111）

＋３．研究開発機関の法人化と研究開発の評価の論点　（115）

＋お　わ　り　に　（117）

【第7章】

雇用と科学技術 …………………………………………… 123
──国立大学・理化学研究所の事例から見る任期付問題──

＋は　じ　め　に　（123）

＋１．繰り返される雇止め問題　（124）

＋２．研究者の雇用環境が悪化した背景　（128）

＋３．研究者と任期制・流動性の起源と経緯　（132）

＋４．任期制のねらいと社会の変化　（138）

＋お　わ　り　に　（140）

【第8章】

日本の科学技術における改革の病理 …………………… 147
──政策遺産とドクトリンの古層がもたらす研究力低下の構造──

＋は　じ　め　に　（147）

＋１．戦後科学技術政策の課題　（148）

＋２．ドクトリンと政策遺産　（151）

＋３．行政改革と政策の発展　（154）
──戦後科学技術政策の展開──

viii

＋4．政策遺産が規定するドクトリン　（160）
　　　　──明治期に遡る産業技術と学術推進体制の影響──

＋お わ り に　（165）
　　　　──制度的変化と行政学の対象としての科学技術政策──

【第9章】

国立研究開発法人における研究・開発と評価 ……………… 169
　　　── JAXA 研究開発部門の事例──

＋は じ め に　（169）

＋1．研究開発の現場における評価　（169）

＋2．研究開発法人と評価の複雑さ　（171）

＋3．JAXA の評価体制　（174）
　　　── Big Science 組織に根付いた評価の体系──

＋4．研究開発組織の評価が陥る罠　（181）

＋お わ り に　（185）

【第10章】

海外における科学技術政策 ……………………………………… 187
　　　──欧州宇宙機関の責任追及と行政管理──

＋は じ め に　（187）

＋1．宇宙開発政策における責任追及　（187）

＋2．欧州宇宙機関の組織と政策　（189）

＋3．欧州宇宙機関における評価と管理　（191）

＋4．民主的統制のバランス　（194）

あ と が き　（201）
索　　　引　（203）

第 1 章　科学技術政策とその評価

＋ は じ め に

　わたしたちは「科学技術」という言葉を耳にするとき，一体何をイメージするのだろうか．H3 ロケット打ち上げ，ノーベル賞，地球温暖化，新しい防衛装備品開発プロジェクトなど，たくさんあるだろう．ただし，わたしたち普通の市民にとって科学技術は直接関わらない世界にあり，容易にコントロールできる対象ではない．

　かつて1970年代はじめに，そうした科学技術政策をコントロールしようと，アメリカの政府関係者と研究者はプログラム・アカウンタビリティを考案し，それを確保するためプログラム評価を試みた時代があった［Smith and Hague 1971］．

　しかし，その努力は報われず，プログラム評価の代わりの代用品（プロセス評価）が使われるようになった．だが，プロセス評価は手間がかかる代用品でしかなかった．プロセス評価は政策や政府活動の実際を見る評価ではなく，伝統的な監査と同じく政策の外形的な形式を見る方法だったからである．

＋ 1．「リヴァイアサン」

　日本政府は，科学技術の振興策（政府全体の科学技術関係予算）のために毎年4兆円以上の予算を組んでいる．2022年度には4兆2921億円，2023年度は4兆7882億円，2024年度は4兆8556億円というように増やし続けてきた．この金額は市民の金銭感覚を遙かに超えているので，全く実感がわかないものの，4兆円と言えば膨大な金額である．科学技術政策はそれを毎年食い続けているので

「リヴァイアサン」[1]と呼びたくなる．その上，このリヴァイアサンの実態はゴーストのように全容がはっきりしない．金額やプロジェクト規模の巨大さ，複雑さ，関係政府機関の多さ，科学技術の内容の難解さのために見えにくいのである．

　古くから使ってきた政府活動をコントロールする方法は，財務監査 (fiscal auditing) である．この監査で確保する 'fiscal accountability' は，政府活動の正しさを，合法性，合規性，法令遵守，内部手続の準拠性の基準で判断する．もちろんそれらは重要なことだが，しかし合法性，合規性，準拠性だけでは答えられない問いがある．「果たして政府活動は有効だったのか」である．

　もちろん，財務や会計のコントロールは重要で，政府活動領域が限定されていた18世紀や19世紀の昔，「夜警国家」(政府の役割は夜回りだけのようなものという意味) の言葉で説明された「小さな政府」のもとでは十分だった．

　しかし今は違う．「大きな政府」，「行政国家」とか「福祉国家」と呼ばれる現代政府では，政府が社会のさまざまな領域に進出し，多様なサービスを提供する．観光庁 (2008年)，運輸安全委員会 (2008年)，消費者庁 (2009年)，原子力規制委員会 (原子力規制庁) (2012年)，防衛装備庁 (2015年)，スポーツ庁 (2015年)，個人情報保護委員会 (2016年)，出入国管理庁 (2019年)，カジノ管理委員会 (2020年)，こども家庭庁 (2022年) などが新設されたのは，そうした社会の問題を有効に解決し，必要なサービスを提供できる体制を構築するためである．その反面，こうした活動の内容は高度に専門化して素人は理解できないうえに，政策やサービスの有効性は手続・手順のチェックだけではわからない．したがって，政府活動や政策の実質に目を向ける必要がある．それは，政府活動や政策の目標を達成するために作られるプログラムを直接見て，成果が出ているかどうかのモノサシでプログラムのアカウンタビリティを確認することだった．

　全体像がはっきりしないリヴァイアサンの全容をプログラムで視認し，可視化するのはアカウンタビリティをめざす第一歩であった．アメリカでは，リヴァイアサンの動きを捕捉する手段はプログラム評価で，プログラムの評価で問われる責任がプログラム・アカウンタビリティ (programme accountability)[2]だった．伝統的な 'fiscal accountability' だけでは足りない部分をプログラム・アカウンタビリティの概念を使い，責任確保の実効性をあげる努力をしたのである．

　しかし，その努力は報われず，やむをえずプログラム評価の代わりの代用品

（プロセス評価）を使うようになった．プロセス評価は，政策や事業活動の実際を見るプログラム評価とは違い，伝統的な監査と同じく，形式を細かく丹念にチェックする方法だった．このため，現場の研究者たちの事務負荷は増した．

┼ 2. 大 前 提
──アカウンタビリティ概念の拡大──

　ここではプログラム・アカウンタビリティをめざす努力が，プロセス・チェックのプロセス・アカウンタビリティになった経緯を説明しよう．

　アカウンタビリティの中心を fiscal accountability から programme accountability へと転換させようとする試みは，経済成長と福祉拡大を迎えた1970年代当時の時代の要請だった．拡大する政府サービスの財務や組織マネジメントを見ても，政府活動が働きかける対象に起きた変化は見えないからである．

　実態を見る，現場を知るという意味では，政府の活動単位のプログラムとそれが働きかける市民，社会への注目は欠かせない．逆に，伝統的なコントロール方法では，会計検査上問題はない，法律や規則のコンプライアンスに間違いはない，しかし問題は解決していない，こうした落とし穴にはまる．そのため1970年代から長年，世界各国・地域195の最高会計検査機関（Supreme Audit Institution）で構成される国際組織最高会計検査機関国際組織（International Organization of Supreme Audit Institutions）と，その地域機構の1つである最高会計検査機関アジア地域機構（Asian Organization of Supreme Audit Institutions）は，業績検査（performance auditing）や有効性検査（effectiveness auditing）に挑戦する形でプログラムに注目してきた．もちろん，政策学においても政策評価の枠組みの中で，プログラムに対する評価（evaluation research）に挑戦してきた．

　もっとも，プログラムにアカウンタビリティ概念を拡大し，プログラム評価を実践するのは簡単でない．とくに科学技術政策の根幹にある研究や開発の場合は，対人サービスと違って働きかける相手は不明であり，また具体的な目標の確認，目標に合わせた緻密なスケジュール設定は難しい．そこで，こうした研究とリサーチの分野でプログラム・アカウンタビリティが困難な場合には，やむをえずプロセス・アカウンタビリティ概念を使って代用することが考えられた［Robinson 1971：108-13］．

このプロセス・アカウンタビリティとは，大臣や上位機関，あるいは資金提供団体によって指定された手続や手順に従って業務（研究や作業）を進めたのかどうかをチェックして確認する責任のことで，手順・手続を適正に進めれば成果が出るはずだと考える．また，もし成果が出なくても手続きに従っていたことで，担当者を免責する．もちろん，このアカウンタビリティを確保させる方法は，結果（result）や成果（outcome）の評価ではない．研究手続の遵守，資金使用の規定遵守，スケジュールの遵守，法令の遵守などを総体的にパフォーマンス（業績）と考え，それらのチェックをあえて評価と呼んだのである．

プロセス・アカウンタビリティでは，実態を確認して内容に迫るのが難しいので，業績評価と，外形的・形式的な手続の形式チェックによって「正しさ」を証明する手続きによってアカウンタビリティを確保することにした．21世紀になって日本の科学技術の分野で語られる「道筋」の説明，研究成果ではなく学会報告回や学術誌掲載論文の数の多さ，研究者の流動性の高さなどで行なう評価は，こうしたプロセス評価に近い．

その後アカウンタビリティ概念を拡大させ，プログラムを対象にして政策の有効性を評価する活動については，政策評価として各国で制度化され，ODA評価を通じて国際的に普及したので，今では違和感がないだろう．しかしプログラム評価の実用化まで，3つの大きなハードルを越える必要があった．

その第1は手法の開発である．プログラムを対象にする評価（evaluation）は，データの収集・調査（research），データの分析（analysis）と比較，そしてそれらの結果を踏まえた判断（judgement）の3段階で構成される．もちろんその前提には対象であるプログラムの確認が必要で，政府の政策体系（政策―プログラム―プロジェクト）の中にプログラムを位置づけできていることが重要である．現場のプロジェクトとプログラムのそれぞれにおいて集めるデータは微妙に異なっているので，区別が必要だからである．つまり，プログラムが介入し，働きかけた結果として対象において発生した変化を現場で調査し（定性調査・定量調査），その調査で得られたデータを分析する．分析したデータを他の類似プログラムと比較しデータの信憑性を確認，プログラム介入は効果があったかどうかを判断する．こうした一連の作業をプログラムに対して開発できているのかどうかが重要である．できていない場合，プログラム評価は不可能である．福祉や教育などの対人サービスでプログラム概念の展開，理論化は可能であり，事実そうした分野でプログラム評価理論は発展してきた〔スミス 2009；安田・渡

邊 2008；安田 2009；山谷 2020].　とくに ODA の分野では，ODA 評価の領域でプ
ログラム概念とその評価が洗練され，グローバル化されてきた.

　他方，プログラム評価が難しい政策分野では，先に述べたように政策を実施
する手続や手順を進めるプロセスのチェックや，プロセス評価で代用し，この
場合のアカウンタビリティはプロセス・アカウンタビリティと仮置きして，次
善の策として認めている.　政策を実施するプロセスを追跡し，実施過程が予定
したように進んだか，停滞した場合には原因は何だったのかを探る方法だが，
これは評価と言うほどの活動ではない[5].　本気で成果を追求するなら，厳格な理
論と手続きに従った研究体制や調査方法が必要になるが，専門家や予算の不足
があって，それができない場合が多い.

　第 2 のハードルは，こうしたプログラム評価の手法が従来の財務監査とは次
元が違うことを，使用する政府関係者や市民が理解できているかどうかである.
伝統的な財務監査，財務のアカウンタビリティは会計や財務のルールに基づき
チェックを行う.　監査と同じく形式を見るプロセス評価は，手続（process）や
活動の作業手順（procedure）を見て，その円滑で能率的な手続遂行を確認する.
他方，プログラムを対象にした評価は，プログラムの介入がプログラム対象に
対して実際に発生させた変化の実態（substance），効果を直接見て考える.　場
合によってはプログラムが介入した社会に起きたインパクトの実態を見ること
もある.　その実態調査はインタビュー，詳細な統計データの精査などを行う社
会科学の応用で，会計学や経営学を背景にした監査や会計検査とは専門が違う.

　財務・会計やプロセスのアカウンタビリティは，行政学の説明を使えば，教
育行政，医療行政，文化行政，道路行政など多くの分野に必ず存在する総務部
門や管理部門の「行政管理」（administrative management）に関係する.　財務と
会計の点検，人事管理や業務の実施マニュアルのチェック，業務運用ガイドラ
インを遵守したかどうかの確認などが主たる活動である.　他方，プログラム評
価では現場の専門家の活動実態や，対象に生じた変化の内容，現実をリアルに
把握し可視化する努力をする.　活動実態を知るためには使用する手法の学問背
景が違うことの理解が必要で，これがわかっているかどうかもハードルになる.

　第 3 のハードルは，プログラム評価手法の実践とこの実践を保証する体制の
整備である.　行政経営や会計検査，監査と違い，プログラム評価は社会に存在
する課題を解決するために活動の実態を見ることになるので，社会学や人類学，
民俗学で開発された定性調査手法，経済学や社会工学，統計学などが開発して

きた定量分析手法を活用する必要がある．プログラム評価が応用社会科学と呼ばれるのはこのためで，社会科学の基本のリテラシーが不可欠である．それを認識した幹部が予算と専門スタッフを準備して，実践できているかどうかがハードルになる．

こうした3つのハードルに気づかない人は，プログラムを理解せず，応用社会科学としてプログラムを評価しないので，実際の成果やアウトカムは見えていない．うまくいっているのかどうかが分からないのである．失敗する評価の原因はここにある．卑近な例を使えば，学校で素人が知恵を絞って作ったモノサシ，たとえば出席率100％，皆勤賞，3年間無遅刻無欠席などのプロセス指標では，学習効果や教育リテラシー向上の成果，新しい学習指導要領のアウトカムは把握できない．このようにプロセス指標とアウトカムとの間には大きな溝がある．こうした溝を理解していないアカウンタビリティ業務は，無駄な作業を研究者たちに強いることになる．

リヴァイアサンを捕まえる仕組みの可能性と限界は以上のように考えられる．なによりもその前提として，リヴァイアサンを可視化する作業が必要である．しかし，この可視化作業にもいくつか難問がある．

3．可視化とその枠組み

およそすべての研究や実践がその対象を見るときには，研究を見る人が拠って立つ視角の確認が必要になる．かつて1990年代まで学部教育にあった一般教養課程の社会科学方法論では，準拠枠 (frame of reference)，すなわち認識・評価・判断のための枠組みを大事にするように教えていた．理想論で言えば客観的な認識が大事で，「虚心坦懐に」対象を見るべきとは言うものの，多くの人はその育った自然環境，暮らした地域の地理的条件，時代や世相の影響を受け，物の見方に偏りが出てくる．その偏りを努力して修正し，「色眼鏡」を外し，それでも偏りがあればそれを意識できるようになるべきだと言う人が，この 'frame of reference' を持ち出した．

科学技術政策に関係する科学技術社会論では，この 'frame of reference' に似たアイデアとして 'framing' が使われる［平川 2005：134］．その社会で重視される価値の確認，各人の行為に関する責任と信念の把握，競合する複数の主張間の信頼性や重要性の確認，事象の因果関係・関連性・重要性を説明する理論

をふまえて，意思決定の客観性と適切さを観察する作業で使うのがこのフレーミングである．科学に関するさまざまな課題や問題に対応する場面で，このフレーミングの正しい活用が求められる．ただ，このフレーミングの議論に入る前に，いくつか確認しておきたい重要なポイントがある．

　たとえば，わたしたちは科学技術の本当の姿を見て実態を知りたいと思うとき，まず関係しそうな文献に目配りし，新聞記事を探し，政府刊行物や官公庁のホームページを閲覧する．手早くインターネットで検索してみることもある．新型 COVID-19 の感染拡大，原子力発電所の事故，あるいは宇宙ロケットの打ち上げ，核融合エネルギー研究，機能性食品など，よく知らないことが話題になると，わたしたちのような多くの門外漢はこうした作業を行う．ただ，そのアプローチには常に不安がつきまとう．理由は，科学技術の文書や書籍，情報量は膨大なので全体を把握するのは難しいからである．何を，どのように見るか，途方に暮れる．

　この場合，文学において育まれてきた批評（criticism）が，わたしたちのような素人には役に立つ［西郷 1976：3-12］．描かれている背景，書き手の意図・ねらいを考え，時代背景を意識しながら，文献・文書群を整理することは人文科学ではきわめて常識的な方法であり，文書内容の信憑性を考えることができる．それを科学技術関連文書に応用すれば，次のように考えることができる．

　まず，「科学」や「技術」について好意的な記述をする啓蒙書からはじめよう．啓蒙の背景にあるのは日本の特殊事情で，明治政府が近代化を進めるために科学技術を制度化し［廣重 2002：第 2 章］，科学技術政策を主導してきた．富国強兵が明治政府の政策スローガンで，庶民の立身出世願望はここにつながり，科学や技術の啓蒙は明治国家の政策に貢献した．この記憶は長く残り，現在でも子供に親は理科系進学を奨め，高校の順位を国立大学の理科系学部にどれだけ入学できたのかで決めている地方の県も多い．

　また啓蒙を担当する研究機関や大学は，研究資金獲得や大学ランキングでの向上をめざして好評価（高評価ではない）に役立てるので，「好いところを PR する」傾向にある．啓蒙イコール PR になってしまう背景にこれがある．他方で，原子力関連文献や軍事装備品研究に代表されるように，特定分野については批判的言説が飛び交っているので，研究機関や大学はこの批判に対抗する組織防衛で「政治」に接近し，啓蒙も政治的様相を帯びてくる．ここでまず注意を 2 つ示したい．

第1の注意は，冷静で客観的に理解できる能力が求められる事実である．これは言い換えれば，科学技術についてはさまざまな情報が入り乱れているので，この事実を確認して事に当たるべきとの注意である．そこで，多様な情報を仕分けして科学技術政策の話を聞く態度を持つことである．「啓蒙」言説だと認識して聞くことから始めるべきなのか，それとも危機感や批判の言説だと覚悟して聞くべきなのか，これが最初にある．

次の注意は，専門分野を易しく解説したという入門書，また，サイエンス・コミュニケーターの解説やサイエンス・ライターの報道をどこまで信じるかである．無批判に手放しで迎合することには注意が必要である[7]．もちろん，人文科学や社会科学の視点で進める「批評」を基本にすえるべきで，ここから解説や報道を読み進めるべきであろう．宣伝と批評とを分けて考える態度である．

啓蒙，批判（非難），批評がどのように科学技術政策に関わるのか，その提案や主張は大きく以下の4種類に整理できる．

　⒜ 警鐘：科学とその方法の危うさについての指摘
　⒝ 改革：科学技術政策の現状に危惧感を抱く批判
　⒞ 啓蒙：科学技術の「夢とロマン」を宣伝
　⒟ 総合：現場の専門的な知識と経験をふまえ，科学の知識体系を再整理

　⒜の警鐘は，科学的な思考や方法論，すなわち問題の定義―仮説―観察，その中での実験，測定，データ合理性，論理的構造化［吉川 2016：185］のにいずれかに瑕疵がある時にでてくる．警鐘は，この瑕疵を放置したままの研究に対して，「似非科学」のレッテルを貼って注意したいと主張する．

　⒝は，政策面での課題について危機感を抱き，改革を促したい言説が多い．歴史的視点，現在の問題，そしてこれまでの政策に対する批判的評価を展開する．もちろん，改革志向なので現状批判が多い上に，専門的な内容である．

　⒞は科学技術それ自体の啓蒙である．政策論ではない．理科系の学生や研究者を増やすPRには，自分の研究が好きな人たちの理科系独特の雰囲気が伝わってくる．自分の研究について素人の聴衆に説明するとき，嬉々として話す研究者は「先生」，聴く方が「生徒」になっている．

　⒟は適正な「批評」を想起させるが，その再整理が何をめざしているのか，批評がどのような文脈で語られているのか，批評する場合には何を，どうしたいのかを考えた方向を示すべきであろう．これをしないまま科学技術政策を批

第1章　科学技術政策とその評価　9

表 1-1　政策文献整理の枠組み

	代表的文献
(A)	・マクロスキー（2002）ノーベル賞経済学者の大罪 ・シュライバー（2021）統計データの落とし穴 ・小沢慧一（2023）南海トラフ地震の真実　発生確率70〜80％，実は20％ ・前田裕之（2023）データにのまれる経済学　薄れゆく理論信仰
(B)	・レーン（2009）乱造される心の病 ・吉岡斉（2011）新版・原子力の社会史　その日本的展開 ・東京電力福島原子力発電所事故調査委員会（『国会事故調報告書』2012） ・黒木登志夫（2016）研究不正　科学者の捏造，改竄，盗用 ・豊田長康（2019）科学立国の危機　失速する日本の研究力 ・毎日新聞社（2019）誰が科学を殺すのか　科学技術立国『崩壊』の衝撃 ・川口俊明（2020）全国学力テストはなぜ失敗したのか　学力調査を科学する ・新藤宗幸（2021）権力にゆがむ専門知　専門家はどう統制されてきたのか ・共同通信社（2022）日本の知，どこへ ・牧原出・坂上博（2023）きしむ政治と科学　官邸 VS 専門家
(C)	・黒田玲子（2002）科学を育む ・尾身孝次（2003）科学技術で日本を創る ・吉川裕之（2017）科学と社会の対話　研究最前線で活躍する8人と考える ・大隅良典・永田和宏（2021）未来の科学者たち　科学を覆う「役に立つ，立たない」の呪縛を解き放つ ・依田高典（2023）データサイエンスの経済学　調査・実験，因果推論・機械学習が拓く行動経済学
(D)	・長尾真（2001）「わかる」とは何か ・齋藤了文（2005）テクノリテラシーとは何か　巨大事故を読む技術 ・阪上・後藤（2007）〈はかる〉科学　計・測・量・謀……はかるをめぐる12話 ・尾関章（2013）科学をいまどう語るか　啓蒙から批評へ ・有本・佐藤・松尾（2016）科学的助言　21世紀の科学技術と政策形成 ・藤垣裕子（2018）科学者の社会的責任 ・佐藤靖（2019）科学技術の現代史　システム，リスク，イノベーション ・ニコルズ（2019）専門知はもういらないのか ・ミュラー（2019）測りすぎ（原題は *The Tyranny of Metrics*） ・ウォーラー＆ヤンガー（2018）評価の経済学（原題：*Reputation Game*） ・エールディ（2020）ランキング ・南島・張替・山谷（2020）JAXA の研究開発と評価 ・村上靖彦（2023）客観性の落とし穴

注：網掛け(C)が本章に関連.
出典：筆者作成.

評するのは危険である．

　多くの書籍を(A)(B)(C)(D)に区別するときの基準として，人文科学，とくに文学や古典研究で一般的に行われている批評（criticism）の視点を借用した（表1-1）．一定の価値判断や評価を前提にして書籍情報を整理する方法である．ただし，人文研究で行われているような厳格な方法ではない．科学技術と社会との関係について，どのように記述しているのか，この一点だけが必要だと考えたからである．科学技術を懐疑的に見て課題を指摘しているのか(A)，それとも批判しているのか(B)，あるいは科学技術の国策に協力するつもりで科学技術のディレッタントに訴える書き方をしているのか(C)，さもなければ一定の距離を置いてシニカルに眺めているのか(D)，と言った基準である．

　なお，政策学，そして評価学の視点から客観的事実を求める視点で科学技術の政策を観察したい場合には(B)の書き方を再整理することを薦めたい．(B)の議論の先にあるのは，科学技術政策とそれを実施する体制（行政）が有効かどうかの確認である．その有効性の有無に向かう関心は，アカウンタビリティの議論につながる（表1-3のⅡとⅢを参照）．

＋ 4．2つの整理軸

　次に科学技術政策の「政策」の理解がわたしたちには必要になってくる．この政策を理解する手がかりは，科学技術が「政策」として展開される場面を想定し，それを2つに分類する城山英明のアイデアがある［城山 2018：6-7］．第1は科学技術に関する政策，そして第2は科学技術を利用する政策を見ることになる[8]．

　第1は科学技術の政策そのものを考える立場で，主に所管する科学技術庁（1956-2001年），内閣府・文部科学省（2001年）を考察の中心にすえる．第2は政策の企画立案・決定・実施・評価に科学技術を使う政策を見る立場で，交通政策，医療政策，エネルギー政策，教育政策，産業政策，防衛政策など多くの分野に及んでおり，これらを所管する官庁は，国土交通省，経済産業省，厚生労働省，防衛省など多くの省庁に及んでいる．政府や地方自治体が設置する研究機関（公設研究機関），国公立大学，国立研究開発法人，独立行政法人の政策実務を見る必要もある．

　この城山の分類は，科学技術の政策そのものの研究と，政策に科学技術を利

表 1 - 2　2つの知識

	政策内容（S）の知識	政策プロセス（P）の知識
定　義	政策の決定に利用される知識（例：人口動態予測，政策代替案の効果分析，政策評価）．	政策「プロセス」の構造と動態に関する知識．問題解決プロセスの「メカニズム」を解明する知識．
研究の特徴	・政策決定に利用される知識の研究 ・政策代替案の効果分析 ・政策決定のための情報分析 ・政策案の設計のための技術 ・政策分析によって得られる知識 ・政策分析論	・政策過程がブラックボックス化しないように努力する研究． ・政策決定・政策実施・政策評価のプロセスが，どんなアクターによって，いかなるメカニズムで行われているのか解明する．
主要関連学問	システム工学，政治学（政治決定），経済学，法学（立法技術），政策の背景の研究（交通論，教育論，農業経済など）．	政策過程論，行政学，政治学，地方自治論．

出典：秋吉［2017：28-30］を修正して筆者作成．

用する政策と社会の在り方をめぐる研究，この2つの明確な違いを示しており，多くの研究者と実務家にとって，まず整理しておくべき論点である．科学や技術の研究開発，その条件を整える体制や政策手段（補助助成・教育研究施設整備）の現実の理解は不可欠である．

　他方で，この分類と論点整理でも観察者の視線が届きにくい対象もある．そこで，もう1つの分類が考えられる．すなわち表1-2にあるような，政策内容の知識と，政策プロセスの知識に分けて，政策にアプローチする方法である．

　この表1-2の分類を作成した理由は，同じ科学技術政策を対象にした議論なのに全く違う景色を見ている人たちが少なくないからである．新型コロナ禍対策を議論する際にわたしたちは実例を目にした．感染症の専門家や研究者，現場の医療関係者（医師と看護師と保健師），保健所事務職員，都道府県庁・政令市の医療関係機関の事務方職員，厚生労働省の行政職員と技官，政治家などがそれぞれ何を考え，どのような行動を採ったのか，COVID-19感染の防止という視点で見ればその行動や対策は適切だったのかを振りかえり反省する場面で，内容の知識と，プロセスの知識に分けて考えるのは有効だろう．

　この表1-2の分類，とくに網掛けの部分を参考に，政策に関する第3の整理方法を提示したい．政策の内容'substance'（以下（S）と呼ぶ）を見るアプローチと，政策を進める上での手続'procedure'を見る方法（以下（P）で表す）との区別である．政策内容Sは政策内容の専門，たとえば土木，医療，金融，

国際協力，そして科学技術とその関連（工学・環境・生態系）である．政府府省内で（S）に関わる関係者は技術職（技官）と呼ばれる人，専門職採用者，国家資格保有者（医師・看護師・薬剤師），その分野での博士学位取得者である．もちろん専門家でない人にとっては難解な対象である．

　他方（P）は「行政」をはじめとする管理運営の事務である．大臣官房や総務部総務課に見られる業務，会計・予算，人事がその代表で，それに加えて監査，会計検査，人事評価，業務報告，政策評価，入札管理，広報などがその任務である．土木行政，医療行政，金融行政，科学技術行政と言う場合はこちらのPに注目している．行政学の基本テーマである行政管理，人事管理，予算管理，会計，広報活動（PR）などである．

　（S）の専門家は人事異動で別の職場に移動することは少ないが（たとえば医学の専門家が土木建築に移るのは無意味だろう），（P）の担当者は異動が多く，当人に違和感がない．なぜなら土木事務所から教育委員会に異動しても，（P）の仕事である予算・会計・人事・庶務などは職場が変わっても同じだからである．予算の適正な運用，入札手続の公開，情報公開の徹底，会計検査，政策評価結果の政策反映など，この（P）の言葉で語るとき，素人（非専門家の市民）も理解を得られる．その意味では官庁に特有のセクショナリズム，学問や専門分野の違いに起因する「タコツボ」化を克服できる可能性が，この（P）に存在する．もちろん，科学技術をコントロールしたい事務職員が最初に試みるのは（P）の視点での統制，監査である．

　ここで重要なことは，評価を議論し，実施するとき，（S）の専門評価にするのか，あるいは（P）の監査を行うのかである．活動実績，政策プログラムの成果を評価するのであれば（S）の知識は欠かせないが，この知識は素人と共有することが難しい．（P）はすべての政策領域で可能だが，（P）だけであれば政策実態の把握は不十分，プログラム内容に正しくアプローチできないので，隔靴掻痒感ばかりの評価になる．このとき重要なのは，どのような視点で科学技術政策をコントロールするのかである．

＋ 5．素人が科学をつかまえる

　そこで科学技術政策を整理する方法には，「科学をとらえる」視点からの整理が必要になる．科学をとらえて，つかまえたい人の視点である．そしてここ

でもまた言葉が大事になる．その大事さを説明するために，次のような区別を使うことがある．「科学が語る言葉」と「科学を語る言葉」の区別である［戸田山 2011：14-17］．

「科学が語る言葉」とは研究対象を表す言葉のことで，その言葉を使って科学は研究対象を語り，科学が調べている対象について語る（以下，下線と傍点は筆者）．たとえばウィルス，プリオン，水素結合，マグニチュード，シーベルトなどである．他方，「科学を語る言葉」とは，科学を説明する言葉である．理論，仮説，観察，有意差，相関，モデル，帰納，演繹，コントロール実験（RCT），検証などで，科学者が日常的な営みで使用する．たとえば「H3ロケット打ち上げ」は前者の科学が語る言葉，また軌道の予測・測定は後者の科学を語る言葉である．一般市民は「が」と「を」の両方を知ることが重要だが，市民は科学「が」語る言葉に注目しがちで，また専門家の説明者も「が」を語っている．文部科学省が科学志向の理科系高校生を増やす活動（Super Science Highschool）にそれはよく現れている．この結果として，一般市民は科学技術政策の内容説明，啓蒙活動によって科学に対して好印象・好評価を持つ．ここには冷静で，客観的な批評が少ないので，科学を市民がコントロールできる機会は減る．そうなる理由はいくつかある．

第1の理由は，市民が科学技術の実際に関する知識（「科学が語る言葉」）だけで説明を受け，その政策に関わる知識（「科学を語る言葉」）が不十分な場面が多いからである．玄人（専門家）と素人（一般市民で理科系の教育や経験が無い人）の差を考えると分かり易いが，素人の一般市民が，「を」の知識を持たずに科学技術政策を統制・コントロールするのは難しい．たとえば科学者の玄人が放射能に汚染された水の海洋放出，土壌に残留する化学物質について，数字で安全だと素人に説明しても，素人はなぜ安全なのかよく理解できないだろう．ダム建設の説明会で実物の完成を前提に環境保全，生物学，地質，エネルギー経済などさまざまな専門家から，科学的根拠に基づいた説明をされても，反対派市民の疑問が消えないこのためである．とくに工学的な発想や数字の説明は，目的に向けて仕事を進めて課題を解決するときに便利なので多用されるが，そもそも建設を前提としているため，建設反対派市民の猜疑心は消えない．膨大なデータを準備するエンジニアと，それを読み解く技術を持たない素人，両者には断絶がある．

科学を市民がコントロールできなくなる第2の理由は，プロセスに関する知

識の理解すら市民には足りない状況が多いからである．科学技術政策を担当する行政の場では，アカウンタビリティ確保のために政策評価，行政事業レビュー，テクノロジー・アセスメント，環境事前評価，研究開発評価，人事関連の業績評価などがたくさんの評価が行われている．そして，これら評価やアセスメントの現場では，市民に分かりやすく説明する努力がある[9]．情報公開もある．しかし，そもそも評価は「良い／悪い」「価値が有る／無い」の「価値」判断だと市民に思われているので，不信感を払拭できない．それでは不信を生まない評価とはどのような形で進めればよいのだろうか．

　本来の評価は，まず手はじめに何が行われているのかに関する現場情報の収集，ついで集めた情報の検討・分析，さらに分析結果の公表技術の決定（見せ方），最後に公表結果に対する意見・異論の収集と分析という一連の作業で行われるはずである．一連の作業はすべて公開され，外部の人が後に追跡できるようにしておく．なお，公表は単にオープンにするだけではなく，分かり易く説明する，分からない人にはわかるように解説する努力が不可欠で，その上で政策担当者の官公庁が意見（異論や反論）を聞く作業も含まれる．こうした一連の活動全体をここでは「評価」と考えている．

　実際，科学技術政策を担当する政府の府省（内閣府・文部科学省・経済産業省・防衛省・厚生労働省など），科学技術政策の実施に携わる研究開発法人・国立大学法人は，評価を使って市民に対するアカウンタビリティの責務を果たそうとする[10]．評価とアカウンタビリティはここで結びつき，このアカウンタビリティは社会の発展と共に，さまざまな種類が登場してきた（表1‐3）．

　官庁内部にいる会計や予算の専門家はⅦやⅧを使い，政治家はⅠ，法律家はⅥの視点からアカウンタビリティを語る．もちろん，医療や宇宙開発の専門家はⅣである．防衛装備品の製造を民間企業に任せているときには，国防体制を維持するためにその企業の経営を心配しなければならない（Ⅸ）．行政の専門家（行政管理や人事行政）はⅡの発想で活動を説明するだろう．しかし，市民は科学技術政策が成功したのかどうかを知りたい．その市民に分かりやすく説明する場合がⅢなのである．

　ただし，残念なことに，市民にとって期待外れも多い．アカウンタビリティを「説明責任」と誤訳した日本では，説明者を政策担当の官公庁に任せてしまったので，アカウンタビリティの複雑さを無視し，責任を追及する主体（市民）からの議論をせず，行政機関が「説明すればよい」ことにしてしまった．

表 1 - 3　アカウンタビリティの種類

	責任の種類	アカウンタビリティを追及／確保する方法	学問
Ⅰ	政治責任	選挙，世論，住民投票，リコール，報道	政治学
Ⅱ	行政責任	行政事業レビュー，行政監察，政策実施過程の調査	行政学
Ⅲ	政策責任	個別政策の評価，プログラム評価	政策学
Ⅳ	専門家責任	ピア・レビュー，学会の評価，資格／学位の有無	専門分野
Ⅴ	対市民責任	国会や議会での発言，行政官のプロ意識，情報公開	政治学
Ⅵ	法的責任	合法性，合規性，コンプライアンス	法律学
Ⅶ	会計責任	会計検査，監査	会計学
Ⅷ	予算責任	予算の社会的影響の経済分析，予算執行調査	財政学
Ⅸ	経営責任	会社組織の経営と収益，業績拡大，経営の透明性	経営学

出典：筆者作成.

しかも，日本社会で多くの人びとは「由らしむべし，知らしむべからず」の故事に従う癖が抜けず，また「人の噂も七十五日」・「過ぎたことは水に流す」の俗諺に迎合し，「臭いものには蓋をする」悪習を残している．市井の市民に「丁寧に説明する」と言いながら，無意味な言葉を繰り返す政治家も増えている．説明や広報が，単なるプロパガンダに堕落する場面も多い［本間 2016］.

　アカウンタビリティが正しく機能しづらい背景を持つ日本社会では，したがって，科学技術政策にシビリアン・コントロールが効きにくい状況にある．この場合，科学技術政策に対して素人がどのようにアプローチし，政策をコントロールするべきかが重要な課題になる．まずは何が，どのように行われているのかを知ることである．もちろん，それは本書の基本的なテーマでもある．

┼ 6．誤謬と混乱を超えて

　ここではアカウンタビリティの拡大にあわせて強化され洗煉されるべき評価の体制が，実は不十分だとの認識で議論を展開してきた．科学技術政策を念頭にこの議論を進めたのだが，いささか回りくどい文章になったので，簡潔にまとめたい．これまでの議論をふり返ると，次のように言うことができる．

　・アカウンタビリティが多様な概念であることを失念している日本社会．

・50年前から，社会は政策の有効性を確認するプログラム評価を求めているが，多くの政策（とくに科学技術政策）ではむずかしい．目標が不明確で，政策対象がわからず，プログラムを調査できるスタッフも予算もないからである．仕方なく代替のプロセス・チェックのプロセス評価を使った．
・チェック作業が形式要件だけを気にした結果，評価がコンプライアンス・チェックに堕落した．
・科学技術政策の広報は夢を語る啓蒙になり，理科系大学の受験生確保に使う．
・科学技術の啓蒙は，予算確保の道具にもなったので，悪口を書かない．
・政策について語るときにS（内容）とP（手続と手順）との区別をしないまま評価を導入したので，科学者や研究者に事務員のまねごとをさせる．
・政策責任を追及しないため，選挙はポピュリズムの影響を受けやすくなり，裏金問題追及や人気取り言説が目立つ反面，本当の深刻な政策課題が隠され，政治責任も追及されない．
・説明すれば良いと安易に考える政治家の行動や言説が，政治不信を増幅する［鵜飼 2022：131］．

　一般市民，素人は政策に無関心で難しい話を敬遠するので，アカウンタビリティはますます機能しない．
　第1章では科学技術政策を念頭に，評価を使ったコントロールとアカウンタビリティの前提を整理した．難しい議論が多いのだが，この難しさを回避して聞く耳を持たない素人社会は，評価を必要としないのでリヴァイアサンを放置している．政府のガバナンスを維持するツールだった評価は巧く機能せず，現状では数量目標設定に没頭し，目標の達成度に拘泥するプロセス・チェックを評価だと僭称している．しかも数字への拘泥は正しいサイエンスの現場では基本的な大前提なので，ナイーブ（無邪気で騙されやすい）な数字へのこだわりも正当化されてしまうし，むしろ積極的に奨励される．その結果，誰も関心を持たないアカウンタビリティ報告が繰り返され，誤った説明に誘導される社会になりつつある．
　科学技術政策がリヴァイアサンのまま放置されるのか，あるいは適切なコントロールが可能なのかについては，本書の各章をご覧頂きたい．

注

1） リヴァイアサン（Leviathan）とは海の怪獣．T.ホッブズの主著（1661）のタイトル
で知られ，国家がこの怪獣である．国家・産業・科学の三位一体が「科学の体制化」
［廣重 2002：2-4］であり，この国家を中心とする体制が制御困難なリヴァイアサンに
なる．なお，国家（state）を対象にする学問はドイツ国家学やマルクス主義社会科学
の影響が強く，政府（government）を対象にする研究は英米流の多元主義政治学の流
れにある［ラスキ 1952：266］．「行政国家」がこの怪物だという意見もある［サンス
ティーン・ヴァーミュール 2024］．

2） プログラムを programme と書くのはイギリス英語で，当時イギリスでもプログラ
ム評価が注目されていたのである．

3） ノーベル賞や各種学会の賞のように，他者の評価に委ねそれを使う方法もある．

4） 子供の貧困対策プログラムには，こども食堂プロジェクト，教育費無料プロジェク
ト，奨学金拡充，虐待を受けた児童を保護するプロジェクトなどがある．それらすべ
てを包含する政策は「こども家庭庁設置法」第三条の所掌事務で説明されている．

5） プログラム評価で使われる発想，ロジック・モデル（インプット→活動→アウト
プット→アウトカム→インパクトの流れを事前に想定し，また事後に追跡する方法）
は，プロセス評価の代表である．正しいプログラム評価はアウトカム調査が必要であ
る．

6） 日本の社会科学の教育現場には，こうしたリテラシーを教えるカリキュラムが存在
する．しかし，社会問題や国際援助，地域振興のサブスタンスに興味を持つ学生（と
くに政策学部生）は，基礎を学ばずに専門的な実践にはしるので，社会科学リテラ
シーは身につかない．基礎知識を持たないので間違った実践に気づかない．この政策
学部の問題は消費者教育や性教育の課題に似ている．

7） とくに，科学ジャーナリズムは「上から目線」の啓蒙ではなく，批評が重要になっ
てくるとの指摘がある．尾関［2013］を参照．また科学コミュニケーションやスー
パー・サイエンス・ハイスクール（文部科学省）が啓蒙に終わるおそれがあることは
要注意である．さらに iPS 細胞をめぐる主要 7 新聞の誤報もあるので（朝日新聞2012
年10月27日），市民は独自の理論武装が必要だが，批評の視点を持たない聴衆には難し
い．

8） なお，科学技術と政策の混乱を整理するのに有効な視点がある［村上 2023：41］．
「科学技術のための公共政策」と「公共政策のための科学技術」と分けて考える視点で
ある．前者は科学技術政策そのものであり，後者は医療，環境，防衛，エネルギーな
ど各種の政策領域で使われる文理融合型の科学技術のことで，政策学教育，政策科学
研究での実践に貢献するはずである．

9） その努力の代表が，民主党政権時の「事業仕分け」（2009年11月13日）の「2位じゃ
ダメなんでしょうか」（参院議員の蓮舫氏）だった．科学を分かり易く説明させる努力
の必要が，政権交代によって示された事例である．

10) アカウンタビリティとは，道義的責任・主体的責任の responsibility と区別される英語圏の責任概念．外部統制により客観責任を確保する場面で求められる説明能力のこと．公式にアカウンタビリティを追及する立場の人と，追及を受ける側の人がいる．アカウンタビリティのためには，事前にアカウンタビリティ追及ルールを具体的に明示する必要がある．

参考文献
〈邦文献〉

有本建男・佐藤靖・松尾敬子［2016］『科学的助言――21世紀の科学技術と政策形成――』東京大学出版会.

依田高典［2023］『データサイエンスの経済学――調査・実験，因果推論・機械学習が拓く行動経済学――』岩波書店.

ウォーラー，D.，ヤンガー，R.［2018］『評価の経済学』（月沢李歌子訳），日経 BP 社.

鵜飼健史［2022］『政治責任――民主主義との付き合い方――』岩波書店（岩波新書）.

エールディ，P.［2020］『ランキング――わたしたちはなぜ順位が気になるのか――』（高見典和訳），日本評論社.

大隅良典・永田和宏［2021］『未来の科学者たち』角川書店.

岡田節人・佐藤文隆・竹内啓ほか編［1999］『岩波講座　科学／技術と人間 2　専門家集団の思考と行動』岩波書店.

小沢慧一［2023］『南海トラフ地震の真実』東京新聞.

尾関章［2013］『科学をいまからどう語るか――啓蒙から批評へ――』岩波書店.

尾身孝次［2003］『科学技術で日本を創る』東洋経済新報社.

掛谷英紀［2007］『学者のウソ』ソフトバンククリエイティブ（ソフトバンク新書）.

川口俊明［2020］『全国学力テストはなぜ失敗したのか――学力調査を科学する――』岩波書店.

神田啓治・中込良廣［2009］『原子力政策』京都大学学術出版会.

共同通信社［2022］『日本の知，どこへ』日本評論社.

黒木登志夫［2016］『研究不正――科学者の捏造，改竄，盗用――』中央公論新社（中公新書）.

黒田玲子［2002］『科学を育む』中央公論新社（中公新書）.

国立研究開発法人科学技術振興機構，科学コミュニケーションセンター編［2017］『吉川弘之対談集――科学と社会の対話――』丸善出版.

サイード，E. W.［1998］『知識人とは何か』（大橋洋一訳），平凡社（平凡社ライブラリー）.

西郷信綱［1976］「批評と文学史」『岩波講座　文学10　表現の方法 7　研究と批評・下』岩波書店.

齋藤冨士郎［2000］『「研究」と「開発」を考える――現場からの発送――』NEC クリエ

イティブ.

齋藤了文［2005］『テクノリテラシーとは何か――巨大事故を読む技術――』講談社.

佐伯啓思［2012］『経済学の犯罪――希少性の経済学から過剰性の経済へ――』講談社
（講談社現代新書）.

阪上孝・後藤武編［2007］『〈はかる〉科学――計・測・量・謀……はかるをめぐる12話
――』中央公論新社（中公新書）.

佐藤靖［2019］『科学技術の現代史――システム，リスク，イノベーション――』中央公
論新社（中公新書）.

サンスティーン，C.，ヴァーミュール，A.［2024］『法とリヴァイアサン――行政国家を
救い出す――』（吉良貴之訳），勁草書房.

シュライバー，P.［2021］『統計データの落とし穴　その数字は真実を語るのか？』（土屋
隆裕監訳），ニュートンプレス.

城山英明［2018］『科学技術と政治』ミネルヴァ書房.

スミス，M.［2009］『プログラム評価入門――行政サービス，介護，福祉等ヒューマン
サービス分野を中心に――』（藤江昌嗣監訳・矢代隆嗣訳），梓出版社.

東京電力福島原子力発電所事故調査委員会［2012］『国会事故調報告書』徳間書店.

戸田山和久［2011］『『科学的思考』のレッスン』NHK 出版（NHK 出版新書）.

豊田長康［2019］『科学立国の危機――失速する日本の研究力――』東洋経済新報社.

長尾真［2001］『「わかる」とは何か』岩波書店（岩波新書）.

南島和久・張替正敏・山谷清志編［2020］『JAXA の研究開発と評価――研究開発のアカ
ウンタビリティ――』晃洋書房.

ニコルズ，T.［2019］『専門知は，もういらないのか――無知礼賛と民主主義――』（高里
ひろ訳），みすず書房.

廣重徹［2002］『科学の社会史（上）――戦争と科学――』岩波書店（岩波現代文庫）.

平川秀幸［2005］「遺伝子組み換え食品規制のリスクガバナンス」，藤垣裕子・編『科学技
術社会論の技法』東京大学出版会.

藤垣裕子［2018］『科学者の社会的責任』岩波書店.

ホッブズ，T.［2009］『リヴァイアサンⅠ，Ⅱ』（永井道夫・上田邦義訳），中央公論新社
（中公クラシックス）.

本間龍［2016］『原発プロパガンダ』岩波書店（岩波新書）.

毎日新聞社［2019］『誰が科学を殺すのか――科学技術立国『崩壊』の衝撃――』毎日新
聞出版.

前田裕之［2023］『データにのまれる経済学――薄れゆく理論信仰――』日本評論社.

牧原出・坂上博［2023］『きしむ政治と科学――コロナ禍，尾身茂氏との対話――』中央
公論新社.

マクロスキー，D.N.［2002］『ノーベル賞経済学者の大罪』（赤羽隆夫訳），筑摩書房.

真野俊樹［2012］『入門　医療政策』中央公論新社（中公新書）.

丸山眞男［1964］『増補版　現代政治の思想と行動』未来社.

ミュラー，J.［2019］『測りすぎ』（松本裕訳），みすず書房.

村上靖彦［2023］『客観性の落とし穴』筑摩書房（ちくまプリマー新書）.

村上裕一［2024］「欧州の実践から――アカウンタビリティ確保のためだけの評価を超えて――」『評価クォータリー』71.

レーン，C.［2009］『乱造される心の病』（寺西伸子訳），河出書房新社.

安田節之・渡辺直登［2008］『プログラム評価研究の方法』（臨床心理学研究法7），新曜社.

安田節之［2011］『プログラム評価――対人・コミュニティ援助の質を高めるために――』新曜社.

山谷清志［2006］『政策評価の実践とその課題――アカウンタビリティのジレンマ――』萌書房.

山谷清志監修，源由理子・大島巌編［2020］『プログラム評価ハンドブック――社会課題解決に向けた評価方法の基礎・応用――』晃洋書房.

吉岡斉［2011］『原子力の社会史――その日本的展開――』朝日新聞社出版.

吉川裕之［2016］「科学的助言における科学者の役割」，有本建男・佐藤靖・松尾敬子ほか『科学的助言』東京大学出版会.

ラスキ，H. J.［1952］『国家』（石上良平監訳），岩波書店.

〈欧文献〉

Robinson, D. Z.［1971］"Government Contracting for Academic Research: Accountability in the American Experience," in Smith, B. L. and Hague, D. C. eds., *The Dilemma of Accountability in Modern Government: Independence Versus Control*, Macmillan.

Smith, B. L. and Hague, D. C.［1971］*The Dilemma of Accountability in Modern Government: Independence Versus Control*, Macmillan.

（山谷　清志）

第2章 | 科学技術政策の誕生
——戦前・戦中・戦後——

✛ はじめに

　本章では，日本における「科学技術」という言葉の誕生を振り返る．
　「科学」と「技術」はもともと別々の内容を意味する言葉であった．これが組み合わされて「科学技術」という言葉が誕生したのは，戦時下の「科学技術新体制確立要綱」(1941年) に前後する時期のことであった．それは，総力戦体制へと向かうなか，学術的な意味における「科学」と工業的な意味における「技術」をつなぐ，あるいはこれらを融合させる言葉として生み落とされた．

　こんにちわれわれが理解している「科学技術」という言葉は，この総力戦体制下の用語法から軍事的な意味内容を削ぎ落としたものである．それを決定づけたのは終戦直後の連合国軍総司令官総司令部 (GHQ) の方針であった．それは，戦後の日本の科学技術政策が，他国と比べておよそ異質な，産業振興に資する方向に傾斜した独特なものとなった原因でもあった．

　このような背景を等閑視するなら日本的な意味での科学技術政策の姿は見えてこない．本章では日本の科学技術政策を語る際のイントロダクションとして，この経緯を振り返る．

✛ 1．科学と技術

(1) 福沢諭吉の「数理学」

　そもそも「科学技術」という言葉は日本語にもともとあったものではない．少なくとも1940 (昭和15) 年前後までは，「科学」と「技術」は別の意味内容をもっていた．なお，明治維新以降の日本の近代化のプロセスのなかでは，もっ

ぱら西欧からの「技術」の吸収の方が重視されていた.

　日本において「科学」について大きな関心が寄せられたのは明治維新期である. このときの「科学」は, 西欧列強との比較のなかで「文明」の差として認識されていた. 例えば, 『学問のすゝめ』(1872年)で知られる福沢諭吉は, 『福翁自伝』(1899年) において, 西洋と東洋の文明の違いについて, 以下のような認識を示していた.

　　「古来, 東洋西洋相対して其進歩の前後遅速を見れば, 実に大造な相違である. 双方共々に道徳の教もあり, 経済の議論もあり, 文に武におのゝ長所短所ありながら, 拟, 国政の大体より見れば富国強兵, 最大多数最大幸福の一団に至れば, 東洋国は西洋国の下に居らねばならぬ. 国勢の如何は果たして国民の教育より来るものとすれば, 双方の教育法に相違がなくてはならぬ. ソコで, 東洋の儒教主義と西洋の文明主義と比較して見るに, 東洋になきものは, 有形に於て数理学と, 無形に於て独立心と此二点である.」

　上記の福沢の指摘で重要なのは, 転換期の同時代人として, 「数理学」と「独立心」の2つを, 西欧にあって東洋になきものであると捉えていた点である. 「数理学」について福沢はとくに物理学をそのモデルとして捉えていた [丸山 2001:47]. 文明開化以降, 日本社会には西欧文明が急速かつ大量に流れ込んでいた. 福沢は西欧文化にとどまらずそれらの文明の違いに目を向けており, そのなかに科学も含まれていた.

(2) 西周の「技術」論

　「科学技術」という言葉のうち, 「科学」についてはさらに後述することとし, まずは「技術」について触れておきたい.

　最初に「技術」に注目したのは西周であったという. 西の「百学連環」(京都の私塾・育英会における1870 (明治3) 年に公表された講義メモ)では, 'mechanical art'の訳語として「技術」の語があてられていた [西 1870＝1989].

　西の「技術」の理解の仕方についてはもう少し補足が必要である. 西は 'science and art' を「学術 (技芸)」とし, この「学術」のうちの「学」を取り出し, これをさらに2つに区別して1つを 'pure science', もう1つを 'applied science' としていた. また, もう1つの「術」についても同じように分解し,

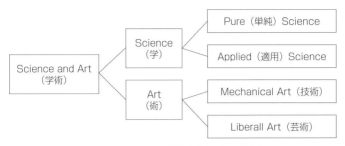

図2-1 西周の「技術」概念の位置
出典：筆者作成．

1つを'mechanical art'，もう1つを'liberal art'と説明していた[2]．このような西の理解の仕方は図2-1のように描くことができる．

その後の「技術」概念は，明治初期の殖産興業と交錯することとなる．その結節点に位置していたのが，同年末に設置されることとなった工部省であった．

（3）工部省

工部省は西欧の技術の日本への移植を目的とし，民部省からの移管を受けつつ設置された官庁であった．工部省は，1871（明治4）年までに10寮1司（工学寮，勧工寮，鉱山寮，鉄道寮（以上一等寮），土木寮，燈台寮，造船寮，電信寮，製鉄寮，製作寮（以上二等寮）および測量司）が整備された．工部省の設置を推進し，その初代長官となったのは伊藤博文であった．平野［1999］は，この工部省のなかで「技術」の語がよく使われるようになったことを指摘している．

工部省設置の契機は，来日していた英国人鉄道技師のエドモンド・モレルによる伊藤博文に向けた建言（あるいは「モレル建議書」．1870（明治3）年）にあるとされている．柏原［2009：23］はモレルの提案内容として，①鉄道・道路建設等の公共事業専門の実施官庁の設置，②技術者を養成する機関の設置，③実際の事業実施組織の整備を抽出している．これを雛形として伊藤と大隈重信は「工部院建置之議」（1870（明治3）年）を太政官に提出したという（同上）．「工部院」はその後政府部内の検討を経て「工部省」となった．

工部省設置の歴史的意義は，①それ自体が洋式技術の導入を目指したこと，および②技術者の育成を重視したことに集約される．①については，横須賀造船所，富岡製糸場，生野鉱山などの初期の官営事業が手掛けられていった．

②の技術者の育成については，工部省予算の多くを費やし，御雇外国人の招聘と工部大学校（のちの東京大学工学部）の建設と運営が図られていった．この工部大学校卒業生は日本の近代化に重要な役割を果たした．だが，政府はこれらの費用負担に耐えきれなくなり，のちに官営事業払い下げや内閣制度創設時（1885（明治18）年）の工部省廃止に至る[3]．

　端的にいってこの時期の「技術」はどのような文脈で理解されていたか．それは近代化を目指す日本において，実用的な意味で日本社会を変革するものとして政策的に重視されていたものであった．

（4）科学とはなにか

　あらためてこの時期の「科学」についてはどのように説明しうるのか．‘science’は西の用語法にもあるように「学術」とも訳されていた．その上で，これに「科学」の訳語をあてたのも西であるとされる［島尾 1986：174][4]．その後，日本が西欧科学を摂取していくなかで，‘science’は大きく2つの理解の仕方に分かれていくこととなった．

　第1の意味は，「科学」イコール「個別諸科学」という理解の仕方である．西のほか，いわゆる開明派官僚もこの理解であった．ただしこの理解の仕方では，「科学」と「技術」との区別があいまいとなってしまうという問題があった．

　第2の意味は「科学」イコール「理学」という，より限定的な理解の仕方である．例えば1884（明治17）年の菊池大麓の講演録「理学之説」では「理学」と「理学応用」との混同が厳しく批判されている［菊池 1884＝1989][5]．現代的表現でいえば，「基礎科学」と「応用科学」，あるいは「科学」と「技術」の区別ということになろうか．いずれにしろここでの「科学」の概念は「技術」と明確に区別されている．この用語法はとくに理学（物理学）における伝統でもある．いったいなぜ，「技術」から「科学」を区別して理解する必要があったのだろうか．

　例えば村上［2018：22］は「科学」の定義を，「自然についての経験的な関係のあいだに，『なぜ？』に関する答えを組織的に見つけていこうとする人間の営み」であるとか，「経験法則についての『なぜ？』を解決してくれる理論系を探求していくこと」に求めている［村上 2018］．この「科学」の定義には「技術」は含まれていない．

村上の説明を続ければ，「技術の場合には，この『なぜ？』に対する答え（それを与えてくれる理論系）が必ずしも必要ではない」こと，あるいは「科学」には「経験主義の度合いを低めること」が求められることであるとされている[村上 2018：23-25]．

このことを踏まえていえば，「科学」を「技術」から独立して捉えることの意義は，経験から離れた抽象思考（あるいは理論的体系）それ自体を焦点化する点にあるといえそうである．

このような理解に基づけば，「科学」は，人間が何らかのメカニズムからその法則性を抽出し，理論的体系として記述するためのものとなる．その最大のメリットは，獲得された理論的体系からは観察不可能な，あるいはいまだ発見されていない現象の洞察や予測が可能になる点にある．端的にいえば，それは湯川秀樹（日本人初のノーベル賞受賞者）の「物みなの　底にひとつの法ありと日にけに深く　思い入りつつ」という言葉に象徴されているものである．それは「技術」の制御可能性の源泉にもなる，ということである．

脇道にそれるが，湯川は一時期，アジア初の基礎研究所として設立された「理化学研究所」（1917（大正6年設立））に務めていた．理化学研究所は，当初「化学研究所」として設置されようとしていたが，物理学も必要ということから現在の名称となったという．発足当初の財源は皇室からの下賜金，政府の補助金，民間実業家からの寄付などであった．第二次世界大戦期には理研コンツェルンと呼ばれるほどに発展し，財閥の一角をなすとともに，基礎研究，とくに物理学のメッカともなった[6]．

╋ 2．科学技術の誕生

（1）科学技術新体制運動

さて，時代は下って「科学技術」という新たな言葉が生まれたのは1940（昭和15）年頃である．その背景には，企画院や軍部あるいはその当時の時局が，実用主義的な「科学」の動員を求めていたことが重要である．

鈴木[2010：8]は，最初にフォーマルに使われた「科学技術」という言葉について，1940（昭和15）年8月8日に創設された「全日本科学技術団体連合会」の名をあげている．鈴木はその設立運動に際し，興亜院技術部と企画院科学部との間に密接な連携があったことを指摘している[鈴木 2010：9]．その直後に

表 2‑1　1937〜1944年の出来事

時　期	首　班	出　来　事
1937（昭和12）年2月2日 〜1939（昭和14）年1月5日	近衛文麿 （第一次）	盧溝橋事件・日中戦争勃発（1937年7月），国民精神総動員実施要綱（8月），企画院設置（10月），国家総動員法公布（4月），科学振興調査会官制（1938年8月），興亜院設置（12月），科学研究費創設（1939年4月），科学審議会設置（5月）
1939（昭和14）年1月5日 〜1939（昭和14）年8月30日	平沼騏一郎	ノモンハン事件発生（1939年5月），独ソ不可侵条約（8月）
1939（昭和14）年8月30日 〜1940（昭和15）年1月16日	阿部信行	欧州にて第二次世界大戦勃発（1939年9月），総動員試験研究令公布（9月），ノモンハン事件終息（9月）
1940（昭和15）年1月16日 〜1940（昭和15）年7月22日	米内光政	昭和15年度科学動員実施計画綱領（1940年4月）
1940（昭和15）年7月22日 〜1941（昭和16）年7月18日	近衛文麿 （第二次）	基本国策要綱決定（1940年7月），全日本科学技術団体連合会創設（8月），日独伊三国軍事同盟締結（9月），大政翼賛会結成（10月），経済新体制確立要綱（12月），治安維持法全部改正（1941年3月），日ソ中立条約締結（4月），科学技術新体制確立要綱（5月），独ソ戦開始（6月）
1941（昭和16）年7月18日 〜1941（昭和16）年10月18日	近衛文麿 （第三次）	米国による対日石油輸出禁止（1941年8月），帝国国策遂行要領（9月）
1941（昭和16）年10月18日 〜1944（昭和19）年7月22日	東條英機	「米国及英国二対スル宣戦ノ詔書」および真珠湾攻撃（1941年12月），東條内閣の「大東亜共栄圏建設」表明（12月），技術院官制（1942年1月），技術院設置（1月），大東亜建設審議会官制（2月），大東亜建設基本方策（5月），ミッドウェー海戦（6月），科学技術審議会官制（12月），科学技術審議会第1回総会（1943年1月），東京帝国大学第二工学部設置（4月），大東亜省・軍需省設置（11月），日本軍ガダルカナル島から撤退（1943年2月），米軍のサイパン上陸（1944年6月），マリアナ沖海戦（6月）

出典：筆者作成.

　登場したのが「科学技術新体制確立要綱」であり，ここにおいて日本の「科学技術政策」が誕生することとなる. これらを繋いだのは「科学技術新体制運動」という民間の運動であった.

　青木［2006］は，「科学技術新体制運動」について，「1940年夏頃に起こった近衛新体制運動に呼応して，企画院，興亜院などの技術系官僚を中心に進められた科学技術の体制刷新を目指す政治運動であった」としている.

第2章　科学技術政策の誕生　　*27*

　この時期の背景はおおむね次のような情勢にあった．1930（昭和6）年には
関東軍によって満州事変が引き起こされ，翌年には満州国が建国された．さら
に1933（昭和8）年に日本は国際連盟から脱退し，1937（昭和12）年には日中戦
争が勃発した．日中戦争開戦の直前において第一次近衛内閣は成立する．その
後，平沼郎内閣，阿部内閣，米内内閣を挟んで第2次および第3次の近衛内閣
となる．この時期の主な出来事は表2-1のとおりである．
　ところで表2-1の少し前の時期となる1934（昭和9）年には，陸軍省新聞班
がパンフレット「国防の本義と其強化の提唱」を作成していた．このパンフ
レットにおいては日本が当時どのような世界史的な位置にいたと認識されてい
たのかが写し出されている．
　陸軍のパンフレットでは，「近代的国防観」として，「対外的には国家の全活
力を総合統制するにあらずんば，武力戦は愚か遂に国際競争其物の落伍者たる
の外なき事態となりつゝある」という認識が披露されていた．またそこでは，
第一次世界大戦を念頭に置きつつ「技術」の説明において，「将来戦は国民全
部の戦争であり，両国民の智能の戦争である．開戦当初の新兵器は直ちに旧兵
器となる．創造力の大なる国民は将来戦の勝者たり得る国民である．欧洲戦当
初誰れか，タンクや毒瓦斯の出現を信じたらう．無線操縦，殺人光線は今や夢
想の時代を過ぎて実用の時代に入りつつあるであるではないか」とされていた．
さらにはその向こう側には，「科学的研究に於ても，無統制の現況より一歩を
進め，合理的，能率的に研究の統制を企図することが，国防の見地よりして望
ましいことである」というビジョンが示されていた．
　そこには第一次世界大戦を経験したうえでの国防の見地から，「技術」とは
別のところにあった「科学」の動員への期待が示されていた．「科学」への注
目が顕著となっていくのはこの後のことである．

（2）基本国策要綱

　1940（昭和15）年7月22日に第二次近衛内閣が組閣されると，その4日後に
は「皇国」「八紘一宇」などの超国家主義を体現するキーワードで知られる
「基本国策要綱」（1940年7月26日閣議決定）が登場した．同要綱は米内内閣の下
で検討されていたものに加筆され，第二次近衛内閣組閣直後に世に問われたも
のである．
　この要綱では「国家総力発揮の国防国家体制」を基底としつつ，「建設的に

して且つ弾力性に富む施策を講じ以て皇国国運の進展を期す」とされており，その具体的な項目として「科学に画期的振興並に生産の合理化」が掲げられていた．大淀［1989：342］はこのことを，「科学・技術政策は，この国家計画において初めて他の政策と同等に位置付けられ，全体の中に組み込まれた」と評している．ただし，ここにはまだ「科学技術」という新たな熟語はみられない．

　科学技術を対象とする政策，すなわち「科学技術政策」を具現していくために，政府は新たな行政機構を求めた．この体制整備を目指したのが，「科学技術新体制確立要綱」（1941（昭和16）年5月27日）であった．ただし，そのための実施機関の整備までにはさらなる月日が必要であった．

（3）科学技術新体制確立要綱

　「科学技術新体制確立要綱」の起草は企画院で行われた．企画院は日中戦争の勃発を受けて1937（昭和12）年に設置された機関であり，革新官僚や軍部が参加していた．

　企画院の設置から「科学技術新体制確立要綱」の登場までの間には，国家総動員法（1938（昭和13）年），「経済新体制確立要綱」（1940（昭和15）年12月7日閣議決定）などが登場していた．これらのうち「経済新体制確立要綱」は，「基本国策要綱」を踏まえて策定されたものである．これらの延長線上に「科学技術新体制確立要綱」が登場した．その要点は，日本初の具体的な科学技術政策の実施体制の確立にあった．

　「科学技術新体制確立要綱」の中心には「高度国防国家完成の根幹たる科学技術の国家総力戦体制」を確立することが据えられていた．その下で「科学の画期的振興」「技術の躍進的発達」が謳われるとともに，「国民の科学精神」がその基礎となる旨が示されていた．また，その推進体制については，行政執行上の司令塔となる「技術院」（仮称）と，科学技術最高国策に関する重要事項を調査審議する機関となる「科学技術審議会」（仮称）の2つが構想されていた．

　「科学技術」という新たな熟語がなぜ必要だったのか．この点について大淀は，日本の行政機関が縦割構造になっているがゆえにこれらの機関を設置するために必要な権限を，とくに商工省と文部省が手放そうとしなかったこと，またこれらの行政機関の所管に抵触しないような領域を表現する新たな用語としてそれが求められていたこと，さらには同要綱は難産をきわめるがその背景には大学や民間企業からの反対も激しかったことなどに言及している［大淀

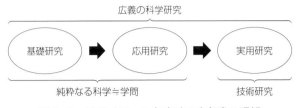

図 2-2　1940 (昭和15) 年当時の文部省の理解
出典：「『科学技術新体制確立要綱』（昭和15年9月25日付企画員案）ニ対スル
質問並ニ意見」をもとに筆者作成．

1989：386］．なお大淀は，日本学術振興会が「相当批判的であった」ことにも触れている［大淀 1989：403-405］．

　日本学術振興会は1932（昭和7）年の昭和恐慌のさなかに学術振興を目的とし，政府からの補助金3万円と皇室からの下賜金150万円を得て設置された民間の機関（財団法人）であった．その設立の中心人物は当時の帝国学士院長であった櫻井錠二（理学博士，物理化学専攻，理化学研究所の設立にも関与）である．

（4）セクショナリズムの狭間

　大淀の説に依拠すれば，「科学技術」という熟語は省庁縦割が生み出したものともいえる．この省庁縦割の問題についてはさらに沢井［2012］を参照しておきたい．沢井は，企画院の新体制構想について，とくに商工省や文部省が抵抗していたとしているが，そのうち文部省の主張として以下のような内容を紹介している．

　すなわち，「科学技術」という新しい熟語が登場したこと，広義の科学研究に「基礎研究」「応用研究」「実用研究」があること，文部省としてはこの中の「実用研究」を「技術研究」と解する立場をとること，「基礎研究」「応用研究」については文部省の所管たる「純粋なる科学」の領域にあること，したがって文部省としては新しい熟語から「科学」を削除ありたいと主張していたことなどである［沢井 2012：145］．これを模式的に示したものが図2-2である．

　図2-2において興味深いのは，広義の科学研究を「基礎研究」「応用研究」「実用研究」という用語で再整理していること，文部省がこのような三段階論を企画院への反対論陣として利用していることなどである．これに対する企画院側の再反論は，とくに「工作機械」「航空機工業」「研究施設」の立ち遅れがみられること，これらを加速させるためにこそ科学技術新体制が必要であるこ

となどであった［沢井 2012：146］．

　なお，文部省はのちの「科学技術審議会」の設置の際にも同種の反論を行っている．その際には「応用研究」「実用研究」を「科学技術」とし，「基礎研究」はここから除外するよう求めていた［沢井 2012：153］．そこには時局を前にした文部省の後退も垣間見える．

（5）技　術　院

　「科学技術新体制確立要綱」で設置を求められていた「技術院」は，企画院科学部の事務，商工省商務局所管の工業製品規格統一に関する事務，逓信省航空局所管の航空機および航空機材の規格に関する事務，科学審議会の事務などを寄せ集め，1942（昭和17）年１月31日に設置された内閣直属の機関として発足させられたものである．

　当時の報道を参照すると，「技術院」設置の目的は，①国家緊要の技術に関する画期的な躍進目標を設定すること，②これを計画期間内に実現せしめるため国内の技術能力を集中動員すること，③従来各省に分属し断片的に処理されていた科学技術行政を調整統一することにより日本の科学技術水準を飛躍的に向上せしめんとすることであるとされている（『神戸大学新聞記事文庫』技術問題 (2-34)）．

　東條内閣下で定められた「技術院官制」（1942（昭和17）年１月30日）によれば，「技術院」の所掌事務は以下の６点とされていた．

> ①国策遂行に必要なる科学技術の躍進を図りかつこれに関する各種事務
> 　の調整統一を図ること
> ②科学技術の水準向上に関する各種事務の調整統一を図ること
> ③科学技術の動員に関する各種事務の調整統一を図ること
> ④科学技術に関する民間試験研究機関の助成及び指導に関すること
> ⑤工業標準化及び工業製品の企画統一に関すること
> ⑥内外の科学技術及びこれに必要なる資源の調査に関すること

　また，同官制によれば，その組織は総裁（親任官），次長（勅任官），秘書官（奏任官）のほか（以上各１名），参技官（専任50名），理事官（専任１名），参技官補（判任官専任66名）などの構成とされていた．初代総裁には東京帝大教授や海軍政務次官・鉄道大臣を歴任した井上匡四郎（工学博士），第２代総裁には八木・

宇田アンテナの発明者として知られる八木秀次（工学博士），第3代総裁には陸軍省兵器局長・陸軍科学研究所所長を歴任した多田礼吉（工学博士）が就任した．この人選からも，技術院がどのような目的を持つ機関であったのかがうかがえる．[9]

┼ 3．戦時体制

（1）科学技術審議会

　戦時期の科学技術政策の推進機関は，技術院やそれを具現化させた企画院だけではなかった．そこにはすでに「科学」や「技術」を所管していた文部省や商工省をはじめとする複数の官庁が存在していた．それらを束ね調整を図るためにはどうしたらよいのか．その答えが，「科学技術新体制確立要綱」で規案されていたもう1つの機関，「科学技術審議会」であった．

　「科学技術審議会」の前身は第一次近衛内閣下に企画院の所管下に設置されていた「科学審議会」である．企画院は，「不足資源の科学的補填に関する重要事項を調査審議」するために「科学審議会」を設置していた．なお，文部省も同年に「科学振興調査会」を設置していた．こちらは「科学審議会」とは別に，科学振興のための人材育成に注目し，従来の学術の貧困を改めるためのものとされていた．これらの機関は同時期に登場したが，そのアクセントは，「動員」と「振興」という異なる方向性を見据えるものであった．

　東條内閣下で「科学審議会」は「科学技術審議会」に改組された．その設置時期は「技術院」から遅れることおよそ1年である．「科学技術審議会官制」の公布は1942（昭和17）年12月28日，その第1会総会が開催されたのは1943（昭和18）年1月30日であった．

　「科学技術審議会」の体制は，文部省，商工省，逓信省，内務省，農林省，厚生省，技術院などが関与し，部会員数は通常部会で231名，特別部会で81名の延312名（実質183名），このほか幹事52名の規模であったとされている．通常部会は，学理，機械造船，電気，応用化学，採鉱冶金，土木建築，農林水畜産，医事厚生，航空，材料の10部会で構成され，このほか特別部会として，発明奨励，南方鉱工業資源活用，研究体制整備の3部会が置かれていた．「科学技術審議会」への諮問数は実質24本，答申数は61本に及んだという［沢井 2012：156］．ここからみえるのは，「科学技術審議会」の役割もまた縦割の調整に

あったということである．「科学技術審議会」は先述のとおり省庁のはざまにあって難産をきわめた．

（2）資源配分の実際

じつは，ここに含まれていないのが軍部であった．時局が進展し，戦時体制が強化されていくにつれて軍部においても研究開発の強化が求められていた．そのために軍部には多額の予算が必要であった．

河村［2000］は，1941年から終戦までの研究費総額を集計し，この時期の科学研究活動の比重が軍部において顕著となっていったことを指摘している．終戦直前のその額は，大蔵省，文部省，農林（農商）省，商工（軍需）省，逓信（運輸通信）省の5つの省の研究費総額に対し，海軍省が同額，陸軍省においてはその2倍，すなわち，5省合計額，海軍省，陸軍省の比率が，1：1：2であったとしている．

河村はこのターニングポイントを1943（昭和18）年後半としており，その転換が「資材の一層の悪化」や「戦況の悪化」，「度重なる戦術変更とそれに対応した戦備計画変更」によって引き起こされ，「大局的な科学技術対策」から「個別的兵器開発対策」に移ったと指摘している［河村 2000：12-13］．

1943（昭和18）年後半の出来事をここに添えておくと，2月にはガダルカナル島からの日本軍撤退，4月には山本五十六大将搭乗機の撃墜（海軍甲事件），7月には本土決戦を前提とした東京都制の施行，10月には学徒出陣壮行会（明治神宮外苑），11月には東京帝国大学学徒出陣壮行会，12月には学童疎開開始となる．戦争の災禍が本土にも及ぼうとする中で，軍部の研究開発へのシフトはいっそう鮮明なものとなっていった．

（3）パラダイム・シフト

戦争は近代兵器の開発を加速する．終戦直前には，大きなところでいえば，真珠湾攻撃が切り拓いた航空戦力の研究開発，電波兵器（殺人光線）の研究，量子力学の発展を踏まえた原子力兵器（原爆）の研究などが登場していた．それらは工学領域にとどまらず，理学領域の貢献を必要としていた．[10]

航空戦力については，1941（昭和16）年12月8日の真珠湾攻撃がターニングポイントとなった．真珠湾攻撃では初めて航空戦力の有効性が実証された（山本五十六）．それまでの戦争では艦隊戦が重視されており，いわゆる大艦巨砲主

義（巨大な砲塔を搭載するための戦艦の巨大化）であった．その象徴が大和級戦艦（大和，武蔵，信濃）の建造である．ただし，真珠湾攻撃以降，世界の潮流は航空主兵主義（航空兵力重視志向）へと向かっていた．航空機の研究は当初，工学領域で手掛けられていたが，機体の高度化とともに理学領域（航空物理学等の領域）にも拡張した[12]．大学においても，工学部のみならず理学部にも航空機関係の講座が置かれるようになっていった．

電波兵器については，実用化には至らなかったものの，海軍においてマグネトロンの応用兵器の研究が行われていた．マグネトロンとはレーダーや電子レンジに使われる強力なマイクロ波のことである．戦争末期の海軍ではこれを応用した兵器開発が急ピッチで進められていた．それは「Z兵器」と呼ばれ，静岡県にある島田・牛尾の両実験所において研究開発が進められていた［河村2008：53-64］．なお，島田実験所にはのちにノーベル物理学賞を受賞する朝永振一郎（理学博士）のほか，のちに東京理科大の学長を務めた小谷正雄（理学博士），理化学研究所の菊池正士（理学博士）の研究室ゆかりの複数の物理学者も関わっていたという［江沢1994：1009-1013］．

原子力兵器については同じく実用化には至らなかったものの，戦争末期の陸軍の「F研究」および「ニ号研究」というものがあった．これらのうちの「ニ号研究」は物理学者・仁科芳雄の頭文字から取って命名されたものであることがよく知られている．このほか，海軍技術研究所でも「核物理学応用研究委員会」（1942（昭和17）年）が開かれており，仁科はその委員長でもあった．

仁科は日本における原子核物理学のパイオニアであり，東京・駒込の理化学研究所において，国産第1号・世界第2号となるサイクロトロンを手掛けた人物である．その名は理化学研究所の「仁科加速器科学センター」に刻まれている（理化学研究所HP）．また，仁科研究室にはのちにノーベル賞物理学を受賞する朝永振一郎や湯川秀樹なども名を連ねていた．理化学研究所が物理学のメッカとなれたのはこうした背景や人のつながりがあってのことである［伊藤2023］．

╂ 4．戦後への承継

（1）日本学術会議

1945（昭和20）年8月6日に広島市，8月9日に長崎市に原子爆弾が投下され，8月14日に日本政府はポツダム宣言を受諾する旨を連合国軍に伝達した．

また，翌8月15日にはラジオ放送にて玉音放送が流れ，9月2日には降伏文書への調印が行われた．これにより日本の戦争は終結となる．

降伏即日，GHQ（連合国軍最高司令官総司令部）は戦後の日本における軍関係の研究開発，とくに航空，光学，電磁気の分野の研究を禁止した．また，技術院は9月5日に廃止された．つづいて，9月22日には，「ウラン235のウランからの分離またはその他の放射性不安定元素の質量分離を目的とするすべての研究開発」が禁止された（GHQ指令3号）．この段階ではサイクロトロンを利用した研究は許されていたが，その後11月には稼働と研究の停止命令が伝達され，理化学研究所，京都大学，大阪大学にあったサイクロトロンの接収と破壊措置が行われたという［福井 2009：59-77］．あわせて軍部は解体され，これまでの科学技術政策のあり方についてはいったん幕が降ろされることとなった．ここまでの科学技術政策は転換期を迎えたのである．

軍事技術と科学技術の分岐はさらに加速する．戦後日本では学術研究会議，帝国学士院（1947（昭和22）年に日本学士院と改称），日本学術振興会の学術三団体の改組論議がはじめられた．日本学術会議編［1999］によれば，1948（昭和23）年に学術体制刷新委員会が，日本学術会議の設立を中心とする学術体制改革案答申を内閣総理大臣に提出し，これを踏まえて同年に日本学術会議法が成立した．

その骨子は以下の3点であったとされる［文部省編 1972］．

(1) わが国科学者の内外に対する代表機関として，新たに全国各分野の科学者から民主的に選出された210人の会員で構成する日本学術会議を法律に基づいて設立すること．これに伴い，学術研究会議は廃止し，また，日本学士院は碩学優遇の栄誉機関として日本学術会議に含ませること．

(2) 内閣に科学技術行政協議会を設け，政府と日本学術会議との連絡および各省間の科学技術行政の連絡に当たらせること．それとともに，わが国における基本的諸科学の振興に対し責任を負うべき行政機構を整備・強化すること．

(3) 日本学術振興会は，私的性格を有する学術奨励団体として存置すること．

ここにも描かれているように，日本学術会議の会員は民主的な選挙で選ばれ

第2章　科学技術政策の誕生　*35*

たことから，「学者の国会」とも称された．日本学術会議は設置の当初から戦後の科学技術政策の根幹となる「科学技術基本法」の制定を求めた．

　ここで触れておくべき日本学術会議の重要な点は，「軍事との距離」である．日本学術会議第一回総会で採択された声明（「日本学術会議の発足にあたつての科学者としての決意表明」(1949 (昭和24) 年1月)）では，「これまでわが国の科学者がとりきたつた態度について強く反省し，今後は，科学が文化国家ないし平和国家の基礎であるという確信の下に，わが国の平和的復興と人類の福祉増進のために貢献せんことを誓うものである」とされていた．また第6回総会では，「戦争を目的とする科学の研究には絶対に従わない決意の表明」(1950 (昭和25)年4月) を，第49回総会では，「軍事目的のために科学研究を行わない声明」(1967 (昭和42) 年10月) がそれぞれ発出され，「科学への動員」に対する厳しい姿勢が繰り返されてきた[13]．

（2）工業技術庁と工業技術院

　最後にいま一度，「技術」の問題に戻っておきたい．

　本章の延長線上の議論として日本学術会議の問題提起として重視しておきたいのが，「科学技術庁」の設置であった．それらの詳しい内容については次章にゆだねるが，ここではその前段に登場していた「工業技術庁」と「工業技術院」について触れておこう．

　最初に設置されたのは「工業技術庁」であった．「技術院」の廃止後，その機能は文部省，商工省，内閣調査室に分割された．戦後復興が進む中，1948 (昭和23) 年に商工省の外局として「工業技術庁」が設置された．工業技術庁設置法 (1948 (昭和23) 年8月) 第1条によれば，その目的は「鉱業及び工業の科学技術に関する試験研究等の業務を強力且つ総合的に遂行し，生産技術の向上とその成果の普及を図り，もつて経済の興隆に寄与すること」とされていた．またその所掌事務は，「技術院」が行っていた工業標準や工業品規格の制定のほか，科学技術に関して商工省等の事務を援助することなども含まれていた．

　次に，「工業技術庁」を傘下に置く商工省が1949 (昭和24) 年5月に改組され通商産業省となった．当初の通商産業省には，資源庁，工業技術庁，特許庁の3つの外局が設けられた．そのうえで，1952 (昭和27) 年に通商産業省の外局であった資源庁と工業技術庁については廃止され，工業技術庁は外局ではなく付属機関の「工業技術院」とされた．

「工業技術庁」および「工業技術院」の設置の意味はどこにあったのか．この点については限定的ながらも科学技術の再生が目指されている点，さらには戦後復興という新たな行政課題を前にした産業技術の振興，とくに工業標準化規格の確保に関する業務（JIS 規格の制定）を推進しようとしていた点などが重要である．その傘下には鉱工業にかかる試験研究機関を擁し，サンシャイン計画やムーンライト計画といったビッグプロジェクトも手掛けられた．「工業技術院」は2001（平成13）年の省庁再編まで存在し，その後は独立行政法人産業技術総合研究所（現在の国立研究開発法人産業技術総合研究所）に吸収される．産業技術総合研究所は理化学研究所，物質・材料研究機構とともに，いまなお日本を代表する公的な研究開発拠点の１つとなっている．

なお，日本の科学技術政策の司令塔機能については，科学技術庁の登場，その政策体系の骨格としては科学技術基本法や科学技術基本計画の登場を待たなければならない．

＋ おわりに

ここまでの記述を振り返ろう．「科学技術」とはいったい何であったのか．

本章では，それが戦争遂行や産業振興という特定目的のなかにおいて求心力をもつ概念であったことを描写した．もっとも，「科学」や「技術」は，少なくとも研究開発の現場においては，それぞれの個別の志向性の下にあったものである．ゆえに，それらは容易に結びつこうとはせず，それらを結びつけようとするならば政策的な接着力が必要であった．

近年では「科学技術」に対してさらに「イノベーション」が追加されている．「科学技術・イノベーション」という言葉がこれである．政府によればその定義は，「科学的な発見又は発明，新商品又は新役務の開発その他の創造的活動を通じて新たな価値を生み出し，これを普及することにより，経済社会の大きな変化を創出すること」（科学技術・イノベーション基本法）とされている．

この概念を「科学」「技術」「イノベーション」という３つの言葉からなるものと捉えたとき，ここには，「科学」と「技術」の統合のほかに，「科学」と「イノベーション」，「技術」と「イノベーション」が交錯していることに気づく．

「技術」と「イノベーション」を結び付けるとどうなるのか．それは古くか

ら言われてきた「技術革新」という言葉となる．「イノベーション」と「技術」はもともと親和性が高いのである．

　他方，「科学」と「イノベーション」はどうだろうか．「科学」には「発見」があるかもしれないし，「発展」するかもしれないし，「イノベーション」の源泉になるかもしれない．しかし，「科学革新」という言葉は存在していない．「科学」と「イノベーション」との関係はそう簡単なものではなさそうである．

　それらを統合するというのはどういうときなのか．本章の議論からいえば，政策によってこれを結びつけようとするもののなかにその本質を見いだすことができるだろう．そうであるとするなら，むしろ問われるべきなのは，「その政策目的が何であるのか」ということになるのではないだろうか．

注

1）　1898（明治31）年から1899（明治32）年にかけて『時事新報』（福沢によって創刊された新聞）に掲載されたオーラルヒストリー型の自伝を出版したもの．

2）　西の説明を続けると，「原義に従ふときは則ち器械の術，上品の術と云ふなれど，今此の如く訳するも適当ならざるべし．故に技術，芸術と訳して可なるべし．技は支体を労するの字義なれば，総て身体を働かす大工の如きもの是なり．芸は心思を労する義にして，総て心思を働かし詩文を作る等のもの是なり」と述べていた．

3）　工部省は，1870（明治3）年から1885（明治18）年までのおよそ15年にわたって活動した．

4）　出典は『明六雑誌』に寄せた西の「知説」（1874（明治7）年）であるとされる．ただし，これより前の井上毅が提出した「学制意見」（1871（明治4）年）にも「科学」の語が登場する［野家 2004：13］．

5）　菊池の理学の基礎的な説明は以下のとおり．「そもそも理学とは何ぞや．理学とは人の知識の最高度なり．すべて人の知識は最初は漠然，不確，狭隘なるものにして，漸々進みて精密，確実，広遠に及ぼすものとなるなり．而してそのもっとも確実，精密，広遠なるに至りて始めて理学と称するなり．例へば石の地に墜ることは誰も知ることにして，通常の知識なり．しかれどもただ石が地に墜るだけにてははなはだ漠然，狭隘なり．而してこれを測り石は一『セコンド』に何尺墜るや，その速率は如何等，精密確実の知識はすなわち理学の部分なり．ますますこの知識を推し広め，ついに万物引力の定則を知り，これによりてもって彼の海王星の発見におけるごとく，いまだかつて見ざる星の位置を推測し得るごときはこれ最高等の理学なり．」（一部平仮名に変換）．

6）　理化学研究所は，戦後には解散されいったんは株式会社となりその名称は「科学研究所」となるが，1958（昭和33）年に「特殊法人理化学研究所」に改組され，2003

（平成15）年には「独立行政法人理化学研究所」，2015（平成27）年には「国立研究開発法人理化学研究所」となった．

7） その設立趣意書には「科学技術に関する関係諸団体を通じ科学人及技術人の国民組織を結成し新国家体制に即応すべき挙国一致の国策推進機関たらしむる目的の下に『全日本科学技術団体連合会』を設立し全国の関係諸団体の総意を代表する斯界の権威者を総動員し我国策の遂行に寄与して以て我等の科学及技術に課せられたる使命を期せんとす」とある．引用元は大淀［1989：376-377］である．

8） この運動が必要であった理由として鈴木［2010：37］は，山縣有朋内閣が行った文官任用令の改正（1899（明治32）年）において，「大学教授や技師が行政官として勅任ポストに就けなくなった」ことを指摘している．

9） 敗戦の直後，1945（昭和20）年9月5日，勅令第511号により技術院は廃止された．その所掌事務は，内閣調査局，文部省科学教育局，商工省特許標準局に分割された．

10） このほか科学者が従事した研究開発には，毒ガスや生物兵器開発，731部隊で知られる生体解剖などもある．

11） 航空機学は当初，工学分野で研究が進められたが，1919（大正8）年には東京帝国大学理学部に航空物理学講座が開設され，理学分野の航空物理学としても研究が進められるようになった．

12） 大和型戦艦は当時最先端であったF.W.テイラーの科学的管理法（テイラーシステム）を摂取し，標準化や共通化を重視して建造された（大和ミュージアム（呉市海事歴史科学館）．

13） 原子力基本法（1955（昭和30）年）にある「公開，民主・自主」の原則（第2条「原子力利用は，平和の目的に限り，安全の確保を旨として，民主的な運営の下，自主的にこれを行うものとし，その成果を公開し，進んで国際協力に資するものとする．」）は，第17回総会での声明「原子力の研究と利用に関し公開，民主，自主の原則を要求する声明」を端緒とする．

参考文献

伊藤憲二［2023］『励起——仁科芳雄と日本の現代物理学——（上・下）』みすず書房．

江沢洋［1994］「小谷—朝永のマグネトロン研究」『日本物理学会誌』49(12)．

大淀昇一［1989］『宮本武之輔と科学技術行政』東海大学出版会．

柏原宏紀［2009］『工部省の研究——明治初年の技術官僚と殖産興業政策——』慶應義塾大学出版会．

河村豊［2008］「敗戦時『引渡目録』にみるZ兵器開発の状況——島田実験所・牛尾実験所の施設と備品——」『イル・サジアトーレ』37．

菊池大麓［1989］「理学之説」『日本近代思想体系14 科学と技術』（飯田賢一校注），岩波書店．

沢井実［2012］『近代日本の研究開発体制』名古屋大学出版会．

島尾永康［1986］「日本の科学——1850年～1950年——」，島尾永康編『科学の現代史』創元社.

鈴木淳［2010］『科学技術政策』山川出版社.

西周［1870＝1989］「百学連環」『日本近代思想体系14　科学と技術』（飯田賢一校注），岩波書店.

日本学術会議編［1999］『日本学術会議五十年史』日本学術協力財団.

野家啓一［2004］『科学の哲学』放送大学教育振興協会.

平野千博［1999］「『科学技術』の語源と語感」『情報管理』42(5).

福井崇時［2009］「サイクロトロンを米軍が接収海中投棄した経緯と阪大には2台と記録された根拠」『技術文化論集』(12).

福沢諭吉［1899＝1978］『新訂　福翁自伝』岩波書店.

丸山眞男［2021］『福沢諭吉の哲学』（松沢弘陽編），岩波書店.

村上陽一郎［2018］『日本近代科学史』講談社.

文部省編［1972］『学制百年史』帝国地方行政学会.

（南島　和久）

第3章 科学技術庁設置過程
——「三度の波」と「一元化」——

╋ はじめに

　第2次世界大戦とその後の占領政策を経てさまざまな改革が進められた一方で，科学技術はとりのこされた分野であった．より正確にいえば，各省がそれぞれの守備範囲のなかで取り組む分野として扱われていた．

　他方で科学技術の振興は，それぞれ目的は異なっても，一貫して求められてきたものである．とくに戦後にあっては，第1に復興，第2に先進国へのキャッチアップのために，「科学技術政策を一元的に担うことのできる行政機関の設置は急務」と考える者が産業界，政界，学界の各所にいた．行政の体制強化による科学技術振興に加えて，要するに，バラバラの科学技術行政の調整を可能とする機関の設立が急務と考えられていた［武安 2009：101］．

　しかしながら，必ずしも科学技術庁設置に集うアクターが志を同じくしていたわけではない．それどころか，科学技術庁設置の夢には，単に科学技術行政の整備だけでなく，技術官僚の権利獲得運動の要素もあった［大熊 2009：5；武安 2009：97；100］．

　本章では，どのように科学技術庁が誕生したか，その過程を追跡する．そのために，2つのキーワードを提示する．

　1つめのキーワードは，「三つの波」である．科学技術庁の設置は本格的な提案が三度繰り返されようやく実った「三度目の正直」であった．この設置を求める動きの三つの波とその波間に，いかなるアクターが日本の科学技術行政としてどのような組織や機能を求めたのか．これが本章の中心となるテーマである．

　もう1つのキーワードは，「一元化」である．科学技術行政の体制強化を訴

える各アクターで目指すべきゴールは異なるとはいえ，科学技術庁設置の最大公約数的目的は「科学技術行政の一元化」であった．だが，その意味するところは設置に至るまでの時間の経過とともに変容してきた．本章ではこの「一元化」の意味内容を動態的に把握する．

さらに，科学技術庁設置の夢が実現した際の「一元化」の意味内容は，その後の日本の科学技術行政の道筋をどのように決めることになったのか．本章では，科学技術庁設置過程における「一元化」の意味が変化したことによるその後の影響についても触れる．

╪ 1．科学技術庁設置までの「三度の波」

（1）一度目の波（自由党案）

本章でいう「一度目の波」は，前田正男を中心とする自由党の科学技術振興特別委員会が1952年に作成した「科学技術庁設置要領案」が同年3月に自由党案として政府に申し入れされるまでの一連の流れを意味する．「一度目の波」として押さえるべきポイントは，既存の科学技術行政の機能不全への問題意識である．まずは第2次世界大戦後の科学技術行政に関する3つの行政機関（資源委員会，工業技術庁，科学技術行政協議会（STAC））についてみていこう．

1つめは，第2次世界大戦後の経済復興を主目的とした経済安定本部に，1947年に資源委員会が設置されたことである．その目的は，資源の開発と有効利用を図るため，積極的な近代科学の成果を取り入れることであった．

2つめは1948年に商工省の外局として設置された工業技術庁である（1952年に工業技術院に改称）[1]．工業技術庁は12の試験研究機関を集めて設置されたものであり，戦後の技術行政のスタートラインとなった．工業技術庁の設置では，それまで原局や大臣官房のもとに所属していた試験研究機関の横の連携を強化のために，政府による研究開発の主導を目指していた．

3つめは，1949年に日本学術会議が発足したことにくわえて，日本学術会議との連絡協議や行政機関相互の連絡調整に必要な措置の審議を目的として科学技術行政協議会（STAC：Scientific Technical Administration Committee）が総理府に設置されたことである．このSTACに関しては，「STACなくして科学技術庁なし」［大熊 2009：5］ともいわれるように，科学技術庁設立への道程をつくった存在であった．

これらと並行し政界では，前田正男を中心に自由党政務調査会において科学技術振興対策委員会が設置された［岡本 1996：9-12］．自由党の科学技術振興対策委員会は各党に呼びかけ，1949年11月に参議院において「科学技術振興の決議」がなされた．また衆議院においても，1950年2月に「科学技術振興に関する決議案」が満場一致で可決された[2]．

　これら両院の決議を契機として，政界，省庁，産業界の連携に勢いがつき，産業界も科学技術行政機関の設立に向けて動きだすようになる．月に1度開催されることになった「科学技術振興懇談会」には，自由党や省庁のほか，民間では日本産業協議会（1952年11月に経済団体連合会に吸収合併される），科学技術連盟，民間研究所懇談会が参加した［経済団体連合会 1963：329］．さらに1951年9月には政界・学界・産業界の構成員による「産業科学技術振興協議会」が結成された．同年12月にこの協議会は政府に対し，「産業技術振興のための緊急施策に関連する要望」の建議を行った．

　そもそも産業界側は，行政体制の一元化そのものというよりは，経済自立化や輸出力増強のための科学技術振興を求めていた．そのために，閣議で発言権を持つ大臣のいる行政機関を設置することで，国策としての科学技術振興を狙う向きがあった［田中 1995：135］．

　そこで当時あったのはSTACに対する不満であり，これは政界・産業界に共通していた．要するに，STACは「単なる話合いの機関に過ぎない」（朝日新聞　1952年5月17日朝刊4面）と批判されていたのである．大学，官庁研究機関，民間の研究機関，産業界の研究機関全体の科学技術振興の点からは，STACが科学技術行政の担い手として力不足であるという認識である[3]．もちろん，科学技術庁の新設にこだわらず，STACを強化するという対案もあった．しかし「第2のスタックを作ることにならぬかという心配がある」（朝日新聞　1952年5月17日朝刊4面）との指摘もあり，科学技術庁の設置の機運は高まっていった．

　こうして政界・産業界の連携が勢いづくなか，日本の科学技術行政を一元的に担う「科学技術庁」の構想が具体化することとなった．1951年夏から行政管理庁では第2次行政機構改革案が検討されており，これとあわせて日本産業協議会や産業科学技術振興協議会は科学技術行政機構の整備の検討に着手していた．産業科学技術振興協議会では，池田亀三郎を中心に，特許庁や工業技術院も含めた一元化を求める声があった［池田 1966：5］．そこでは，1952年3月から3回にわたって懇談会が開催され，自由党の国会議員の案も参考にしつつ，

総理府に総合機関としての科学技術庁を新設する方針が提示された.

1952年,科学技術振興の体制強化を訴えてきた前田正男を中心とする自由党の科学技術振興特別委員会は「科学技術庁設置要領案」を提出した.この要領案は自由党案として承認され,3月の総務会で行政機構改革にあわせて政府へ申し入れされた.これが「一度目の波」である.

科学技術庁設置要領案の主たる目的は,① 外国の真似ではない日本独自の実用化研究,② 科学技術予算の倍増,③ 基礎研究から応用研究,工業化を通じた企業化という一貫した予算の執行,④ 協議するだけの STAC ではない強力な行政機関を作る,の4点であった(朝日新聞　1952年5月17日朝刊4面).

具体的な構想内容についてはおおむね,① 人文社会科学を含む科学技術の基本的施策の総合企画立案,② 関係各行政機関の事務の総合調整,③ 科学技術費の査定調整(朝日新聞　1952年5月17日朝刊4面)の3点があげられよう.のちの2つの案と比較したこの「一度目の波」の特徴は,人文社会科学を含む点と科学技術費の査定調整が含まれる点であり,この2つが後の議論においても大きな争点となった.

しかしながら政府側は,科学技術庁のような新たな科学技術行政を担う行政機関の必要を認めつつ,この時点においては「行政整理の時期」を理由にして,具体的な実現に向けて動き出すことはなかった[4](朝日新聞　1955年10月27日朝刊3面)[武安 1972：450].

ところで1952年には,民間の日本科学技術連盟(大日本技術会の流れを汲み1946年設立)に「官庁技術者懇談会」が付設された.この懇談会では,法科中心の官僚機構に対する不満と現場技術者の待遇改善の要求が提起されていた.ここには,事務系統優位の状態では,付属研究機関に対する行政が満足のいくように行われてないとの問題認識への言及もある[経済団体連合会 1963：333].こうした技術官僚の運動も,科学技術庁の設置要望に合流することになる[高瀬 1975：780；大熊 2009：5；武安 2009：97：100].

（2）二度目の波（超党派議連による立法）

本章でいう「二度目の波」は,「一度目の波」の後,1954年2月に超党派的な議員立法として科学技術庁設置法案が提出されるまでの一連の流れを指す.「二度目の波」において重要なのは,行政管理庁を中心とした行政改革の流れをくむ政府でのうごきと,超党派的な政界でのうごきがパラレルに存在した点

と，それによって各主体の思惑の違いが明確化した点，そしてここに原子力行政の一元化の流れが合流した点の3点である．

　1953年4月，行政管理庁から諮問を受けた日本学術会議において，科学技術庁の新設についての討論が行われた．しかしながら日本学術会議では技術統制や基礎科学の軽視のおそれがあるなどの反対意見が多数を占めていた（朝日新聞　1953年4月22日朝刊7面）．日本学術会議としては，自らの領域を侵食するおそれのある行政機関の設置は受け入れられなかったのである．

　日本学術会議からの答申を受けた行政管理庁は次の4つの案を提示した．それは，①STACの強化，②経済審議庁（1955年7月20日の経済企画庁の発足にともない廃止・引継ぎ）に科学技術部を新設，③経済審議庁と資源調査会とSTACを統合して経済科学局を設置，④科学技術庁の設置であった．しかしこれらの案については，予算配分権や研究機関の統合で意見はまとまらなかった（朝日新聞　1953年12月22日朝刊1面）．

　1953年8月に閣議決定によって設置された臨時行政改革本部では，同年12月21日に科学技術庁設置に関する協議を行い，科学技術庁設置について含みを持たせた一方で，予算配分権を持たせるかどうかで保留することになった（朝日新聞　1953年12月22日朝刊1面）．

　政界においては，1953年8月には超党派の「科学技術振興議員連盟」［科学技術庁創立十周年記念行事実行準備委員会 1966：51-52］が設立される．そこには自由党の前田だけでなく，社会党の松前重義も推進役として加わった［田中 1995：136］．科学技術庁設置の夢のために議連の活動を後押ししたのが，先述した官庁技術者懇談会である．この議員連盟は早速，翌9月に「科学技術庁設置要望」を政府に申し入れている．こうした流れと合わせて，8月には衆議院本会議で「科学技術振興に関する決議」がなされた［武安 2009：98］．

　さらに，1954年になってから，自由党の行政改革特別委員会でも行政機構改革の一環として議論されるようになった．そうして，1954年2月に超党派的な議員立法として科学技術庁設置法案が提出されることになり，内閣委員会に付託された．その中心にいたのは先述した松前重義である．

　これが本章でいう「二度目の波」である．二度目の波における主たる科学技術庁の任務に関する構想内容は，①科学技術に関する総合的かつ基本的な企画立案，②各行政機関の所管に属する科学技術に関する事項の総合調整，③原子力の平和的利用に関する事項，④資源の総合的利用に関する調査，⑤内

外の科学技術の調査および普及推進，⑥科学技術に関する試験研究（特定の行政機関の主管に属するものを除く）の6点である．

一度目の波と比較して明らかなのは，「科学技術の総合的かつ基本的な企画立案」から大学や文部省の行う基礎研究が除かれ，科学技術庁が積極的に介入することはないと強調された点，そして科学技術費の査定調整が取り除かれた点にある．この2点にくわえて，原子力に関する事項が今回新たに加わった点，そして「科学技術に関する試験研究」から「特定の行政機関の主管に属するものを除く」の記述が加わった点も重要な内容変更であるといえよう．前者については後述する「原子力の平和利用」が科学技術庁設置の大きな後押しとなった一方で，後者については，先の2点と同様に科学技術庁設置のある意味「妥協」あるいは他省庁に対する「配慮」となった．とくに大蔵省や通商産業省からは行政機構の簡素化や行政整理の観点から反対され，文部省や厚生省，農林省からは総合調整の範囲について批判されていた．

こうして，議員立法となった二度目の波については，造船疑獄の強制捜査（1954年1月）もあり，審議未了廃案となってしまった．なお，上述のとおり学界や大蔵省といった多様なアクターの調整も必要なことから，新たな行政機関をつくる際は議員立法ではなく政府提案であるべきとの考えも政府内にあったようである［武安 2009：113］．

（3）三度目の波（自民党・行政管理庁立案）

「三度目の波」では，行政管理庁を中心とした政府提案によって1956年3月に科学技術庁設置法が成立するまでの過程を整理する．

「二度目の波」を受けて科学技術庁の設置が現実的なものとなったことを受け，1954年の後半から産業界のうごきがさらに活発化した．同年10月には経済同友会が，1955年の6月には経済団体連合会（経団連）の産業技術委員会が科学技術庁設置の要望を行った．

経済同友会は1953年12月に「科学技術促進対策委員会」を設置し，工業技術院や資源調査会と意見交換をしつつ，1954年6月に「科学技術促進対策」を意見書として提出した．同意見書では，外国技術の導入を余儀なくされる戦後状況からの脱却を目指す立場で，産業政策と密接に相互関連性を持った強力な促進対策の確立が唱えられていた．その具体策として総合行政機関の設置と科学技術教育の刷新を要望しつつ，緊急対策的に科学技術開発公社の設立と研究組

第 3 章　科学技術庁設置過程　*47*

合の結成を提唱した［経済同友会 1956：387］．この公社設置が経済同友会からの
要望の特徴となった．

　経団連は1952年以降科学技術行政の一元化について取り組んでいた．経団連
は，上述した「二度目の波」の際の科学技術振興議員連盟への協力や各方面へ
の働きかけに尽力してきた一方で，結局科学技術庁設置には至らなかったため，
時機を待つことにしていた［経済団体連合会 1963：333］．1955年 6 月には「科学
技術総合行政機関設置の要望」を建議し，関係閣僚との懇談を行った．その後
関係議員との協議，後述の行政審議会の経済界側委員としての参加経験をふま
えて，「科学技術行政機関設置の要領について」を同年10月に建議し，行政審
議会の審議の参考として提出した［経済団体連合会 1963：333-334］．

　この段階で経団連側は科学技術庁に求める役割として，① 科学技術の基本
方針を企画立案，② 各省間の総合調整，③ 大蔵省含む各省が予算編成・査定
について科学技術庁の意見を尊重しなければならないことの 3 点をあげていた
（朝日新聞　1955年10月27日朝刊 3 面）．

　ところで，各アクターが目指す「一元化」の意味はすでにこの段階において
差があったことを指摘できる．政界が「二度目の波」以降，引き下がった提案
になっていたのに対して，産業界はより強い形になっていたといえよう．産業
界がこうした強力な科学技術庁を求める歴史的背景には，朝鮮特需という機会
と，世界的な技術革新からの遅れという危機感とがあった．また，産業界が国
家としての経済的自立やドッジラインをはじめとしたデフレ政策後の経済の安
定化を背景にしつつ「一元化」を求める一方で，学界は学問の自由の尊重の立
場から「一元化」から大学を除くべきという意見が多かった［鈴江 1966：25］．

　さて，話を「三度目の波」に戻そう．国会では，衆議院商工委員会科学技術
振興に関する小委員会（小委員長：前田正男）が1955年 5 月に，政府に科学技術
庁設置を要望する決議を行い，議員立法に向けて動きが活発化した．さらなる
議員立法の動きを受けて政府は科学技術庁設置に向けて具体的に着手すること
になった［田中 1995：136］．

　政府では，1955年に「経済自立 5 カ年計画」が閣議決定され，重要施策とし
て科学技術の振興が盛り込まれた．さらに通商産業省では，産業政策として技
術行政機構確立の議論が進められており，経済審議庁を「経済科学企画庁」と
して科学技術行政の基本的企画と総合調整をする構想がまとめられていた（朝
日新聞　1955年 6 月 9 日朝刊 4 面）．総理府の外局とはいえ，通商産業省は自身に

近い機関こそが科学技術行政を担うべきという立場であった.

　経済企画庁自体は，科学技術行政と一般行政は分けられない点，原子力は科学技術行政だけでなく経済的側面も重要である点（すなわち経済企画庁に「原子力本部」を置くべき）を述べ，通商産業省の立場を支持していた．通商産業省も同様に，各省から科学技術の分野だけを分離できない点，科学技術振興は経済政策があってはじめて意義をもつ点をふまえて，総合調整や企画は経済企画庁に任せるべきと述べている（朝日新聞　1955年10月27日朝刊3面）.

　同時期，日本学術会議は次の2つの意見を1955年10月26日の総会後，学術体制委員会と原子力問題委員会の合同委員会で提案している．科学技術庁の設置が科学技術の統制となること，すなわち特定部門の推進や圧迫につながるおそれがあることに関心をもち，科学技術行政のあり方については①科学技術行政に関する基本的な企画，立案，総合調整にとどめること，②原子力に関する行政は，ほかの科学技術行政から切り離すこと，の2点と考えていた（朝日新聞　1955年10月27日朝刊7面）.

　このように複数の思惑，すなわち強い一元化を求める産業界，新設の科学技術庁ではなく経済企画庁内に原子力行政含む科学技術行政機能を置こうとする通商産業省・経済企画庁，一元化を危惧する日本学術会議といった，多様なアクターの利害の調整を担ったのは行政管理庁であった．1955年，行政管理庁は行政審議会に「原子力の平和利用を含む科学技術振興を図るための行政機構について」を諮問した．行政審議会では1955年9月から10回の審議を経て，同年11月に行政管理庁長官に答申が提出された.

　1955年12月24日自民党科学技術特別委員会では，後述の原子力合同委員会との意見調整をふまえつつ，「科学技術関係行政機構要綱案」が決定された．そのなかで科学技術庁に関しては，①科学技術庁を総理府の外局として新設すること，②人文科学除き，原子力含む科学技術行政を所管すること，③科学技術に関する基本的な政策の企画立案・総合調整を任務とすること，④科学技術に関する各省庁の予算要求や施行についても総合調整すること，⑤原子力に関しては科学技術庁に一括計上，必要に応じて各省庁に移しかえることの5点があげられた（朝日新聞　1955年12月24日夕刊1面）．その後の法律案の策定作業は，二度目の波のときのように議員立法ではなく，行政管理庁を中心とした政府提案法案により，科学技術行政を担う機関の検討が進められた.

　1956年1月24日，行政管理庁は自民党案をもとに，原子力合同委員会の意向

第3章 科学技術庁設置過程 *49*

表3-1 科学技術庁設置法案の主な内容

① 人文科学を除く自然科学に関する科学技術行政（原子力利用を含む）の企画立案推進，関係行政機関の総合調整
② 上記から大学は除外
③ 各省の科学技術の予算見積もりについて総合調整
④ 資源の総合的利用の調査
⑤ 航空技術研究所，金属材料研究所，放射線総合医学研究所，原子力研究所，原子燃料公社を監督
⑥ 発明奨励・促進
⑦ 日本学術会議の諮問事項の選定事務・政府が講ずべき措置に関する事項
⑧ 企画調整局，原子力局，資源局，調査普及局の4局
⑨ 長官は国務大臣，原子力委員長を兼務，諮問機関として科学技術審議会・航空技術審議会・資源調査会を設置
⑩ 科学技術に関する関係行政機関朝刊への勧告権，首相への具申
⑪ 原子力委員会はそのまま，原子力局は科学技術庁内
⑫ STACは廃止

出典：次官会議資料「科学技術庁設置法案」（昭和31年2月9日）をもとに筆者作成．

もふまえつつ，科学技術庁設置法案要綱を完成させた．この法案要綱は行政審議会案に比べても，通商産業省や文部省をはじめとした既存省庁の反対によって移管される機関も権限もはるかに限定的なものとなった［田中 1995：138］．この法案要綱は法文起草を経て27日に閣議決定され，2月の第24回国会に提出された．この最終段階での内容は表3-1のとおりである．

　上記の前の段階である当初案では，「科学技術庁が各省の科学技術行政の予算見積もりを調整し，蔵相はその結果を尊重する」ことになっていた（朝日新聞 1956年1月25日夕刊3面）．しかしながら1956年2月3日の閣議を経た際，大蔵省の予算査定権を制約するとの異論が出され，「蔵相の尊重」部分が削除された（朝日新聞 1956年2月3日夕刊1面）．

　さらに，学界からの意見を受け，科学技術庁の任務から大学も除外された．とはいっても，1956年2月18日の衆議院科学技術振興対策特別委員会では，「文部省を通じ大学とも十分連絡協議をとる」との方針が答弁された（朝日新聞 1956年2月18日夕刊1面）．また，研究の実施を担当できる主たる分野は，原子力と航空技術に限定されることになった．

　以上の過程を経て，当初の「一元化」は大きく限定される結果となったものの，1956年3月には科学技術庁設置法が成立した．

（4）「原子力行政の一元化」の合流

　結果的に科学技術庁設置法は成立したものの，それまでに遅々として進まない科学技術庁設置の扉は，原子力（とくに予算）が強い後押しとなって開かれることになった［科学技術庁創立十周年記念行事実行準備委員会 1966：5］．たしかに，本章でいう「二度目の波」から突如として原子力が「科学技術行政の一元化」に合流し，その流れは「三度目の波」から本格化したのである．それは，科学技術庁の設置過程と並行して以下のような原子力行政の一元化の過程があったためであった．

　占領政策で原子力研究を禁止されていた戦後日本において原子力平和利用研究の機運が生じたのは，1951〜1952年にかけての日本学術会議における伏見康治や茅誠司による原子力研究の解禁の求めや原子力委員会設置の提案によってであった［科学技術庁創立十周年記念行事実行準備委員会 1966：56］．1953年11月の国連での米国大統領アイゼンハワーによるアトムズフォーピース演説（原子力平和利用に関する演説）もまたこの勢いに拍車をかけた．先述のとおり原子力の平和利用については，本章でいう「二度目の波」である議員立法の法案にも盛り込まれていた．

　1954年の3月国会における予算審議では，通商産業省が原子力予算を国会に提出し，その後の中曾根康弘を中心とした自由党，改進党，日本自由党の3党による共同修正を経て原子炉築造費，ウラニウム資源調査費，原子力関係資料購入費を盛り込んだ「原子力関係予算」が可決された．これによって原子力政策は現実のものとなった．

　先んじて日本学術会議の原子力専門委員会においては原子力研究の可否が論じられていたが，こうした動向を受けて，日本学術会議の総会では原子力の研究，開発および利用についての議論が交わされた．とくに注目すべきは，1954年4月に出された原子力に関する平和声明，いわゆる「民主，自主，公開の三原則[5]」である．同年5月に内閣の諮問機関として「原子力利用準備調査会」が設置され，事務局を経済企画庁にしつつ関係閣僚と学識経験者によって，上記三原則を尊重しつつ基本方針を検討していくこととなった．

　産業界はこの頃，経団連が「原子力利用打合会」を設置し，国内の原子力利用促進についての世論喚起に努めていた［経済団体連合会 1963：440］．また，正力松太郎（日本テレビ初代社長，初代原子力委員会委員長，初代科学技術庁長官）を中心に，マスメディアによる世論の後押しも推し進められた［吉岡 2011：86-87：秋

元 2014：30-32].

　原子力予算が計上されていた工業技術院では，6月に「原子力予算打合会」が設置された．これ以降この2つの会によって原子力行政が進められた．学界はこの状況に対して一元化を要望することになる［科学技術庁創立十周年記念行事実行準備委員会 1966：60].

　実際に原子力研究開発を実施する機関の設置は，1955年の6月に「日米原子力研究協定」の仮調印を発端とする．米国から提供される濃縮ウランの受入機関を早急に整備する必要から，科学技術庁設置の考え方もあったが，早期の結論に至らず，過渡的な機関として財団法人の形で原子力研究所が設置された．

　さて，原子力行政の一元化の行き先として原子力利用準備調査会では，恒久的な原子力行政機構の設置について，① 行政委員会としての原子力委員会の設置，② 総理府に原子力庁または局をおき，これに諮問機関としての審議会を設置，③ 経済企画庁など既存の行政機関に原子力部または原子力開発本部を設置の3案があった．これらの案をめぐって，学界，政府，衆議院商工委員会科学技術小委員会での議論は交錯した．

　国会では，1955年の10月に，民主・社会・自由の各党議員からなる原子力合同委員会が組織された．原子力合同委員会では，原子力基本法案のほか，科学技術本部設置法案を検討しており，原子力以外の科学技術行政と合わせて原子力の利用開発の推進を提示していた［金沢 1955：4].

　ところが，原子力合同委員会の科学技術本部設置法案は日本学術会議やSTAC に反対された．日本学術会議は，政府が事前に学術会議の意見を聞くこと，科学技術庁の権限を一般科学技術行政の企画・立案・総合調整にのみとどめ研究実験段階におよばないこと，原子力行政は一般科学技術行政とは切り離し独自の行政機構とすることを主張し，STAC もまたこれを了承して，以上が政府への要望書にまとめられた［金沢 1955：4].

　先に述べたとおり，政府による科学技術行政機構全般についての諮問に対して行政審議会は1955年11月に答申をまとめた．行政審議会の答申では，科学技術庁を総理府の外局として設置し，その内部部局として原子力局を置き，総理府には原子力審議会を置いて原子力の基本政策を審議する方針であった．

　原子力行政の一元化をめぐる以上の争いは結果として，次のような体制を実現させることになった．まず，原子力基本法と原子力委員会設置法の二法が1955年末に成立した．原子力基本法は原子力の平和利用の原則を提示し，原子

力委員会の設置や原子力研究開発公社，原子力採鉱精錬公社の設立等といった原子力に関する基本的事項を定めた．原子力委員会については，審議会と同様の形式で総理府の附属機関としての原子力委員会でありながら，政策の最高意思決定機構と位置付けられ，事務局は科学技術庁に置くことに落着した．こうしてたしかに，原子力行政の一元化が，科学技術行政の一元化の強い後押しとなったのである．

╈ 2．初期科学技術庁の体制

総理府の外局として1956年に誕生した科学技術庁は，その由来として３つの組織＋アルファの形で発足した．３つの組織とは，①STAC事務局，②資源調査会事務局，③原子力局である．もともと①STAC事務局と②資源調査会事務局は総理府の附属機関であり，③原子力局は総理府の内部部局であった［科学技術庁30年のあゆみ編集賞委員会編 1986：17］．このほか，通商産業省の工業技術院と特許庁からも一部加わった［科学技術庁創立十周年記念行事実行準備委員会 1966：31］．くわえて，発足当初から科学技術庁は，原子力委員会，科学技術審議会，航空技術審議会，資源調査会，発明奨励審議会の事務局となった［科学技術庁30年のあゆみ編集賞委員会編 1986：17］．科学技術庁が所管する研究機関は，日本原子力研究所，原子燃料公社（いずれも現在の国立研究開発法人日本原子力研究開発機構）と設立準備中の金属材料技術研究所（現在の国立研究開発法人物質・材料研究機構）となった（図3-1）．

科学技術庁は，「貧弱な新官庁の発足」［武安 2009：138］という表現からも，当初の期待に達しない体制で発足した．当初の科学技術庁は，設置のタイミングのために，人員は十分ではなく，予算は1000万円弱，残りは移管によって成り立っていた［武安 2009：141-147］．

とくに誕生当時の科学技術庁の性格をよく表しているのが，1956年度の当初予算である．当該年度の科学技術庁予算額は約19億円である一方で，そのうち約14億円が原子力平和利用促進に関するものであった．このように科学技術庁は設立の経緯からみても，原子力行政のための機関といっても過言ではない状況で運用が開始された．

さらに，誕生当初の人員も，新規定員は６名のみであり，それ以外はSTAC事務局15名，原子力局68名，資源調査会事務局39名の合計128名の組織として

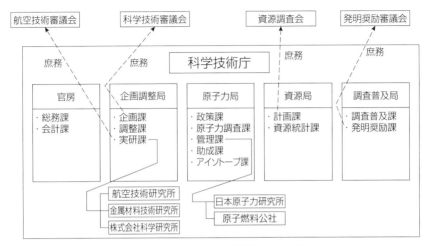

図3-1　発足時の科学技術庁の組織

出典：筆者作成.

の移管によって構成された．さらに残りは，各省からの供出によって，通商産業省48名，農林省13名，運輸省5名，郵政省5名，厚生省3名，行政管理庁2名であった［武安 2009：139-140］．科学技術庁という組織の特徴として，内局としての原子力局の強さ，出身省としても通商産業省の強さが特徴的であった．

3．科学技術庁の誕生過程の結果

　以上の過程と課題を整理していこう．図3-2は，本章で提示した3度の波における一元化の意味内容の変化を表したものである．
　第1に，科学技術庁設立までの議論の様相にあたっては，新しい産業分野や最先端科学技術分野の開発促進のため，科学技術行政を強固な政策かつ総合的に推進する機構の整備が必要だとの認識が産業界および政界で強く認識されていた．その背景には，既存の科学技術行政を担うはずのSTACへの不満があった．それは，STACがあくまでも連絡調整の場に限られており，関係者間での抽象的でない課題の共有を行っていたためである．こうしたSTACのあり方については「メッセンジャー・ボーイ的役割」［武安 2009：90］といった批判もあった．

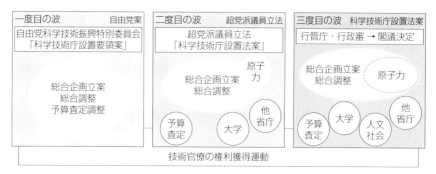

図3-2 三度の波と一元化

出典：筆者作成.

　第2に，組織や予算といった結果から見てもわかるように，科学技術庁設立において原子力の登場と合流は強力な後押しとなった．原子力の開発を国家として進めるという国家戦略課題があり，新たに発生した原子力開発に関する行政事務への対応という新たな政治テーマの登場が，科学技術庁設置の議論を大きく進めた［大熊 2009：5；武安 2009：98-100］．とくに原子力に関しては，工業技術院原子力課，経済企画庁原子力室，原子力研究所の建設という過剰な分業（朝日新聞　1955年10月27日朝刊3面）の状態にあり，科学技術庁を前提とした行政機関による一元化が望まれていた．

　とはいっても，強力な科学技術行政機関である「科学技術庁（省）設立の夢」は同床異夢の状態であった．すなわち，STACをはじめとする既存の科学技術行政への不満，経済の自立，原子力行政の行き先，技術官僚の権利拡大といった目的が交錯し合流したのが，科学技術庁の設置という「絵」だったからである．

　第3に，これに対して学界は遅れをとっていた．科学技術庁設置を後押しした原子力に関しても，中曾根康弘をはじめとした改進党のイニシアチブによるものであった．むしろ，学界としては，「一元化」の枠のなかに大学をはじめとした学界がとりこまれることへの忌避および，原子力行政とほかの科学技術行政を切り離して別個に行うべきだという意見があった．

　第4に，さらに科学技術庁設立への最大の抵抗勢力として，既存省庁の存在があった［武安 2009：152］．まさに各省庁は消極的・反対の雰囲気だったのである．実際，各省庁にとって科学技術庁は自身の領域への侵略であると同時に，

技術官僚の勢力拡大への警戒もあった［武安 2009：96］．それは通商産業省や経済企画庁によって，科学技術行政の一元化の所在地が経済企画庁のなかの一部局にすべきであるとの意見のほか，大蔵省による予算の査定調整に関する意見にもみられていた［武安 2009：104-106］．

第5に，学界や他省庁のこうした反対が重しとなり，当初望まれた科学技術行政の一元化は，きわめて限定的な意味での一元化で終わってしまった．結局科学技術庁設置後も，文部省，通商産業省，厚生省，農水省など，他省庁においても科学技術行政は担われるままであった．また，「一度目の波」の際と比較しても，人文社会科学や大学が取り除かれた点，そして予算の査定調整についても限定的なものとなった．さらに村松貞次郎（当時東大生産技術研究所員）のように，農学・医学が外されていることへの批判を行うものもいた（朝日新聞1956年2月24日朝刊3面）．科学技術庁は，「一元化」というスローガンを掲げて設置を目指した一方で，結局のところ航空と原子力に過度に偏って発足することになった．これはむしろ，日本の科学技術行政を一層多元的にし，複雑な構造にしたといえるかもしれない．

╋ おわりに

結局科学技術行政の一元化に関しては，既存の各省庁との関係において尾を引くことになる．すなわち文部省や通商産業省，農林省といった各省の業務の一環として行われる科学技術部分に対して科学技術庁は何をできるか，という問題である．この点については，科学技術庁設置法のなかに「科学技術に関する基本的政策の企画，立案，推進」と「科学技術に関する総合調整」と記述されたところに注目する必要がある．一見科学技術行政の一元化の夢は果たされたように思える一方で，消極的な立場（各省ができないこと）に科学技術庁の「一元化」は限定されることになった．

科学技術庁は各省庁の既存の守備範囲を侵さないレベルで，国全体の科学技術行政の整合性を図りおおよその方針を示すこと，そして他省庁の担当外の領域となった原子力や宇宙開発といったビッグ・プロジェクトを主たる任務としていった．こうした政府全体の総合調整を行う立場と，自身の研究開発プロジェクトを実施する立場の「二面性」［木場 2002：26］こそが，科学技術庁としての生きる道であったといえよう．

56

付記

本章は JSPS 科研費 JP24K15961 および JP22K01318 の助成を受けたものである.

注

1 ） この改称に伴い,「外局」から「特別の機関」となったため, 文献によっては「格下げ」と説明される［武安 2009：91］.

2 ） この決議の具体的な内容は次のとおりである. ① 科学技術関係の国家予算を増額するとともに, 設備改良等への長期資金の融資等に特別措置を講ずること, ② 科学教育を信仰するとともに研究費の増額交付, 研究者の待遇改善をはかり, もって科学技術知識の普及に努めること, ③ 科学技術の応用, 工業化のため特殊金融金庫を設けること, ④ 科学技術関係各機関を能率的かつ総合的に運営するため制度施設の改善整備を行なうこと.

3 ） その原因として, 会長である首相が出席せず, 各省からも十分な職員が出席しなかったことがあげられている. とくに STAC が日本学術会議の権威を背景としており, 設立から日の浅い日本学術会議について各省庁から十分に理解されていなかった［中山 1995：156］.

4 ） とはいっても1952年 4 月の閣議において, 今後引き続いて検討すべき問題として科学技術庁設置問題があげられてはいた.

5 ） 原子兵器に関する研究を行ってはならないことを大前提として, ① この精神を保証するための原則として, 原子力の研究と利用に関する一切の情報が完全に公開され, 国民に周知されるようにすること, ② 原子力研究の体制は民主的運営を基本とすること, ③ 原子力の研究と利用は日本国民の自主性ある運営のもとに行わるべきであること, の 3 つの内容からなるものであった.

6 ） 1955年12月には閣議決定にもとづき, 原子力委員会設置法案および原子力局の設置を規定する総理府設置法一部改正案を提出し, また原子力基本法案も議員提案の形で提出された. ついに1956年 1 月には総理府の附属機関として原子力委員会が設置され, 上記 3 原則を明示した原子力基本法も制定・施行されたのである. こうして国の原子力政策の中核が出来上がった.

参考文献

秋元健治［2014］『原子力推進の現代史』現代書館.

池田亀三郎［1966］「科学技術庁設立までの想い出」, 科学技術庁創立十周年記念行事実行準備委員会編［1966］『科学技術庁十年史』科学技術庁創立十周年記念行事協賛会.

大熊健司［2009］「科学技術庁政策の発展史」, 新技術振興渡辺記念会編『科学技術庁政策史』科学新聞社.

岡本哲和［1996］「戦後日本における科学技術行政機構の成立」『情報研究』 6 .

科学技術庁30年のあゆみ編集賞委員会編［1986］『科学技術庁30年のあゆみ』創造.

科学技術庁創立十周年記念行事実行準備委員会編［1966］『科学技術庁十年史』科学技術庁創立十周年記念行事協賛会.

金沢良雄［1955］「原子力諸法案の検討」『ジュリスト』95.

木場隆夫［2002］「科学技術庁の政策形成過程」, 城山英明・細野助博編『続・中央省庁の政策形成過程——その持続と変容——』中央大学出版会.

経済団体連合会［1962］『経済団体連合会十年史　上』経済団体連合会.

————［1963］『経済団体連合会十年史　下』経済団体連合会.

————［1969］『経団連の二十年』経済団体連合会.

経済同友会［1956］『経済同友会十年史』経済同友会.

新技術振興渡辺記念会編［2009］『科学技術庁政策史』科学新聞社.

鈴江康平［1966］「STAC と科学技術庁」, 科学技術庁創立十周年記念行事実行準備委員会編『科学技術庁十年史』科学技術庁創立十周年記念行事協賛会.

高瀬国雄［1975］「農業土木の原点に回帰する時」『農業土木学会誌』43(12).

武安義光［1972］「日本科学技術情報センター設立の回顧」,『情報管理（月刊 JICST）』15.

————［2009］「科学技術庁成立の軌跡」, 新技術振興渡辺記念会編『科学技術庁政策史』科学新聞社.

田中浩朗［1995］「科学技術行政機構の確立」, 中山茂・後藤邦夫・吉岡斉編『通史　日本の科学技術　第2巻』学陽書房.

中山茂［1995］「学術会議と STAC」, 中山茂・後藤邦夫・吉岡斉編『通史　日本の科学技術　第1巻』学陽書房.

村上裕一［2015］「『司令塔機能強化』のデジャ・ヴュ——我が国の科学技術政策推進体制の整備を例に——」『年報公共政策学』9.

吉岡斉［2011］『新版　原子力の社会史』朝日新聞出版.

（山谷　清秀）

第4章 司令塔機能の形成と展開

はじめに

　本章では「旧科学技術庁に端を発する科学技術政策」，とりわけ科学技術政策の「司令塔機能」の形成と変遷を概観する．科学技術政策の「司令塔」とは，具体的には現在の「総合科学技術・イノベーション会議」であり，その前身は「総合科学技術会議」，さらに「科学技術会議」に遡ることができる．第1節では科学技術庁の設置後，「司令塔」の実現を目指して科学技術庁がその所掌範囲を拡大してきた歴史を確認する．第2節では政治改革・行政改革の潮流のなかで，1995年に科学技術基本法が成立し，2001年に文部科学省と総合科学技術会議が設置されることで，「司令塔機能」の形成が実現した経過を確認する．しかしそれは官邸主導の確立と相まって，政治ひいては産業界の意向が科学技術政策に強く影響することに帰結した．第3節では第2次安倍政権でのイノベーションの強調に至る経過と，その結果としての科学技術政策の変容を確認する．

1．科学技術庁による科学技術政策の拡大（1956～1994）

　科学技術庁は実質的に「原子力庁」に近い形でスタートしたが，もともと統一的な科学技術政策の構築（≒科学技術政策の司令塔）を志向していたために，その所轄を拡大しようと工夫を重ねていった．本節ではその拡大を3点に要約する．第1は原子力以外の「ビッグサイエンス」についての拡大である．第2は日本学術会議とは異なる司令塔としての「科学技術会議」の設置である．第3は調整機能を実質化するための予算確保とその対象選定方法の模索，つまり新

しい研究開発支援システムの構築である．とくに後二者は，1995年の科学技術基本法と2001年の総合科学技術会議につながっていく．

（1）現業部門の拡大

原子力を中心に発足した科学技術庁が，続いてその所轄範囲として捉えたのは宇宙開発であった．1969年，「宇宙開発事業団（NASDA：引用者注）を設立し，併せて宇宙開発委員会と宇宙開発計画のシステムを整備して R&D に乗り出」した．文部省の「宇宙研（宇宙科学研究所（ISAS）：引用者注）には科学探査，ロケットシリーズ」があるのに対し，「科技庁は，実用化路線を描き推進」した［大熊 2009：44-45］．はるかのちの2003年に NASDA，ISAS，航空宇宙技術研究所（NAL）が統合され，現在の宇宙航空研究開発機構（JAXA）になっている．さらに1971年には海洋科学技術センターが設立された．「海の実用化はすでに先行の官庁が多くを担って」いたが，「技術的に手のついていない深海にアクセスする技術，広く海洋に展開する総合的な観測体制とその高度な解析技術などは遅れてはじめた科学技術庁でなければできないことであった」のだという［大熊 2009：51］．これは，今日の海洋研究開発機構（JAMSTEC）につながっている．

「こうして，原子力，宇宙，海洋のビッグプロジェクトは対象の政策の課題に応じて，科学から，実用，利用にまでの中で科学技術庁でしかできないところを突き進んでいき，明確に経済社会も霞ヶ関も認める実体ができてくる．その結果，『大規模な研究開発』そのものが一つのカテゴリーとして政策対象に取り上げられる」ようになった［大熊 2009：51］．つまり，設立当初は科学技術政策＝調整＋原子力＋αであったところが，科学技術政策＝調整＋原子力＋宇宙＋α，そして科学技術政策＝調整＋原子力＋宇宙＋海洋（深海）＋αと拡大し，結果的に科学技術政策＝調整＋大規模研究開発＋α，と認められる流れができていったと言えよう．もっとも文部省でも，1971年に設置された高エネルギー物理学研究所（KEK）のように，ビッグサイエンスは展開されていた．これに対し，科学技術庁は純粋基礎研究でもなく，産業技術でもない，戦略的な領域を担っていたと見ることができる．

（2）科学技術会議の設置と科学技術基本法制定の挫折

上述のような現業部門の拡大に先行して，調整官庁としての実質を拡大しよ

うとする動きも進められてきた．その１つは科学技術庁設立３年後の1959年の「科学技術会議」の設置である[2)]．これは総理府に設置されたが，その事務局については科学技術庁が「中心的な役割を果たすと定められた」[大熊 2009：14]．総理大臣を議長とし，大蔵大臣，文部大臣，経済企画庁長官，科学技術庁長官，日本学術会議会長，および内閣総理大臣が任命する有識者３名がメンバーであった．科学技術会議設置法[3)]では，科学技術会議へ諮問されるべき内容としては次の４点が挙げられている．戦後，「学者の国会」と呼ばれた日本学術会議が既に設立されていたが，以下の「四」に見られるように日本学術会議は実質的に科学技術会議の下に組み込まれた[4)]．なお，科学技術庁設置法[5)]で科学技術庁の任務は「科学技術（人文科学のみに係るもの及び大学における研究に係るものを除く．以下同じ．）に関する行政」とされていたので，ここでも「科学技術」には人文科学（いわゆる「文系」であろう）は含まれていない．ただし，日本学術会議は大学もその対象として含んでいたので，ここでは「大学における研究に係るものを除く」という規定は含まれていない．

一　科学技術（人文科学のみに係るものを除く．以下同じ．）一般に関する基本的かつ総合的な政策の樹立に関すること．

二　科学技術に関する長期的かつ総合的な研究目標の設定に関すること．

三　前号の研究目標を達成するために必要な研究でとくに重要なものの推進方策の基本の策定に関すること．

四　日本学術会議への諮問及び日本学術会議の答申又は勧告に関することのうち重要なもの

　すでに科学技術庁では1958年度から「科学技術振興長期計画」を策定していたが，科学技術会議の発足後はその策定が重要業務として引き継がれることとなった［武安 2009：147］．また科学技術会議において，「わが国全体にわたる科学技術方策についての諮問が定期的に行われ，その答申を受けて新しいわが国科学技術政策の包括的な方針が策定されて」いった［大熊 2009：14］．

　1960年の諮問第１号「10年後を目標とする科学技術振興の基本方策について」の答申においては，「科学技術に関する基本法を制定することは，さらに検討をすべき重要事項である」とされた［治部 2009：79］．しかし，1968年の第58回国会に提出された科学技術基本法は「第59回国会まで継続審議，第60回国会で審議未了廃案となり」，実現しなかった［治部 2009：80-81］．その結果，「基

本法を断念した科学技術庁では（中略）科学技術会議における議論に軸足を」
移していった［大熊 2009：14］．科学技術会議において「わが国全体にわたる科
学技術方策についての諮問が定期的に行われ，その答申を受けて新しいわが国
科学技術政策の包括的な方針が策定され」るようになっていった［大熊 2009：
14］．例えば1971年の諮問第5号「1970年代における総合的科学技術政策の基
本について」に対する答申では，ライフサイエンスの振興が打ち出されたとい
う（山田・塚原［1986：39］など）．

（3）科学技術振興調整費と科学技術政策大綱

　一方，科学技術庁内では「権限もさることながら，調整が実行されるために
は，やはり裏打ちのしっかりした予算制度が必要との思いは年を追って強く
なっていた」という［大熊 2009：18］．そのような枠組みとして，1981年には
「科学技術振興調整費」がスタートした．これは「科学技術会議の方針を踏ま
えて進める大学を別とした各省横断の基礎研究推進予算」であった［大熊
2009：17］．「昭和56（1981：引用者注）年春，科学技術会議は（中略）科学技術振
興調整費の活用の基本方針を決定」し，この年以降「科学技術庁の予算では調
整費を大きく伸ばすことに重点が置かれてい」った［大熊 2009：19］．ここでは，
「省庁の壁を越える複数の研究機関の参加が必要な研究課題」が「メインの対
象」とされた［大熊 2009：23］．その結果，「科学技術振興調整費は，原子力，
宇宙，海洋の大型プロジェクト分野以外の，新しい分野の研究を開拓」し，
「その過程で，今日あるさまざまな研究システムの原型を試み，生み出して」
いった［大熊 2009：26］．

　同じく1981年には，「創造科学技術推進制度」（ERATO）もスタートしている．
これは「1981年度科学技術振興調整費予算約33億円の中の6億円として出発し，
翌年度からは科学技術振興調整費から外され，別枠として振興局自身の予算と
なった」［治部 2009：76］．振興調整費と比較するとERATOは，組織ではなく
「人中心のシステムであり」，基礎研究のなかでも目標を「『シーズの探索』と
明確に位置づけて，これを効率的に進めるシステムを構築した」［大熊 2009：30
-31］．いわば科学技術庁がいわば目利きとなり，可能性の高い新しい研究に重
点的な資源配分を行う科学技術政策が開発されたのであった．

　大熊健司は，科学技術振興調整費とERATOが「やがて来るわが国全体を
包含する基本的な政策のための計画とその実行を図る上で不可欠なシステムを

（略）用意」し，「科学技術庁の政策官庁化の体制促進を果たした」としている［大熊 2009：26］．ERATO 以降も，「若手個人研究推進事業（さきがけ）」，「戦略的基礎研究推進事業（CREST）」，「基礎的研究発展推進事業（SORST）」，「国際共同研究事業（ICORP）」，「計算科学技術活用型特定研究開発推進事業（ACT-JST）」などのさまざまな制度が設立されていった［治部 2009：73］．つまり，第１節（１）でみたような，科学技術政策＝調整＋大規模研究開発＋αという状態からさらに展開して，科学技術政策＝調整＋大規模研究開発＋重点的研究支援＋α，という形が形成されていったと言えよう[8]．

　さらに1986年には，科学技術会議の答申が「科学技術政策大綱」として閣議決定された［大熊 2009：35][9]．これは1984年11月に発出された科学技術会議の「11号答申」（「新たな情勢変化に対応し，長期的展望に立った科学技術振興の総合的基本方針について」に対する答申）を踏まえたものであった．そして「大綱の実現のための，毎年度の指針を科学技術会議が策定するシステム」が創出された．「この重点指針の仕掛けは，後の総合科学技術会議の資源配分方針へと発展」していった［大熊 2009：36］．

＋ ２．科学技術基本法の制定と総合科学技術会議の成立(1995〜2004)

　本節では1990年代から2000年代にかけての科学技術政策の拡大を確認する．リクルート事件に端を発する政治改革 → 行政改革の流れのなかで，科学技術基本法が成立し，さらに省庁再編によって文部科学省と総合科学技術会議が成立する．組織としての科学技術庁はなくなったが，「統一的な科学技術政策」「司令塔の形成」という科学技術庁の目指してきたものは実現したかに見えた．実際，小泉政権の政治主導のなかで科学技術予算は伸長したが，それは結果的に国立大学の運営費交付金の削減につながってしまった．また，これらの変化の背景には，バブル経済崩壊後の産業界の苦境があった．もともと科学技術基本法の構想は，1980年代の好調だった日本産業に対する欧米の「基礎研究ただ乗り」批判への対応——基礎研究振興という意味合いがあったが，結果的に「産業界の基礎研究の肩代わり」という意味合いが強まっていく．司令塔機能の形成は，政治主導の流れと重なることで，産業界の意向が科学技術政策に大きく入り込むことにつながっていった．

（1）議員立法による科学技術基本法の制定

　科学技術基本法は1995年，自民党の尾身幸次議員を中心とする議員立法で成立した［尾身 1996：275-82］これまでも産業界そして政界から科学技術基本法制定の要求はあったけれども実現してこなかった．これに対し，「通商産業省（現経済産業省）出身で科学技術庁出向も経験したことのあった尾身は，関係省庁の論理」，とくに「大蔵省（現財務省）が強く抵抗する」ことを「熟知しており，（中略）議員立法を選択した」と言われている［佐藤 2011：94］．またその背景には，1993年の自民党の下野とそれによって政官関係が流動化するなかで結果的に官僚主導が後退し，政治の要求が官僚の抵抗を突破できるようになった，という流れがあっただろう[10]．

　科学技術基本法[11]の目的は第一条で次のように述べられている．

> この法律は，科学技術（人文科学のみに係るものを除く．以下同じ．）の振興に関する施策の基本となる事項を定め，科学技術の振興に関する施策を総合的かつ計画的に推進することにより，我が国における科学技術の水準の向上を図り，もって我が国の経済社会の発展と国民の福祉の向上に寄与するとともに世界の科学技術の進歩と人類社会の持続的な発展に貢献することを目的とする．

そのうえで第9条では「政府は，科学技術の振興に関する施策の総合的かつ計画的な推進を図るため，科学技術の振興に関する基本的な計画（以下「科学技術基本計画」という．）を策定しなければならない」とされ，かつ「政府は，科学技術基本計画について，その実施に要する経費に関し必要な資金の確保を図るため，毎年度，国の財政の許す範囲内で，これを予算に計上する等その円滑な実施に必要な措置を講ずるよう努めなければならない」とされた．基本計画は今後10年を見通した5年間の計画であり，その目標金額も書き込んだうえで閣議決定される．

　単年度決算主義をとる日本政府において，閣議決定される計画に努力目標とはいえ複数年度にわたる予算額が明記されることは前例のないことであった．この間の経緯については次のような証言がある．「実際，当時を知る財務官僚の一人は『（目標額は）どうしても書かせたくない数字だった』と明かす．大蔵省は激しく抵抗したが，尾身氏は一歩も引かなかった．大蔵省との折衝に同席した当時の科学技術庁幹部の一人は『尾身さんはひたすら『カネ（予算）だ』

と，抵抗する大蔵省を政治力で押し切った』と振り返る」[毎日新聞「幻の科学技術立国」取材班 2019：168]．1996年度には第1期科学技術基本計画（1996～2000年度）が策定され，目標額として5年で17兆円という金額が書き込まれた．「ポスドク等一万人支援計画」が打ち出されたのも，この基本計画においてであった[12]．

　この勢いに乗って小渕恵三内閣（1998年7月～2001年4月）のもとで2000年度末に閣議決定された第2期科学技術基本計画（対象期間2001～2005年度）では，第1期の1.4倍となる24兆円という目標金額が盛り込まれた[13]．科学技術会議の作業部会では「カネはないところにはないんだ」と発言するある委員に対し，東レ会長だった前田勝之助委員が「苦しいときにこそ，大きな目標を決めないといけない」と発言し，増額の流れができたという[毎日新聞「幻の科学技術立国」取材班編 2019：169]．

　また増額のための方策として旧科学技術庁側が企図したのは，「基盤的な研究費を確保した上で，競争的研究資金を倍増させることであった[14]」．すなわち，競争的研究資金を大幅に増やすと同時に，その「3割に当たる額を『間接経費』として研究者の所属機関に別途支給する制度の導入を提案した」．これに大蔵省（現財務省）は真っ向から反対し，間接経費の導入と引き換えに「国立大学の基盤経費の全廃」を要求したという．最終的に，間接経費の導入が認められた一方，基盤経費の全廃は見送られた[毎日新聞「幻の科学技術立国」取材班編 2019：171-173]（この帰結については本節（3）で触れる）．

　この経過のなかで，科学技術予算増額ということの意味が変わってきていることに注意が必要である．もともと尾身や科学技術庁が基礎研究予算の増額を主張していたのは，80年代の日米貿易摩擦の中で製造業の輸出が好調だった日本に対する「欧米の基礎研究にただ乗りしている」という批判への対応という意味があった[有本 1988：486；尾身 1991：73；木場 2002：32]．ここから，国際貢献に近いニュアンスで基礎研究の強化が主張されていた（実際，歴史的にも日本の研究開発費に占める政府支出割合は先進国のなかでは少ないとされている）．しかし科学技術基本法が成立した1990年代にはバブル経済が崩壊した．その結果，企業中央研究所の閉鎖が相次ぐなど日本企業には研究開発の余裕がなくなっており，上述の前田に見られるような産業界の主張には，企業の基礎研究の肩代わりを求める意味合いが強まっていたように思われる[綾部 1997：104]．両者は重なる部分を持ちつつも，同床異夢の構造の中で科学技術政策予算の増額が達成さ

れたのであった[15].

（2）文部科学省と総合科学技術会議の発足

このような動きに続いて日本政府内で進められたのは，省庁再編であった．橋本龍太郎内閣（1996年1月～1998年7月）のもとで設置されていた行政改革会議の『最終報告』が取りまとめられたのは1997年末のことである．この『最終報告』では，省庁再編の一環として科学技術庁と文部省の統合の方針が盛り込まれた．この方針の下に2001年，中央省庁再編が実施され，文部科学省が発足した．文部科学省設置法においてその所掌事務は「科学技術に関する基本的な政策の企画及び立案並びに推進に関すること（内閣府の所掌に属するものを除く.）[16]」，「科学技術に関する研究及び開発（中略）に関する計画の作成及び推進に関すること」，「学術の振興に関すること」などとされている[17]．旧科学技術庁の所掌範囲と旧文部省の所掌範囲が合わさった結果，旧科学技術庁設置法における「科学技術」に対する「人文科学のみに係るもの及び大学における研究に係るもの[18]を除く」という除外規定はなくなった．

同様に，これまでの科学技術会議は「総合科学技術会議」（以下，「CSTP」）へと改められた．行政改革の流れのなかで「既存体制の見直し，全体にわたる政策に対する機能強化と効率化が叫ばれ」，「科学技術の世界では（中略）文部省も視野に入れた科学技術会議の機能強化」［大熊 2009：35］が求められたのであった．ここでも科学技術会議設置法の「科学技術」についての「人文科学のみに係るものを除く[19]」という除外規定はなくなった．その所掌事務は内閣府設置法において次のように規定されている[20]．

- 一 内閣総理大臣の諮問に応じて科学技術の総合的かつ計画的な振興を図るための基本的な政策について調査審議すること．
- 二 内閣総理大臣又は関係各大臣の諮問に応じて科学技術に関する予算，人材その他の科学技術の振興に必要な資源の配分の方針その他科学技術の振興に関する重要事項について調査審議すること．
- 三 科学技術に関する大規模な研究開発その他の国家的に重要な研究開発について評価を行うこと．
- 四 第一号に規定する基本的な政策及び第二号に規定する重要事項に関し，それぞれ当該各号に規定する大臣に意見を述べること．

このように，（他省庁が担う研究開発はあるけれども）科学技術政策は人文社会系，また大学を含めた，総合的なものとして展開することが可能となった．組織としての「科学技術省」は実現しなかったが，「統一的な科学技術政策」という科学技術庁当初の構想にかなり近いものが実現したと言えよう．実際，CSTPは「経済財政諮問会議」とともに内閣府設置法に基づく「重要政策に関する会議」として位置づけられた．CSTPは，内閣総理大臣を議長とし，科学技術担当大臣（内閣府には「科学技術政策担当大臣」が置かれることとなった），その他の内閣総理大臣が指名する大臣や関係する行政機関の長，有識者など「議長および議員14名以内」をもって組織されることとされた．

（3）科学技術政策予算の伸長と国立大学運営費交付金の削減

それまでの科学技術会議は「総理大臣が出席する本会議は年2回程度であり，シナリオに従って案件を決定していくという型の会議であった」が，CSTPは「月1回開催される本会議ですべての議案を審議・決定するという方針であったので」，「毎週1回，大臣と有識者議員の会合を開催し」，「準備をする非公式会合」も持たれていた［井村 2005：89］．CSTP設立当初の議員であった黒田玲子によると，本会議では各議員「2分くらい」，直接首相に意見を述べる機会があったという．[21] 同じく議員だった井村裕夫は「科学者の声が通りやすかった？」という質問に対し，「はい．財務省とも予算案をまとめる前に話し合い，ある程度，私たちの意見が通った．当時，自民党の科学技術創造立国調査会が強かったことも背景にある．山崎拓さん，加藤紘一さん，尾身幸次さんら重鎮がいて非常に力があった」と回想している［毎日新聞「幻の科学技術立国」取材班編 2019：208］．

実際，「構造改革」を掲げた小泉純一郎内閣（2001年4月～2006年9月）では公共事業予算の削減が進んだのに対し，科学技術政策予算は伸長した．例えば2002年夏の政府予算概算要求の様子を朝日新聞（2002年8月30日付朝刊2面）は次のように伝えている．

> 他省庁から，早くも「勝ち組」とうらやましがられるのが，文部科学省の科学技術振興予算．抑制基調の概算要求基準で唯一，「前年度実績からの2割増しの要望」が認められた．[22]

これは，本節（2）で見た第2期科学技術基本計画に基づくものであるととも

に，上述のような政治家の力[23]も背景にしたものであっただろう．

しかしこのような科学技術政策における予算拡大の動きは，結果的に2004年の国立大学法人化以降の[24]，財務省による基盤経費の毎年１％削減方針，つまり大学政策における予算削減につながった[25]．「国立大学が比較的自由に使える国からの運営交付金は（略）04年から毎年約１％ずつ減額され，15年度までに当初の一割に相当する1470億円が削られた」［毎日新聞「幻の科学技術立国」取材班編 2019：107］．その後横ばいの時期もあったものの，2004年度の１兆2415億円から2024年度には１兆784億円まで削減されている[26]．この「選択と集中」によって達成されたものもあろうが，運営費交付金の削減は日本の研究力の低下につながっていると見る向きが多い[27]．

＋ 3．科学技術イノベーション政策への展開（2005〜2020）

その後，科学技術政策は科学技術イノベーション政策と呼ばれるようになって今日に至っている．概略としては，これは第２次安倍晋三政権（2012年12月〜2020年９月）のもとでの変化と理解できる．ただし正確にみていくならば，この，科学技術政策における「イノベーション」の強調には前史が存在している．本節ではまずこの前史を確認し，第１次安倍政権ではなく，その前の小泉政権まで遡れること，政権交代を経た民主党政権でも継続していたことを確認する．これらの事実は，イノベーションの強調がもともと政治ではなく官僚側によって導入されたものであることを示唆する．そして，第２次安倍政権下での科学技術イノベーション政策の展開を概観し，名称だけでなく役割として「イノベーションの創出」が司令塔の機能に付与されたことを確認する．そのなかでの科学技術政策の変容——司令塔が予算も握るようになったこと，また他の政策の司令塔が増えていった結果，さらに上位の司令塔が設置されたことについても確認する．総じて，官邸主導が確立するなかで司令塔機能が強化された結果，政治の意向ひいてはその背後の産業界の意向が科学技術（イノベーション）政策には強く反映するようになったと見られている．

（1）イノベーション政策の源流
「イノベーション」という用語が科学技術基本計画に初めて登場したのは，2005年度末に閣議決定された第３期科学技術基本計画[28]（実施期間 2006〜2010年度）

である［後藤 2017：69］．この閣議決定は小泉政権の末期であり，第1次安倍政権（2006年9月～2007年9月）より以前であることに注意が必要である．もちろん第1次安倍政権においても，イノベーションは強調されていた．2007年度には長期戦略指針「イノベーション25」も取りまとめられている[29]．これらは国際的なイノベーションについての議論の高まりを受けたものでもあった[30]．

　この潮流は，政権交代を経た民主党等連立政権（2009年9月～2012年12月）にも引き継がれた．「イノベーション25」はほとんど棚上げにされたが［小林 2017：58］，2010年度に菅直人内閣で閣議決定された『新成長戦略～「元気な日本」復活のシナリオ～』では「科学・技術・イノベーション戦略本部（仮称）」の設置が提唱された[31]．2011年度に入って第4期科学技術基本計画（実施期間2011～2015年度）が閣議決定されたが，そこでは「自然科学のみならず，人文科学や社会科学の視点も取り入れ，科学技術政策に加えて，関連するイノベーション政策も幅広く対象に含めて，その一体的な推進を図っていくことが不可欠である」として，これを「科学技術イノベーション政策」と位置付け，強力に展開するとした[32]．また，国家戦略会議における議論を踏まえ，経団連は2012年4月に「『イノベーション立国・日本』構築を目指して」，5月に産業競争力懇談会は「イノベーションによる再生と成長のために」，経済同友会は「日本再生のために真のイノベーション力強化を」，連合は「イノベーションによる成長と国民生活の向上に向けて」という提言を行っている［村上 2015：160］．これらの動きは第2次安倍政権につながっていく［後藤 2017：70-71；村上 2019：195］．

（2）第2次安倍政権におけるイノベーションの強調

　2012年12月に政権復帰した安倍首相は，その就任施政方針演説で「『世界で最もイノベーションに適した国』を創り上げます．総合科学技術会議がその司令塔です」と述べ，これに呼応する形で2013年1月には経団連から提言「科学技術イノベーション政策の推進体制の抜本的強化を求める」が出された［村上 2015：160-161］．「イノベーション」の語は第2次安倍政権において代名詞ともいえる扱いを受け，科学技術政策は大きな変容を受けることとなった．

　まずその先駆けとなったのが，政権交代後の2013年度に第2次安倍内閣において閣議決定された「科学技術イノベーション総合戦略～新次元日本創造への挑戦～」である[33]．これは，民主党政権下で取りまとめられた第4期科学技術基本計画の実施期間が2015年度まで残っていたことに対して，第2次安倍内閣と

して科学技術政策の独自性を発揮すべく，科学技術基本計画と同等の閣議決定の扱いとしたものであった．これ以降，予算プロセスに連動させるべく，「総合戦略」は2017年度まで毎年度策定された．

そのうえで象徴的だったのが，2014年5月にCSTPが「総合科学技術・イノベーション会議」（以下．CSTI）へと改称されたことである[34]．その所掌事務等には，CSTPにおいて規定されていた先の4つに加えて，

> 内閣総理大臣の諮問に応じて研究開発の成果の実用化によるイノベーションの創出の促進を図るための環境の総合的な整備に関する重要事項について調査審議すること．

が追加された[35]．名称だけでなく，所掌事務として「イノベーションの創出の促進」が明記されたことに注意する必要がある（この点については本節（3）で再度取り上げる）．

CSTIのもとで2015年度に閣議決定された第5期科学技術基本計画（実施期間2016～2020年度）では，「我が国を『世界で最もイノベーションに適した国に』なるように導いていく」という考えの下での取組を，政策の柱として推進していくとされた[36]．また関連して「Society 5.0」という語が導入され，この基本計画策定後に他の政策文書等にも広く言及されるようになった．さらに第2次安倍政権末期の2020年6月には科学技術基本法等の一部を改正する法律が成立し，科学技術基本法は「科学技術・イノベーション基本法[37]」に改定され，この結果，旧科学技術基本法における「科学技術」についての「人文科学のみに係るものを除く」という限定が除かれた[38]．そして，菅義偉政権下（2020年9月～2021年10月）の2020年度末，第6次「科学技術・イノベーション基本計画[39]」（対象期間：2021～2025年）が閣議決定された（有本［2021］など）．

（3）官邸主導の科学技術イノベーション政策

第2次安倍政権において科学技術政策はその呼び方が変更されただけではなく，その内容においても小さくない変容が見られた．とりわけ注目したいのは，CSTIの位置づけの変容である．「安倍一強」と言われた第2次安倍政権において「官邸主導」が強まり，「司令塔機能」はより政治の意向が反映されるものになっていった．

まず確認しておきたいのは，CSTI自体の位置づけも，CSTP時代とは大き

く変質しているという点である．2014年5月にCSTPがCSTIに名称変更された際，事務局である内閣府に司令塔機能強化に係る所掌事務が追加された[40]．内閣府設置法第四条第三項で追加されたものは以下の通りである．

　　七　科学技術基本計画（略）の策定及び推進に関すること．
　　七の二　科学技術に関する関係行政機関の経費の見積りの方針の調整に関すること．
　　七の三　研究開発の成果の実用化によるイノベーションの創出の促進を図るための環境の総合的な整備に関する施策の推進に関すること．

先のCSTIに関する追加規定と併せて，これらにより科学技術基本計画の策定をCSTIが行うことや，CSTIの方針の下，独自予算を内閣府が直接計上し，府省横断的な施策の実施や関係府省の施策誘導等を強力に推し進めることが可能となった[41]．

　この変更を背景に，2014度予算に「科学技術イノベーション創造推進費」が計上され，これを原資に「戦略的イノベーション創造プログラム（SIP）」が開始された．SIP（第1期）は5年間（2014〜2018年度）で1580億円を投じ，11課題を実施した[42]．同時に，「革新的研究開発推進プログラム（ImPACT）」も開始された[43]．こちらは5年間（2014〜2018年度）で550億円の予算を計上し，20課題が採択された[44]．SIPが実用化を志向するのに対し，ImPACTはハイリスク・ハイリターンの研究成果に投資するとされている[45]．その後SIPは12課題に総額1445億円の第2期SIP（2018〜2022年度），14課題に初年度280億円の第3期SIP（2022〜2026年度）に引き継がれた．一方のImPACTの後継としては「ムーンショット型研究開発制度」が2020年度よりスタートし，予算については「H30（2018：引用者注）年度補正予算で1,000億円，R元（2019：引用者注）年度補正予算で150億円を計上して基金を造成．令和3（2022：引用者注）年度補正予算で800億円追加．最長で10年間支援」とされている[46]．また，CSTIの司令塔機能を強化するために2018年度に「官民研究開発投資拡大プログラム（PRISM）」が100億円で創設された．これは，「民間研究開発投資誘発効果の高い領域又は財政支出の効率化に資する領域への各府省庁施策の誘導を図ることを目的」としている[47]．

　このようにいわば「タテ方向の」学界に対するCSTIの影響力は強化されたが，「ヨコ方向の」影響力の及ぶ範囲は縮小していった面もある．これは，「司

令塔機能」を有する他の組織が，順次内閣に設置あるいは権限強化されたこと［榎 2013：112-113］にも一因があった．司令塔機能を持つ組織が並立したため，CSTI の上にさらに総合的な方針や組織が設けられることとなり，2018年度からは「統合イノベーション戦略」が策定されている．これは前述の，2013年度以来2017年度まで策定されていた「科学技術イノベーション総合戦略」を継承するものであり，「統合イノベーション戦略」も2018年度以降毎年度策定されている[48]．また同戦略を推進するため内閣に「統合イノベーション戦略推進会議」が設置された[49]．

＋ おわりに

　本章では，旧科学技術庁の所掌範囲であった科学技術政策とその司令塔機能が，内閣府への移行も含めて拡大されてきた歴史を概観した．1990年代以来少なくとも第 2 次安倍政権まで，行政改革の時流の変転のなかで官邸主導が強まり，その司令塔機能は政治，ひいては産業界の側の意向が強く作用するものに変容していった[50]．

　もともと設立当初から，科学技術庁は産業界の意向に近い立場にあったことは事実である．しかしそんな科学技術庁も，重点的研究支援においては研究機関との長期的な関係性をベースに，伸びしろのある研究をピックアップするという目利き的な仕事を行ってきた面があった[51]．したがって，旧科学技術庁が志向してきた科学技術政策の「司令塔機能」には，上から科学技術をコントロールしようというだけではなく，科学者・工学者側の自発的な活動を踏まえながら効果的な科学技術政策を促進したいという志向も含まれていたはずである．しかし，政治主導が強まった結果，政治側の視野のなかでの優先的資源配分がトップダウン的に実現する傾向が強まってしまったように思われる．トップダウンの科学技術（イノベーション）政策を全否定する必要はないであろうが，ボトムアップ的な科学技術政策を（効果的に）併存させる方途もまた，考えていく必要があるのではないだろうか．

注
　1 ）　旧文部省では大学や研究所で展開される研究についての政策（一般的語感の「科学技術政策」に重なる部分がある）は，「学術政策」と呼ばれてきた．この「学術」は，

第 4 章　司令塔機能の形成と展開　*73*

science の原義，ドイツ語の Wissennschaft（学問，つまり人文社会系も含む広義の「科学」）に相当する．もちろんそこには工学（技術）も含まれている．

2 ）　小松美彦は「学術会議の会員は学術会議自身が認定する有権者の投票によって選ばれるため（これは当時の仕組み：引用者注），民科（民主主義科学者協会：引用者注）と共産党が一定の人員を送り込んでおり，1960年代の科学技術政策を立てるに際して，学術会議の力を減衰させるべく科学技術会議が創設されたのである」としている［小松 2015：29］.

3 ）　衆議院（https://www.shugiin.go.jp/internet/itdb_housei.nsf/html/houritsu/03119590220004.htm, 2024年12月10日閲覧）.

4 ）　「科学技術会議設置計画に対して学術会議は反対声明を出した（中略）が政府が科学技術会議の一員として学術会議会長を加えるという妥協案を出した際，学術会議はこれを了承してしまった」という［蔵本 1969：78］.

5 ）　衆議院（https://www.shugiin.go.jp/internet/itdb_housei.nsf/html/houritsu/02419560331049.htm, 2024年12月10日閲覧）.

6 ）　2000年12月に答申された第26号まで継続した（文部科学省（https://www.mext.go.jp/b_menu/shingi/kagaku/index.htm, 2024年12月10日閲覧））.

7 ）　前身として「特別研究促進調整費というもっと小さい調整費があった」［大熊 2009：17］.　1960年に 1 億円が科学技術庁に一括計上されたもので，「その後，18億円まで拡充された」［治部 2009：76］.

8 ）　文部省でも重点的研究費配分は実施されていた．例えば，1980年から科研費のなかで「特別推進研究」の制度が始まっている.

9 ）　また，1986年には科学技術庁にとって重要な法案として「研究交流促進法」も制定されている［大熊 2009：37-43］が，本章では割愛する.

10）　「93年の政権交代，すなわち非自民連立政権の成立は，（中略）自民党との官僚組織の関係を引き裂くものでした」［田中 2018：175］.

11）　衆議院（https://www.shugiin.go.jp/internet/itdb_housei.nsf/html/houritsu/13419951115130.htm, 2024年12月10日閲覧）.

12）　当時科学技術会議の委員であった武田康嗣は「会議の中で，大学の先生がたから，金だけあっても人がいなければだめだ！　との議論が多く出され，結果としてポスドク 1 万人計画が打ち出され，これも基本計画案に盛り込まれることとなった（当人に対する保障や支援策が不十分であった．反省点である）」［武田 2022：131］と回想している.

13）　なお，これ以降研究開発投資目標額はあまり伸びず，また達成されない時期が長かった．目標額と実際の予算額はそれぞれ，第 1 期（1996〜2000年度）：17兆円と17.6兆円，第 2 期（2001〜2005年度）：24兆円と21.1兆円，第 3 期（2006〜2010年度）：25兆円と21.7兆円，第 4 期（2011〜2015年度）：25兆円と22.9兆円，第 5 期（2016〜2020年度）：26兆円と26.1兆円であった（内閣府（https://www8.cao.go.jp/cstp/budget/

r6yosan.pdf, 2024年12月10日閲覧)). 村上［2020］はこれを「ある種の民主的統制」と呼んでいる. その意味するところは主に財務省による財政規律のことである. 財務省側も「無尽蔵の財政支出を食い止めるべしという国民の負託」［村上 2020：473］を受けていると見ているのであり, ここでの「民主的統制」とは,「国民による統制」ではなく「国民のための（国民を意識した）統制」であると言えよう. なお, 第6期（2021〜2025年度）目標額は30兆円であり, 2024年2月時点での予算額は32兆円である.

14) 2001年1月から2002年7月まで内閣府官房審議官（科学技術政策担当）を, また2004年1月から2005年6月まで文科省科学技術・学術政策局長を務めた有本建男はのちに次のような反省の弁を述べている.「1995年に超党派で科学技術基本法が成立し, 私自身それに基づく科学技術基本計画つくりに携わってきました. 競争的資金を倍増させて研究の活性化をねらったのですが, 研究体制や研究者の評価法, 省庁や組織の縦割りなどは古いままで, 効果が上がらない.（中略）人材の流動性が高くて評価の仕組みもしっかりしている米国との差を十分考慮せず, やり方をまねしたためです」（有本建男「インタビュー　科学者が信頼されない国」『朝日新聞』2013年1月24日付朝刊17面）.

15) また, 1980年代の国立大学の施設の老朽化・狭隘化への危機感も背景にあった［井村 2005：57-58；綾部 2017：100-101］.

16) 衆議院（https://www.shugiin.go.jp/internet/itdb_housei.nsf/html/housei/h145096.htm, 2024年12月10日閲覧）.

17) なお, 原子力については多くが経産省に移行した［吉岡 2011：310；村上 2019：186-191］.

18) 衆議院（https://www.shugiin.go.jp/internet/itdb_housei.nsf/html/houritsu/02419560331049.htm, 2024年12月10日閲覧）.

19) 衆議院（https://www.shugiin.go.jp/internet/itdb_housei.nsf/html/houritsu/03119590220004.htm, 2024年12月10日閲覧）.

20) 衆議院（https://www.shugiin.go.jp/internet/itdb_housei.nsf/html/housei/h145089.htm, 2024年12月10日閲覧）.

21) 2023年3月18日, 黒田より定松が聞き取り.

22) 再び有本の弁を引きたい.「2001年の中央省庁の行政改革で科学技術政策の司令塔として内閣府に総合科学技術会議ができました. 国家権力の中枢に科学技術という価値観の違うものが入り, 双方の理解がなかなか進まない. 現場でそれを痛感しました」（有本建男「インタビュー　科学者が信頼されない国」『朝日新聞』2013年1月24日付朝刊17面）. この点について有本からは「policy for science から science for policy への科学技術政策の範囲の拡大が大きな課題」とコメントいただいた（2024年12月7日Eメールにて）.

23) とりわけ政治家レベルでは, それまでの経世会（旧田中派）支配に対する清和会（当時の森派）による巻き返しの意味が強かったように思われる［鮫島 2022：50-52］.

またいわゆる YKK（山崎・加藤・小泉）も，経世会に対抗するために結成されたことはよく知られている．

24) 綾部広則は「行政のスリム化を求める政府，アウトソーシングによって科学技術による日本経済の活性化をもくろむ産業界，そして官僚的不自由さから逃れたい一部の大学関係者の三者の思惑が一致したことで法人化が成し遂げられた」と的確にまとめている［綾部 2017：104-105］．中井浩一はさらに，この改革の根本は「経産省からのアプローチ」であり［中井 2004：62］，工業技術院の独法化（産業技術総合研究所の設立）を主導した澤昭裕らが「日本の研究開発システム全体」を改革しようと，旧科技庁系を始めとして，政治家や経済界，マスメディア等に働きかけた結果であるとしている［中井 2004：8章］．同時に文科省の側にも「彼らが動いてくれるのはプラスでもある」という受け取りが存在したことも明らかにしている［中井 2004：327］．

25) 「ある科技系幹部経験者は，財務省側で予算を査定する主計官が1人で高等教育と科学技術両方を担当するのに，文科省側の高等教育政策と科学技術政策が『コンビネーション』を組まなかったことが，運営費交付金削減と競争的資金増大という相反する帰結を生んだ原因だと指摘した」という［青木 2021：149］．

26) 国立大学協会（https://www.janu.jp/univ/gaiyou, 2024年12月10日閲覧）．

27) しかし2018年の時点でも，「財務省は NISTEP のデータなどを援用しつつそもそも日本の大学の資金投入に対する論文生産性は他国に比べ低く，予算のメリハリが必要であるとして国立大学運営費交付金の業績連動の強化を主張したのに対し，国立大学協会は財務省の分析に疑義を呈しやはり NISTEP のデータなどを用いて反論した」が，「財務省はそのまま業績連動の強化に踏み切っ」た［佐藤・松尾・菊池 2024：235］．なお，2004年から2009年まで三重大学学長を務め，その後国立大学協会政策研究所所長を務めた豊田長康が発表したのが『科学立国の危機』［豊田 2019］である．そのダイジェストと追加の分析を豊田［2023］で読むことできる．

28) 内閣府（https://www8.cao.go.jp/cstp/kihonkeikaku/honbun.pdf, 2024年12月10日閲覧）．

29) 内閣府（https://www.cao.go.jp/innovation/, 2024年12月10日閲覧）．

30) 米国政府の動きは，カーター政権の「産業イノベーション構想」（1979年）にまで遡ることができる［佐藤 2019：79］．その後の1985年にはレーガン政権下で「産業競争力に関する大統領諮問委員会」が報告書『グローバル競争：新しい現実』（通称ヤング・レポート）を提出し，1987年にはレーガン政権も同じ方向性の「競争力イニシアチブ」を公表した［佐藤 2019：92-93］．2004年には上記委員会の流れを引き継ぐNPO「競争力評議会」が提言『イノベート・アメリカ』（通称パルミサーノ・レポート）を，2005年には全米アカデミーズも報告書『迫り来る嵐を乗り越える』（通称オーガスティン・レポート）を公表し，それらの議論はブッシュ政権の「米国競争力イニシアチブ」（2006年），オバマ政権の「米国イノベーション戦略」（2009年）に引き継がれた［佐藤 2019：157-158］．小林［2017：48-53］，綾部［2017：98-99；109-110］も

参照のこと.

31） 首相官邸（https://www.kantei.go.jp/jp/sinseichousenryaku/sinseichou01.pdf, 2024年12月10日閲覧）.

32） 内閣府（https://www8.cao.go.jp/cstp/kihonkeikaku/index4.html, 2024年12月10日閲覧）.

33） 内閣府（https://www8.cao.go.jp/cstp/sogosenryaku/2013/2013.html, 2024年12月10日閲覧）.

34） 衆議院（https://www.shugiin.go.jp/internet/itdb_housei.nsf/html/housei/18620140501031.htm, 2024年12月10日閲覧）.

35） 衆議院（https://www.shugiin.go.jp/internet/itdb_housei.nsf/html/housei/18620140501031.htm, 2024年12月10日閲覧）.

36） 内閣府（https://www8.cao.go.jp/cstp/kihonkeikaku/index5.html, 2024年12月10日閲覧）.

37） 衆議院（https://www.shugiin.go.jp/internet/itdb_housei.nsf/html/housei/20120200624063.htm, 2024年12月10日閲覧）.

38） e-gov 法令検索（https://laws.e-gov.go.jp/law/407AC1000000130, 2024年12月10日閲覧）.

39） 内閣府（https://www8.cao.go.jp/cstp/kihonkeikaku/6honbun.pdf, 2024年12月10日閲覧）.

40） 衆議院（https://www.shugiin.go.jp/internet/itdb_housei.nsf/html/housei/18620140501031.htm, 2024年12月10日閲覧）.

41） 科学技術予算を査定する立場の内閣府が自ら予算の執行もする形になったことに対しては批判も根強い．総合科学技術会議の議員だった吉川弘之は「司令塔としての役割を守るためには，予算の配分権は絶対に持つべきではないと，当時の有識者議員で意見は一致していた」と，また「ある文科省OB」も「科学技術予算を査定する立場の内閣府が自ら予算の執行もすれば，やりたい放題ができる」などと指摘したという（毎日新聞「幻の科学技術立国」取材班 2019：204）.

42） 内閣府（https://www8.cao.go.jp/cstp/gaiyo/sip/sipgaiyou.pdf, 2024年12月10日閲覧）.

43） ImPACTは，2009年度から2013年度までの期間に30人の研究者に1500億円を配分した「最先端研究開発プログラム（FIRST）」を継承・発展したものとされている．なお，同時期の2010年度から2013年度まで「最先端・次世代研究開発支援プログラム（NEXT）」も実施され，329課題に500億円を配分した（内閣府（https://www8.cao.go.jp/cstp/sentan/jigo/siryo1-2.pdf, 2024年12月10日閲覧））.

44） 内閣府（https://www8.cao.go.jp/cstp/sentan/hyokahokoku.pdf, 2024年12月10日閲覧）.

45） 毎日新聞の『誰が科学を殺すのか』は，官邸主導で推進されることとなったこれら

のプロジェクトの批判にかなりの紙幅を費やしている［毎日新聞「幻の科学技術立国」取材班 2019：54-56；72-88；199-202］．これらは重要な指摘だが，「重点的に投資された研究プロジェクト群の個別の評価」および「全般の評価」と「重点的研究投資の増加とそれと裏表で進められている国立大学の運営費交付金削減という政策全体の方向性の評価」は区別して考える必要があるのではないか．逆に言えば，仮に重点的研究投資の全てが成功を収めていたとしても，科学技術・学術政策全体の方向性の是非は検討する必要があるだろう．

46）内閣府（https://www8.cao.go.jp/cstp/moonshot/senryakusuishin/7th/paper1.pdf, 2024年12月10日閲覧）．

47）内閣府（https://www8.cao.go.jp/cstp/prism/aboutprism.pdf, 2024年12月10日閲覧）．

48）内閣府（https://www8.cao.go.jp/cstp/tougosenryaku/, 2024年12月10日閲覧）．

49）内閣府（https://www8.cao.go.jp/cstp/tougosenryaku/kaigi.html, 2024年12月10日閲覧）．

50）これは科学技術政策に限られないが，第2次安倍政権では経済産業省出身者の影響力が強かったことも反映しているように思われる．「安倍政権の政治主導は，正確には『官邸主導』である．（中略）官邸チームの特徴は，『官邸官僚』と呼ばれる府省出身（中略）の官僚が要所を押さえていることと多くの経済産業省出身官僚が総理を取り囲んでいることである．（中略）経産官僚は，看板政策を打ち上げるなどアイディアに優れていても，政策のフォローアップは不得手である」［田中 2019：68-75］．

51）例えば文部科学省（当時）の菱山豊は次のような現場重視の述懐を残している．「私の経験では，自分（相手の研究者の：引用者注）の研究室といういわばホームグラウンドに訪問して，直接話をする方が研究者の本音を聞きやすい．また，研究室の広さ，研究者や大学院生の人数，使用している研究機器などどのような環境で研究しているのかを直接確かめることも重要だ」［菱山 2010：4］．

参考文献

青木栄一［2021］『文部科学省——揺らぐ日本の教育と学術——』中央公論新社．

綾部広則［2017］「ポスト冷戦期日本の科学技術政策」，中島秀人編『岩波講座　現代2　ポスト冷戦時代の科学／技術』岩波書店．

有本建男［1988］「日本の科学技術構造の現状と将来」『応用物理』57(4)．

———［2021］「科学技術基本法体系の変容：1995から2020——理念と現実と実行の課題——」『学術の動向』26(5)．

井村裕夫［2005］『21世紀を支える科学と教育——変革期の科学技術政策——』日本経済新聞社．

大熊健司［2009］「科学技術庁政策の発展史」，財団法人新技術振興渡辺記念会編『科学技術庁政策史——その成立と発展——』科学新聞社．

尾身幸次［1991］『誇れる日本を創る——決断と情熱の政策論——』太陽企画出版．

尾身幸次［1996］『科学技術立国論——科学技術基本法解説——』読売新聞社.

木場隆夫［2002］「科学技術庁の政策形成過程」, 城山英明・細野助博編『続・中央省庁の政策形成過程——その持続と変容——』中央大学出版部.

國谷実［2009］「『科学技術』政策の誕生」, 新技術振興渡辺記念会編『科学技術庁政策史——その成立と発展——』科学新聞社.

蔵本由紀［1979］「日本学術会議——その成立過程, 機構及び歴史——」『物性研究』12（1）.

後藤邦夫［2017］「『科学技術イノベーション』の思想と政策」『科学技術社会論研究』13.

小林信一［2017］「科学技術イノベーション政策の誕生とその背景」『科学技術社会論研究』13.

小松美彦［2015］「戦後日本の科学技術政策と批判勢力の様態——バイオエシックスの導入とは何か——」『情況』（第4期）, 29.

鮫島浩［2022］『朝日新聞政治部』講談社.

佐藤靖［2011］「総合科学技術会議と科学技術基本計画」, 吉岡斉編集代表『新通史　日本の科学技術　第1巻　世紀転換期の社会史1995年〜2011年』原書房.

————［2019］『科学技術の現代史——システム, リスク, イノベーション——』中央公論新社.

佐藤靖・松尾敬子・菊地乃依瑠［2024］「科学技術・イノベーション（STI）——認識共有と議論を促すエビデンス——」, 佐藤靖・松尾敬子・菊地乃依瑠編『EBPMの組織とプロセス——データ時代の科学と政策——』東京大学出版会.

新技術振興渡辺記念会編［2009］『科学技術庁政策史——その成立と発展——』科学新聞社.

武田康嗣［2022］「科学技術基本法制定から四半世紀——1．科学技術基本法の制定と第一期科学技術基本計画策定のころの思い出——」『研究　技術　計画』37(2).

武安義光［2009］「科学技因果術庁成立の軌跡」, 新技術振興渡辺記念会編『科学技術庁政策史——その成立と発展——』科学新聞社.

田中秀明［2019］『官僚たちの冬——霞が関復活の処方箋——』小学館.

田中秀征［2018］『平成史への証言——政治はなぜ劣化したか——』朝日新聞出版.

豊田長康［2019］『科学立国の危機——失速する日本の研究力——』東洋経済新報社.

————［2023］「日本の研究競争力低下の構造」『IDE　現代の高等教育』650.

中井浩一［2004］『徹底検証　大学法人化』中央公論新社.

菱山豊［2010］『ライフサイエンス政策の現在——科学と社会をつなぐ——』勁草書房.

毎日新聞「幻の科学技術立国」取材班［2019］『誰が科学を殺すのか——科学技術立国「崩壊」の衝撃——』毎日新聞出版.

村上裕一［2015］「『司令塔機能強化』のデジャ・ヴュ——我が国の科学技術政策推進体制の整備を例に——」『年報　公共政策学』9.

————［2019］「旧科学技術庁の省庁再編後の行方——『総合調整』から『司令塔』へ

の進化？——」，青木栄一編『文部科学省の解剖』東信堂.

————［2020］「行政への民主的統制と委任——科学技術・イノベーションにおける現状と展望——」『北大法学論集』71(3).

山田圭一・塚原修一［1986］『科学研究のライフサイクル』東京大学出版会.

吉岡斉［2011］『新版　原子力の社会史——その日本的展開——』朝日新聞出版.

（定松 淳）

第 5 章　科学技術政策と学術

――科学アカデミーをめぐって――

＋ はじめに

　日本の科学技術政策推進体制（図5-1）を俯瞰してみると，実に多くの部局・機関がそれに関わっていることが分かる．それは，海洋・宇宙・原子力・健康医療・デジタルといった科学技術分野によって区別できるのはもちろんのこと，科学技術ガバナンス・経済財政政策・安全保障・知的財産戦略・科学技術外交といった横割り機能によって分類することも可能である．また，それぞれ科学技術政策のアジェンダ設定・立案・決定・実施・評価（「政策のライフステージ」）を担っているという分類も可能であれば，科学技術イノベーション政策に対し，科学や技術からアプローチするのかイノベーションからアプローチするのか，はたまた政策（政治）からアプローチするのかという違いが際立つ場合もある（科学技術とイノベーションを府省組織的に分けているスウェーデンのような国もある [Edquist 2019]）．中央か地方か [村上 2022] や，政権の中枢である内閣から近いか遠いかによってマルチレベルの組織構造をなしていると捉えることもできるこの体制に関しては，垂直的・水平的に生じうる様々な対立を抑制し協調に向かわせるべく，どのように調整を行っていくのかが重要論点となってくる．

　1952年4月に発効したサンフランシスコ講和条約以降，本格的に戦後復興を遂げてきた日本の科学技術については，科学技術庁（1956年に創設，2001年に文部科学省と内閣府に移行）の総合調整の下，実質的には文部省や通商産業省など各省によってその開発・利用・規制に係る政策の立案と実施が行われてきた [村上 2020]．その後，「官僚主導」から「政治主導」への移行を目指した2001年の中央省庁再編では，経済財政・防災・男女共同参画とともに科学技術政策に関

82

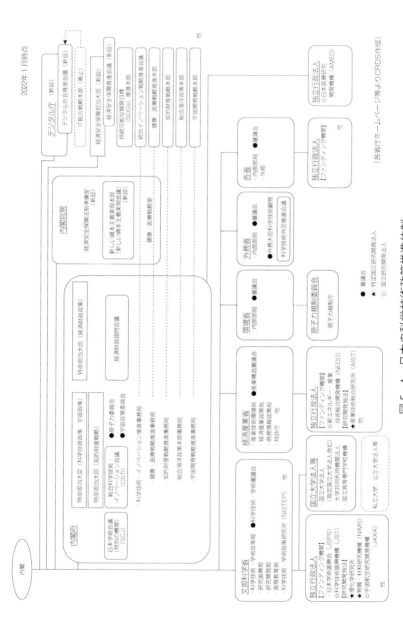

図 5-1 日本の科学技術政策推進体制

出典：科学技術振興機構研究開発戦略センター（CRDS）『研究開発の俯瞰報告書：日本の科学技術・イノベーション政策（2022年）』、2022年、22頁．

する内閣機能が強化され［村上 2018］，内閣府特命担当大臣と総合科学技術会議（2015年以降は総合科学技術・イノベーション会議（CSTI：Council for Science, Technology and Innovation）に改称）という「司令塔」の下で，その計画や予算の策定と評価活動が進められるという建付けになっている［村上 2020］．科学技術政策はそのようにして，いわば国家的な事業や戦略としての色彩を強めてきているのである．

　本章では，科学技術政策と学術（旧文部省が所管していた，人文科学及び自然科学並びにそれらの応用の研究［宮島・山本・福田 2024：7-8]），もしくはより広く，上記の政策や政治と科学の関係について考えるために，日本版科学アカデミーである日本学術会議に注目する．科学アカデミーは本来，社会や政府に対して科学的・専門的助言を与えることをそのミッションとするため，少なくとも政府（政治）からの独立性が保障されるべき存在である．政府にとって耳の痛いことを言う場合もある科学アカデミーに対し，政府がそれを封じるべくその独立性を平然と侵せるとすれば，科学アカデミーは的確な科学的・専門的助言ができなくなる．科学者や専門家が独立の立場から提示する豊かな選択肢の中から，皆で物事や方針を決めることができるならば，それは社会や国民に大いに資することになるだろう［Feuer and Maranto 2010]．

　他方で，科学アカデミーの独立性を突き詰めるあまり，資金や人材の不足でそれが思うような活動ができず「権威」を失ったり，政策の各ライフステージにおいてその科学的・専門的助言が等閑視されたり，良い助言をしても政治的に孤立無援に陥ったりしてしまっては，かえってその存在意義が揺らぐ．科学的・専門的助言も，しかるべき役割を果たすには政治（性）と無縁ではありえないことから［Bauer and Kastenhofer 2019]，政府（政治）と科学アカデミーが保つべき距離というのは決して単純なものではない［村上 2023a]．こうした中で，科学技術政策と科学アカデミー（さらには学術）はいかなる関係を築いていくべきなのだろうか．本章ではこれについて，科学アカデミーの歴史や比較を通して考えてみたい．

　科学技術政策推進体制の中での日本学術会議の位置付けについては，同会議が内閣総理大臣の所轄の下，政府から独立して職務を行う「特別の機関」とされていることがまず重要である．「所轄（under the jurisdiction）」は，人事院や国家公安委員会，公正取引委員会と同じく，内閣から予算の編成と処理を含む管理上の事項について，職権行使の独立性を害さない程度の統括しか受けないということを意味する．それに加え，日本学術会議法第5条で，政府からの諮

問がないときにも同会議が科学の振興及び技術の発達に関する方策について政府に勧告することができるとされている点も，その独立性の証左と言える［村上 2013］．

その日本学術会議は，2003年3月に総合科学技術会議が公表した文書「日本学術会議の在り方について」の中で，科学技術政策の司令塔である総合科学技術会議と「車の両輪」たるべしとされ，その表現は以後時折用いられてきた．我が国の科学技術政策の司令塔機能をさらに強化しようという議論が盛んに行われていた2013年から2014年にかけて［村上 2015］，両者の関係性に問題意識を抱いた総合科学技術会議有識者議員からは「政策に対する学術界の意見具申において，総合科学技術会議と学術会議が車の両輪であるべき」という趣旨の発言も聞かれた．「車の両輪」という言葉は当時，法定・常設で，毎年経済財政運営と改革の基本方針（「骨太の方針」）を策定する経済財政諮問会議と，当時第2次安倍晋三政権の目玉の成長戦略（「日本再興戦略」）を策定していた産業競争力会議や未来投資会議の関係を描写する際にも用いられていたことから，一種の流行だったと言えなくもないが，これを科学技術政策の司令塔と科学アカデミーの関係にも応用できるかというと，まずは上記の独立性もしくは保たれるべき距離との関係が問題となる．「車の両輪」は様々な解釈がなされたが，他の国々ではあまり聞かれない表現だった．

本章では，まず日本学術会議の歴史を概観するとともに，科学技術政策推進体制の動きを，とりわけそこでの「総合調整」から「司令塔機能」への移行・強化に注目して振り返る．その上で，科学技術政策と科学アカデミーの「連携・協力」関係，すなわち上記の「車の両輪」論がどのように推移してきたかを整理する．以上を踏まえ，科学技術政策と学術のあるべき関係について結論を述べて，本章の結びとする．

╋ 1．日本学術会議の動向

（1）科学アカデミーの創設と機能

科学アカデミーには下記の7つの機能があるとされる［大西 2022：316-19］．それは，第1に，功績のあった科学者を選定し，会員としての栄誉を授与し，年金支給などによって処遇する「栄誉（授与）機能」．第2に，学術の体系化を図り，新たに興った学術領域を見出して体系の中に位置付け，学術全体の発展

を促す「学術の統合・体系化機能」．第3に，研究費の拡充，研究機関の設置・拡充の提案を行ったり，自ら研究所を有し研究促進を図ったりする「学術の振興機能」．第4に，学術の成果を基に，産業や社会や行政に対して助言や提言を行い，社会の諸活動に科学の成果が活かされることを図る「政府や社会に対する科学的助言・提言機能」．第5に，研究活動の担い手を育成するための教育・研修の充実を図る「学術人材の育成機能」．第6に，学術組織の憲章や研究者の行動規範などを定め，普及させることを通じて学術に携わる者の倫理意識を高める「学術における倫理意識の向上機能」．第7に，科学アカデミーの国際組織に加盟したり，種々の国際活動に参加したりして，国際社会の様々な場面で学術の蓄積が活かされるよう努める「科学アカデミーの国際的な連携機能」である．日本の場合，「栄誉（授与）機能」は日本学士院が，「学術の振興機能」（ファンディングを含む）は独立行政法人日本学術振興会がそれぞれ担い，日本学術会議はそれ以外を担っているという点が特徴的である．

　ちなみに，日本学術会議が会員210人と連携会員2000人によって構成されるのに対して，フランスでルイ14世によって創設された科学アカデミー（Académie des sciences）は，終身・報酬なしの会員が約540人となっている．数学・物理・工学・天文学・化学・生物学といった理系が中心だが，その機能には「栄誉（授与）機能」も含まれる．年間予算は7億円弱で，その約6割が政府から来ている［日本学術会議国際協力常置委員会編 2003］．それに対し日本学術会議の年間予算は約10億円である（財務省ホームページ）．

　科学アカデミーの7機能のうち，「栄誉（授与）機能」と「学術の振興機能」以外の部分を担う日本学術会議の柱となるのは，学術政策に関する見解を示すカウンシル機能と，科学者を内外に対して代表するアカデミー機能である．これは，日本学術会議の創設経緯によるところが大きい．

　日本学術会議の前身は，文系の明六社メンバーが中心になって1879年に立ち上げた東京学士会院である．1906年には文系理系半々の帝国学士院が文部省の助言機関となり［日本学士院八十年史編纂委員会編 1962］，第一次世界大戦後の1920年には，連合国（イギリス・フランス・アメリカ・日本）側の新しい国際機関に対応する国内機関として学術研究会議が発足した［日本学術会議 1977］．第二次世界大戦後，戦争に加担したとされた学術研究会議は定員が大幅に削減され，連合国軍最高司令官総司令部（GHQ）のハリー・ケリーの意向により，帝国学士院も新しい学術組織体制の中心から外された．このときケリーが掲げた科学

アカデミーの条件は，第1に所期の目的を達するために活発に動きうること，第2に代表的な現役科学者によって構成されること，第3に特定の官庁に隷属することなく自由な立場に立つこと，第4に全国的なものであることであり，それに基づき学術体制刷新委員会が日本学術会議設立の法案を整備した［日本学術会議 1977］．それは，戦前の学術研究会議を廃止し，栄誉憲章ではなくその審議機能を発展させて，日本学術会議を創設するというものだった．

　それと同じ1949年には，後に科学技術庁に発展することになる科学技術行政協議会（STAC：Scientific Technical Administration Committee）が設けられた．それは，科学研究の成果を行政の諸施策に活用するために日本学術会議の代表・民間産業界の有識者・各省関係者によって構成され，政府に日本学術会議の意思が伝わるようにするという方針が示された．またこのとき，新体制論議において帝国学士院の会員が排除されたことを受け，「栄誉（授与）機能」を果たす日本学士院が日本学術会議に附置されることとなった［日本学術会議 1977］．これに伴って，日本学術会議のカウンシル機能とアカデミー機能及び「政府や社会に対する科学的助言・提言機能」すなわちアドボカシー（意見を表明・主張する）機能が，相対的に際立つことになったと言える．

（2）科学技術官庁との関係

　1949年に日本学術会議と同じタイミングで創設されたSTACは後の科学技術庁の原型となるため，ここで詳細を見ておきたい．STAC構想のポイントは，第1に，日本学術会議の代表者，民間産業界の有識者及び各省関係官をもってこれを組織し，日本学術会議の意思を政府に連絡反映させ，各省間の科学技術行政の連絡・調整を図る機関とし，同協議会には事務局を置き，その活動を遺憾のないようにすること，第2に，日本における基本的諸科学の振興に対し責任を負うべき行政機構を整備・強化すること，だった．STACは，日本学術会議と緊密に協力し，科学技術を行政に反映させるための諸方策及び各行政機関相互の間の科学技術に関する行政の連絡調整に必要な措置を審議することを目的とした［科学技術庁創立10周年記念行事実行準備委員会編 1966］．

　これを実現するために，STAC会長には内閣総理大臣を，副会長に国務大臣をそれぞれ充て，日本学術会議の推薦による学識経験者と各省庁事務次官からなる26名で委員会を組織し，独自の事務局を有して各省庁の科学技術政策の総合調整を図ることとした．部会の審議結果までも全て内閣総理大臣に報告さ

れ，その多くが内閣官房長官名で関係行政機関の長に通達されることになっていた．この仕組みはCSTIと類似している［村上 2015］.

　一方で，『日本学術会議25年史』によると，STAC発足に際し，日本学術会議の推薦委員候補2名（歴史学者と経済学者）の任命を政府が拒否するという事件もあった．また，実際の会議において内閣総理大臣も各省庁事務次官も代理を立て，自ら出席することはあまりなかったといい，STACが科学技術政策の総合調整機関として実質的に機能していたかは疑わしい．実際，STAC（事務局）を原型として創設された科学技術庁は，通商産業省と手を携えた原子力政策の事業官庁としての性格が強く，それに対して科学技術政策の調整官庁としての権限には乏しかったのである.

　1960年代後半以降，政府の科学技術政策の立案・決定における日本学術会議のプレゼンスは大幅に低下していく．例えば，新しい国立大学・研究機関の設置に関し，日本学術会議は当初その審議プロセスの中核に位置付けられ，勧告・要望はSTACを経て政府に届く仕組みとなっていた．しかし，STACが科学技術庁へと移行し，科学技術政策の立案・決定の場が科学技術会議及び同庁内部部局へと移って，さらに1967年に文部省に学術審議会（現：科学技術・学術審議会）が設置され，そこが文部大臣からの諮問を受けるようになると，日本学術会議を経ない立案・決定が行われるようになった．そのことは，日本学術会議の勧告・要望の実現割合が大幅に低下したことが示している（表5-1）.日本学術会議会長には，STAC（1949年）では政府に対する専門家としての役割が，科学技術庁・科学技術審議会（1956年）では日本学術会議を代表する委員としての役割がそれぞれ与えられていた．しかし時を経て総合科学技術会議（2001年）では，「関係する国の行政機関の長の中から内閣総理大臣が指定する」立場に過ぎなくなったのである.

　こうしたことの背景の1つには，社会や政府に対して科学的・専門的助言をする場や主体が多元化していったことがあると考えられる［OECD 2015；Reillon 2015］．有識者議員から構成される総合科学技術会議・CSTIも，内閣総理大臣及び内閣を補佐する「知恵の場」として我が国全体の科学技術を俯瞰し，内閣総理大臣の諮問に応じて重要事項について調査審議する機関である．海外では科学技術顧問が政治任用され政府に科学的・専門的助言を行う仕組みが見られ，日本でも内閣特別顧問・内閣官房参与・外務大臣科学技術顧問といった形で一部導入されている．委員会（いわゆる3条機関）や審議会（8条機関）も（一定のア

表5-1　日本学術会議の勧告・要望の実現状況

	実現数／勧告・要望数	割合（%）	審議ルート
第1期（1949-1951）	1/2	50	日本学術会議 → STAC → 政府
第2期（1951-1954）	2/2	100	
第3期（1954-1957）	4/6	67	日本学術会議 → 科学技術庁・科学技術審議会 → 政府
第4期（1957-1960）	5/5	100	
第5期（1960-1963）	5/5	100	日本学術会議 → 科学技術会議 → 政府
第6期（1963-1966）	9/10	90	
第7期（1966-1969）	2/12	17	直接，学術審議会への諮問・答申

注：国立大学・研究機関に関するもの．第1期：国立らい研究所など，第2期：東大附置原子核研究所など，第3期：国立放射線医学総合研究所など，第4期：東大海洋研究所・国立公文書館など，第5期：極地研究所など，第6期：学術研究用大型高速計算機など，第7期：国文学研究所など．
出典：大西［2022：172-85］を基に，筆者作成．

ドボカシー機能を持つとはいえ）その多くが行政の専門性確保を目的としており，政府には附置研究所もあって多くの専門家がいる［榎 2015］．

　しかしながら，問題はそれらが政府の内部組織であったり政治任用であったりすることから，アドボカシー機能を伴って特に「第5の権力」とも言われるほどに［Jasanoff 1998］，政府からの独立性が担保されていないということである．それに対し日本学術会議は，科学技術に関わる長期計画の策定や，「原子力の研究と利用に関し公開，民主，自主の原則を要求する声明」や「原子兵器の廃棄と原子力の有効な国際管理の確立を望む声明」（いずれも1954年，第17回総会），原子力安全委員会設置に繋がった提言の発出などで，独立の専門機関としての存在感を示してきた［大西 2022：227］．

（3）2度の日本学術会議改革

　日本学術会議に関してはこれまでに2度，大きな改革があった．そのうち1984年の改革では，公選制により選ばれていた会員が学・協会からの推薦制によることとなった（経緯については近藤［1995］も参照）．当初，会員選挙は各部（分野）の登録名簿に基づいて各部の有権者が会員候補者に投票する形で行われ，選挙区分には全国区と地方区があった．1949年の創設から第12期（1985年）までの約35年間で有権者数は当初の5万人弱から5倍以上に増加したが，その後，候補者数は4分の1程度になり，競争倍率は約1.15倍に低下した．公選制から

推薦制への変更の背景には，日本学術会議の活動低迷・機能低下と，政府与党と日本学術会議の確執があったと言われている［大西 2022：113-17］．日本学術会議の意思表示に関しても，この際，位置付けが「要望・勧告」という強力なものから「報告・提言」へと変わった．

　もう１つの大きな改革として，中央省庁再編後の2005年には，日本学術会議がいったん総務省に置かれた後，内閣総理大臣の所轄下になり，内閣府の「特別の機関」となった．また，現会員が次期会員を選出するというコ・オプテーション制が導入され，連携会員制度，１期６年・半数改選制，70歳定年制なども導入された［大西 2022：146-50］．日本学術会議の会員の代表性に関しては，産業界出身者を増やすのかなどといった論点（内閣府ホームページ）が頻繁に提起されていることもここで付言しておきたい．

┼ 2．科学技術政策の司令塔機能強化

（1）科学技術の中央省庁再編

　1990年代後半の橋本龍太郎政権下で議論された行政改革が実行に移された中央省庁再編のポイントは，一般的に(a)中央省庁の大括り化・再編成，(b)内閣機能の強化，(c)その他（政府の減量，独立行政法人化，内部再編成など）と整理される．その中で，科学技術官庁に関して論点となったのは，① 科学技術政策を担当する独立省として科学技術省を設置する（「甲案」）か，② 科学技術・学術・教育・文化の統合省を設置し，新設された内閣府にマクロな科学技術政策決定を行う横串機能を持たせる（「乙案」）か，ということだった（図5-2）．「横串機能」とは，学術と科学技術振興を文部省と内閣府で組織的に分離しつつ，両者が協力できるようにするということである．結果的には②となったわけだが，2020年の科学技術・イノベーション基本法改正で，振興対象に「人文科学のみに係る科学技術」が追加されたのは，中央省庁再編まで文部省と科学技術庁が分かれていたことの名残である．それとタイムラグはあったものの，文系・理系含め大学（学術）全般が科学技術・イノベーション基本法の対象となった．

　中央省庁再編に先駆け，2000年４月には原子力安全委員会の事務局機能が科学技術庁から総理府（本府）に移管されたが，これには，高速増殖炉もんじゅの事故（1995年）や東海再処理工場における火災爆発事故（1997年）が強く影響

図5-2 中央省庁再編案（藤田宙靖座長試案）

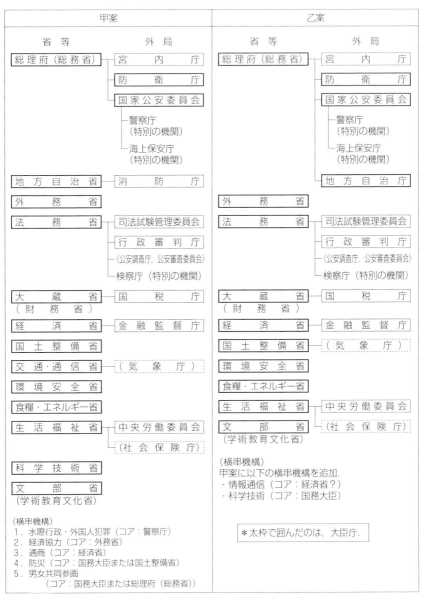

出典：行政改革会議事務局OB会編 [1998：503] の「甲案・乙案対照表」．

したと考えられる．このことは当然ながらその後の中央省庁再編にも作用したが，上記の①案（科学技術省構想）が実現しなかったことについては，当時「自らの権益を守るために汲々としている科学技術庁の現状に照らすと，これを独立の省とすることには問題があるのではないか」や「科学技術庁には科学技術会議を重視して国政に活かそうという姿勢に乏しいので，こうした行政組織を独立して置くことは問題である」という指摘があったとされる．それに対して，各省単独では対応できない問題に横断的に対応するべく科学技術会議を強化して内閣総理大臣の直轄下に置く，ということには概ね賛意が寄せられ，その部分は内閣府に組み込まれることとなった．

　ちなみに，2023年2月，リシ・スナク政権下の英国で科学・技術・イノベーション省が創設されるまで，その機能がビジネス・エネルギー・産業戦略省によって担われていたように，科学技術政策が経済官庁によって所管されるということはありうるし，現に日本でも科学技術庁と通商産業省の距離は近かった．この点は原子力政策を見ても明らかだが，科学技術庁の位置付けに関して，なぜそれが科学技術省として独立ないし通商産業省との合併ではなく文部省との合併へと向かったのかと言えば，科学技術庁界隈において，通商産業省に対する警戒感が強かったためだという声も聞かれるところである［村上 2016］．

　そのことが窺えるサーベイ・データ（2016年10月から2017年2月にかけて，旧科学技術庁・旧文部省出身者を合わせた文部科学省幹部職員114名を対象にその意識を問うたもの．回答率は65.8%）を見てみよう．もちろんこれを直接的な根拠として用いることはできないが，当時のデータが存在しないことから，1990年代に採用され中央省庁再編を経験した現在の同省幹部職員の回答から，旧科学技術庁と旧文部省の思考様式を推測してみたい．

　まず，「日本国民にとっての最重要課題」を問うたサーベイ結果（表5-2）によると，旧科学技術庁出身者では経済成長が首位だったのに対し教育が第5位であったことから，旧科学技術庁出身者の関心事は文教官庁よりも経済官庁に近いことが窺われる．そこで別途「政府内で理解や協力が得やすい相手方」を問うたところ（表5-3），経済産業省を挙げた旧科学技術庁出身者は財務省（12.5%）にすら及ばず8.3%に過ぎなかった．他方で「政府内で調整が困難な相手方」として経済産業省を挙げた回答が29.2%に上ったことを含めると（表5-4），旧科学技術庁出身者は経済産業省と関心事が重なっているにもかかわらず調整に苦労を感じている，ということが窺われる［村上 2019］．このこと

表 5-2 日本国民にとっての最重要課題の認識 (n=68)

	経済成長	科学技術	外交安全保障	社会福祉医療	教　育
旧科学技術庁	① 29.2	② 20.8	③ 16.7	③ 16.7	⑤ 8.3
旧文部省	③ 11.4	⑤ 0.0	③ 11.4	② 22.7	① 45.5
全　体	③ 16.0	⑤ 8.0	④ 13.3	② 21.3	① 32.0

注：①〜⑤は同省庁出身者の中での順位を示す.
出典：青木ほか［2017］のサーベイ・データに基づき，筆者作成.

表 5-3 政府内で理解や協力が得やすい相手方 (n=68)

	CSTI	右記以外の府省	財務省	経済産業省	経済財政諮問会議
旧科学技術庁	① 50.0	② 29.2	③ 12.5	④ 8.3	⑤ 0.0
旧文部省	② 13.6	① 15.9	③ 6.8	④ 2.3	④ 2.3
全　体	① 24.0	② 20.0	③ 8.0	④ 5.3	⑤ 1.3

注：①〜⑤は同省庁出身者の中での順位を示す.
出典：青木ほか［2017］のサーベイ・データに基づき，筆者作成.

表 5-4 政府内で調整が困難な相手方 (n=68)

	財務省	経済産業省	左記以外の府省	経済財政諮問会議	CSTI
旧科学技術庁	① 70.8	② 29.2	③ 20.8	④ 16.7	④ 16.7
旧文部省	① 75.0	④ 4.5	③ 18.2	② 27.3	⑤ 0.0
全　体	① 74.7	④ 13.3	② 25.3	③ 24.0	⑤ 5.3

注：①〜⑤は同省庁出身者の中での順位を示す.
出典：青木ほか［2017］のサーベイ・データに基づき，筆者作成.

が，科学技術庁が通商産業省ではなく文部省の方へと向かった背景にあったものと考えられる.

　上記の①案（科学技術省構想）に対し，単独では対応できない社会問題に横断的に対応する総理府外局・科学技術庁の科学技術会議を強化して内閣総理大臣の直轄下に置くという②案（「横串機能」構想）は，産官学が協働して科学技術政策を推進するという強い目的をもって皆に受け入れられた．その半面，科学技術庁は中央省庁再編で省にこそ昇格・独立できなかったわけだが，文部省と一緒になったことで，結果的に，同省が所管する大学（学術）全般にも関与できるようになった.

　この点については，中央省庁再編時にも話題となっていた．すなわち，学術

（研究）が特定の政策目的と結びつかないのに対して，科学技術は特定の政策目的と結び付く，と．また，学術は国からのトップダウンには馴染まず自由度が維持されるべきであるのに対して，科学技術には国がトップダウンで行う必要があるものがある（すぐに実用化できる科学技術は関係各省が行うことが可能としても，核融合などのビッグ・プロジェクトについてはこれを担う組織が必要との発言もあった）．これらは，科学技術と学術との間には一定の距離を設けるべきという趣旨のものである．

　これに対して，科学技術庁は，省庁ヒアリングにおいて，「科学技術に関する国の責務を確実に果たしていくためには，国立試験研究機関（国研）の公的研究機関並びに国立をはじめとする大学及び大学共同利用機関，さらには地域や民間も含めた研究者の能力が最大限に活かされることが不可欠」とし，「特に，近年，国が実施すべき研究開発において基礎的・創造的研究の重要性が増す中で，大学の研究者が個人の発想に基づく研究を活発に行うとともに，国の研究開発計画の中でもその能力を発揮していく重要性が増加」していると主張した．創造科学技術推進制度（ERATO）（1981年度）や「さきがけ研究21」（PRESTO）（1991年度）の創設に加え，大学・国研・民間の枠を超えた公募型競争的研究資金予算の創設・拡充，国研・大学の研究者への任期制導入，共同研究に関する規制の大幅緩和などが実現しつつあった中で，さらにその動きを加速して産官学の一致協力による科学技術の活性化に向かっていくことが重要，としたのである［村上 2016］．

　研究者個人の自由な発想を第一として行われる大学の研究と，社会的・経済的ニーズを踏まえ戦略的・重点的に研究開発を実施する科学技術推進の違い，あるいは，研究・教育機関という両側面を持つ大学に関して，文教行政と科学技術行政への取り組みの基本的考え方・手法の違いがある中で，「それぞれ別の立場から緊密に協力し科学技術創造立国の実現を図っていくのが妥当」（1997年5月21日説明資料）ともしていた科学技術庁は，あくまで結果論ではあるが，中央省庁再編を経て大学（学術）全般に関与できるようになった．

　ちなみに，これも結果論に過ぎないが，科学技術庁出身者（技官）にも（国土交通省や農林水産省，環境省などと同じく）事務次官に就く可能性が生まれた．ただし同時に，国家的な事業・戦略に位置付けられることとなった科学技術政策は，そのルートを通じて，改めて経済産業省（≒イノベーション政策）と関わりを持つことになったのである．

（2）政治主導と科学技術行政

中央省庁再編は「官僚主導」から「政治主導」への変革を目指した橋本行革の一環で行われたが，内閣機能の強化もポイントだった．ここで強調しておくべきは，総合科学技術会議を内閣の重要政策に関する会議の1つとし，内閣総理大臣及び内閣を補佐する「知恵の場」として，我が国全体の科学技術を俯瞰し，各省より一段高い立場から，総合的・基本的な科学技術政策の企画立案及び総合調整を行う，としたことである．その後，グリーン・イノベーションとライフ・イノベーションの掛け声で総合科学技術会議の改組も模索された民主党政権期を経て，第2次安倍晋三政権で官邸主導がさらに強まると，そのリーダーシップを原動力とする形で総合科学技術会議の司令塔機能はさらに強化されCSTIに改称された．その際，科学技術に関する関係行政機関の経費の見積りの方針の調整に関する事務を文部科学省から内閣府に移管した点が，少なくとも建付けの上で極めて重要である［村上 2015］．

ただし，総合科学技術会議・CSTIが「科学技術に関する予算，科学技術の振興に必要な資源の配分の方針に関する重要事項について調査審議すること」を所掌事務とした一方，日本学術会議法第4条には，政府が諮問できることとして「科学に関する研究，試験の助成，その他科学の振興を図るために政府の支出する交付金，補助金の予算及びその配分，政府所管の研究所，試験所及び委託研究費に関する予算編成の方針」が挙げられていた．こうして，総合科学技術会議・CSTIも日本学術会議も政府の科学技術予算に関して諮問を受け，答申・提言・審議をする役割を担う建付けになっていたことから，両者の権限が衝突する状態に陥った．ところが2003年以降，科学技術予算は事実上，総合科学技術会議・CSTIにおいて一元的に審議されることとなった［大西 2016］．これとほぼ同じタイミングで，「車の両輪」論が出てくることになる．

（3）日本学術会議への影響

科学技術政策の司令塔機能強化が日本学術会議へいかなる影響を与えたかについては，様々な分析方法が考えられるが，ここでは，内閣府の日本学術会議事務局の職員人事から考えてみたい．これは，政府が諮問し利害関係者や有識者に答申を求める審議会や諮問会議のアジェンダの設定や議題のフレーミング，会議の運営などで，事務局の裁量が小さくないと考えられるためである［Schwartz 1998］．ある程度の時間幅をもってこれを分析するべく，事務局職員

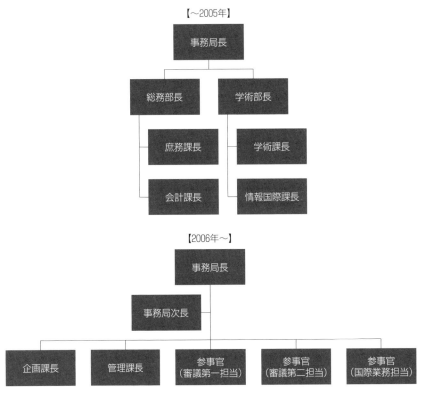

図 5-3　日本学術会議事務局の組織（概略）

注：差し当たり，ライン職・スタッフ職の区別は反映していない．
出典：『政官要覧』を参考に，筆者作成．

の出向元省庁を1988年まで遡って分析した．実務家へのヒアリング結果も踏まえると，指摘できるのは次の3点である．

　第1に，日本学術会議の事務局長・次長・学術部長・庶務課長・会計課長・情報国際課長（図5-3）は，ほぼ一貫して総理府（本府）出身者が就いてきたという点である．総理府には他に経済企画庁・国土庁・環境庁・総務庁といった外局があったが，日本学術会議事務局には，総理府の中でも総務的な仕事をする職員が籍を置いていた本府から就く例が多かった．それにはいわゆるノンキャリア官僚がかなり含まれていたこと，また，日本学術会議はその運営において「学者」の自律性が高く，大蔵省（当時）との予算折衝がそれほど厳しい

ものではなかったというポスト特有の事情もあった．外務省からの出向については，他国の科学アカデミーとの国際連携業務との関連性が窺われるが，単発的な人事院・厚生省・通商産業省・運輸省からの出向については，総理府に適任者がいないときに，各省の人事や政策の戦略が作用した結果と考えられる．一部に出向者が見て取れる総務庁が総理府（本府）とほぼ一体のものと捉えられるならば，日本学術会議事務局の大部分は，どの省庁にも隷属しない，総理府（本府）からの出向者が占めていたということになる．

　第2に，総務部長と学術課長については，ほぼ一貫して文部省出身者が就いてきたという点である．日本学術会議会員の学者は概ね大学人であることから，高等教育機関としての大学を所管する文部省からの出向者が就くということ自体は自然にも感じられるが，ここには1度獲得しもはや文部省の人事システムに組み込まれたポストを失うまいという役所の論理も働いていよう．ちなみに，総理府外局の科学技術庁・経済企画庁・国土庁・環境庁・総務庁は，1970～80年代まで独自に職員を採用していなかったという．そのため，そのプロパー職員が昇進してくる2005年頃まで，特定の外局（庁）を「親元」とする職員が日本学術会議事務局の課長級ポストに就くということはなかった．

　第3に，中央省庁再編及び日本学術会議自体の改革を経た2006年以降，課長級（参事官）ポストが再編・新設され，そこには科学技術庁のプロパー職員が就くようになったという点である．このことからは，科学技術庁が1985年頃から独自の職員採用を始めたことが推測される．注目すべきは，科学技術政策の司令塔機能強化と科学技術庁出身者の課長級ポスト就任とが時期的に符合している点であり，この頃から科学技術政策が学術（日本学術会議）へと染み出していったという解釈が可能である．一貫して総理府出身者によって占められてきた企画課長に一時的に科学技術庁出身者が併任で就いた2019～2020年は，安倍晋三政権から菅義偉政権にかけての頃であり，当時「一強」とも言われた官邸主導との関連性が窺われる．司令塔機能強化の中で，科学技術庁（もしくは，それそのものではないにしても，その流れを汲むもの）が日本学術会議事務局にも単独でポストを獲得し，その意味で，国家的な事業や戦略としての科学技術政策が学術を「浸食」していったのである．

＋ 3．「車の両輪」論の捉え方

（1）「相互補完的な連携・協力」

「科学技術政策に対する学術界の意見具申において，総合科学技術会議と日本学術会議が車の両輪であるべき」という「車の両輪」論は，上記の通り，公式には2003年に総合科学技術会議の「日本学術会議の在り方について」の中で示された．同専門調査会は，「総合科学技術会議が閣僚と有識者が科学技術に関する政策形成を直接行う場であるのに対して，（筆者注：日本）学術会議はボトムアップ的に科学者の意見を広く集約して科学者の視点で中立的に政策提言を行う組織という役割の違いがあることから，両者が「車の両輪」となって我が国の科学技術の推進に寄与すべき」とした．

これについて日本学術会議は，「（筆者注：日本学術会議は）総合科学技術会議とは根本的に異なる組織であり，互いが他方の機能を代替することはできないから両者の存在が必要」とし，「車の両輪」論自体に反発することはなかった．総合科学技術会議と相互補完的な関係で連携・協力する国の機関として，日本学術会議を位置付けることが構想されていたと考えられる．

（2）「頭脳と馬力」の問題点

しかしながら，「車の両輪」については解釈論争があった．第17期・第18期（1997～2003年）日本学術会議会長を務めた吉川弘之（精密工学・一般設計学）によると，大学や研究所や企業など，各所に属する科学者個々の提言は陳情であって，これだけで日本の科学技術政策を決めてはいけない．それに対して，科学者が同じく属している学会を中心に会員が選ばれている日本学術会議には，科学者の意見が集約されることになるが，日本学術会議は政策決定をしない．科学技術政策を決定し科学者に還元していくのは，総合科学技術会議である．日本学術会議には，総合科学技術会議に対し中立的な助言をインプットすることが求められる．その際，物事を俯瞰的に見てどの問題に緊急に取り組まなければならないか，現代の人間にとって，地球的課題として，何が大事なのかを助言する．「その両方を見て政策をつくるのが総合科学技術会議の役割」である．しかしながら，多少の議論があり，例えば，車が車軸でがっちりと繋がったものだとすると，互いに自由度がないことになるので好ましくないとする意見や，

図5-4 「頭脳と馬力」のイメージ
出典：吉川［2006：33］．

片方の車輪（日本学術会議）が行き先を決め，もう片方（総合科学技術会議）が（予算を持っているから）馬力だという，自転車に準える意見があり，これにも総合科学技術会議から異論があった［吉川 2006：33］．

そして最後に一応の合意に至ったのは，図5-4のようなイメージだったという．「ある場合には頭脳になったり，馬力になったり，好きな方を我々は使おう．いずれにしても車の両輪だということで，合意を取りつけた」［吉川 2006：33-34］．

「車の両輪」が，科学技術政策にアイディアを出し合う相互補完的な連携・協力だけを意味するならば，図5-4のようなイメージもありえなくはないのかもしれない．しかしながら，まずこの自転車が果たして動くのか，動いたとして一体どちらに向かうのかについて，ここからは想像しがたい．また，車の両輪が車軸で繋がっているということは，日本学術会議に保障されるべき独立性が軽視されており，日本学術会議が社会や政府に対して科学的・専門的助言をするミッションとそぐわない．「車の両輪」のうちの「片輪」として日本学術会議が科学技術の政治・行政と同じ次元に引き上げられることは，確かにその助言や声明が尊重されることを意味するのかもしれないが，現実にはあまりそうなっていないし，その半面，実際の政治・行政と科学的・専門的助言の方向性の違い・離齬が殊更にあげつらわれることが懸念される．

（3）議論の推移と方向性

その後，両者の関係は連携・強化の側面が強調されることになる．2006年3

月に策定された「第3期科学技術基本計画」には，「日本の研究者コミュニティを代表する日本学術会議は，第3期基本計画の策定に当たって，科学技術政策の要諦についての議論を声明として取りまとめたが，……基本姿勢，理念，政策目標に基づき……政策を展開することによって，……研究者コミュニティの期待にも応えられるものと考えられる」(10頁) とした上で，「(筆者注：総合科学技術会議は) 日本学術会議，経済財政諮問会議……，男女共同参画会議……と密接な連携をとる」(43頁．傍点筆者) とした.

　総合科学技術会議が策定した「科学技術イノベーション総合戦略」(2013年度版) には，「総合科学技術会議が具体的な科学技術イノベーション戦略を企画・立案するためには，国内外の関連データやエビデンスを収集し分析するための調査分析機能を有することが不可欠……．そのため，シンクタンク機能の充実・強化・連携協力を関係府省に要請するとともに，これら機関 (日本学術会議……) との連携方策・活用方策を速やかに構築する」(53頁．傍点筆者) とされている.

　そうした中で，2015年3月に日本学術会議の新たな展望を考える有識者会議が公表した報告書「日本学術会議の今後の展望について」には，注目すべき記述がある．すなわち「政府の打ち出す政策について科学的な見地から分析を行い，場合によっては批判的なものも含め，科学的なエビデンスに基づく見解を出していく，という機能は，我が国の科学アカデミーとして重要な役割」だとした上で，「社会への貢献という観点では，様々な社会的課題に対していかに時宜を得た提言を出し，政策決定に有益な選択肢を提示するか，ということが重要であり，日本学術会議における提言と政府による政策の推進とが，有機的に機能するよう，現実的で有効な方策について，さらに検討するべき」(傍点筆者) とした．また，「科学者の代表機関として，政府との関係における独立性と中立性を保つという意味においては，科学技術政策の「司令塔」である総合科学技術・イノベーション会議をはじめとする政府の諸機関との役割の違いを明確にし，日本学術会議としては，あくまで学術的な観点からの見解を政府に対して提示することが役割である，という姿勢を保つべき」(傍点筆者) とし，そのためには，「1つには，日本学術会議自身の課題分析機能を強化し，その提言の科学的水準を一層高める必要」があるとした.

　しかしながら，その後の「科学技術イノベーション総合戦略」(2015年度版) には，「CSTI は，科学技術政策とイノベーション政策の一体化に向け，他の

司令塔機能……との連携や我が国の科学者の代表機関である日本学術会議との連携を強化するとともに，府省間の縦割り排除，産学官の連携強化，基礎研究から出口までの迅速化のためのつなぎ，などに CSTI 自らが，より主体的に行動していく」（75頁．傍点筆者）．同戦略（2016年度版・2017年度版）には，「CSTI は，他の司令塔機能や日本学術会議との連携を更に深める」（95-96頁・116頁．傍点筆者）とそれぞれあり，2018年から経済財政政策と合わさった「統合イノベーション戦略」（2018年度版）には，「日本学術会議は，地域も含め，行政，産業及び国民生活に科学を反映，浸透させることを目的として設立されており，今後，CSTI との連携を一層強化しつつ，地方における学術振興について本格的に企画，立案を行うことが期待される」（5頁．傍点筆者）と記された．

そして直近で2021年3月に策定された「第6期科学技術・イノベーション基本計画」には，「CSTI は，Society 5.0 の実現に向け，……司令塔会議や日本学術会議との更なる連携を深めるとともに，関係府省庁の各審議会との政策検討の協力関係を強化する」（83頁．傍点筆者）こと，「日本学術会議に関する我が国の科学者の代表機関としてより良い役割を発揮するための今後の具体的な改革の進捗を踏まえた上で，日本学術会議に求められる役割に応じた新たな連携関係を構築する」（83頁．傍点筆者）ことが記された．

こうして，「連携・協力関係の強化」は以前にも増して強調されるようになっている．すると，日本学術会議がともすれば政府の方針に沿うのか否かということだけに目が行きがちになって，結果として，日本学術会議は政府にとって耳の痛いことやカウンターバランスとしての意味合いも含め，有効な専門的・科学的助言ができなくなってしまうのではないか．科学技術政策の質向上に向けた両者の相乗効果を図りつつ，日本学術会議固有の存在意義や本来の独立性をどのように実現していくかを考えることが求められている．

十 おわりに

本章では，科学技術政策と学術の関係について考えるために，① 日本学術会議の歴史，② CSTI の司令塔機能強化，③ CSTI と日本学術会議が「車の両輪」であるべきとの議論の動向に注目してきた．本章で論じたのは主に次の3点である．

第1に，日本学術会議は，他国と比較した場合，栄典授与機能などを有さな

い点が特徴で，そうなったのは戦中・戦後の経緯による．その半面で相対的に重みを持ったのが科学的助言・提言機能さらにはアドボカシー機能だったが，それとて，科学技術庁の科学技術会議・科学技術審議会や総合科学技術会議・CSTI の司令塔機能強化により，等閑視されてきている．

　第2に，本来は，ボトムアップ的に科学者の意見を広く集約する日本学術会議が，科学者の視点から中立的に政策提言を行う一方，閣僚と有識者議員が一堂に会する CSTI が，科学技術に関する政策形成を直接行うという役割分担が望ましい．ただし，「車の両輪」論に関し，それらが車軸で繋がれていたり「頭脳と馬力」であったりするといった解釈がなされた場合，科学アカデミーとしての存在意義や独立性という重要な課題が浮き彫りになる．

　第3に，最近の科学技術イノベーションに係る基本計画や総合戦略では，CSTI と日本学術会議の連携・協力関係の強化が盛んに言われるようになっているが，日本学術会議には，独立の立場で，時に政治・行政のカウンターバランスとして，科学的・専門的見地から現状を分析し，根拠に基づいてタイムリーな知見を提供することに今後とも注力することが期待される．

　こうして，「車の両輪」論は解釈次第では科学アカデミーが本来備えるべき独立性と相容れない．その中にあって，2015年の有識者会議が指摘した「政府の打ち出す政策について科学的な見地から分析を行い，場合によっては批判的なものも含め，科学的なエビデンスに基づく見解を出していく」，「様々な社会的課題に対して……時宜を得た提言を出し，政策決定に有益な選択肢を提示する」，「（筆者注：CSTI）をはじめとする政府の諸機関との役割の違いを明確にし，日本学術会議としては，あくまで学術的な観点からの見解を政府に対して提示する」といった点は，今後の日本学術会議のあり方を考える上で示唆に富む．学術が独立で科学的・専門的見地から示す多様な選択肢やシナリオの中から，CSTI が責任を持って実質的な政策決定を下すということによってこそ［Blair 2016；村上 2021；村上 2023b］，マルチレベルの組織構造の中で生じうる対立は抑制されうる．

　これを考えるに当たっては，科学アカデミーが「科学の有用性」を訴えて社会との距離を詰めていった18世紀フランスの歴史が参考になる．当時の科学アカデミーは，政府に迎合するでもなく，どういった科学的知見が「公共善」のために役立つかを考え実行することでその存在意義を高めていった［隠岐 2011］．科学技術政策と学術のあるべき関係は簡単に答えが出るものではなく，

中でも科学技術政策推進体制における科学アカデミーないしアカデミアのあり方や位置付けについては今後不断に模索していく必要がある．本章では学術が科学技術政策に（府省組織的意味において）「浸食」されていっているということを示したに過ぎないが，私たちには今，「公共善」に資する学術のあり方，位置付け方が問われている．

付記

本章は，2020〜24年度　科学研究費補助金　基盤研究(C)「マルチレベル・ガバナンスの研究：人や組織の discretion による事例分析」（代表：筆者，研究課題／領域番号：20K01442），及び，2022〜24年度　同「国立研究開発法人における体系的評価の構築に関する研究」（代表：南島和久先生，研究課題／領域番号：22K01318），2022〜24年度　同　基盤研究(A)「官僚の社会化メカニズムの解明を通じた現代日本官僚制の研究」（代表：青木栄一先生，研究課題／領域番号：19H00576）の成果の一部をまとめたもので，2024年6月2日午後の，龍谷大学深草キャンパス・和顔館における日本公共政策学会2024年度研究大会企画委員会セッションⅣ「学術と公共政策」（企画・司会：福本江利子先生，討論者：佐野亘先生・南島和久先生）での筆者の報告内容に，加筆・修整を施したものである．本研究にご指導・ご協力くださった関係者各位，及び，匿名のインタビュイーに深く御礼申し上げる．

参考文献
〈邦文献〉
青木栄一・伊藤正次・河合晃一・北村亘・曽我謙悟・手塚洋輔・村上裕一［2017］「2016年度文部科学省幹部職員調査基礎集計」，『東北大学大学院教育学研究科研究年報』66(1)．
榎孝浩［2015］「行政府における科学的助言——英国と米国の科学技術顧問——」，国立国会図書館調査及び立法考査局編『レファレンス』65(12)．
大西隆［2016］「日本学術会議と科学技術政策」『計画行政』39(3)．
————［2022］『日本学術会議——歴史と実績を踏まえ，在り方を問う——』日本評論社．
隠岐さや香［2011］『科学アカデミーと「有用な科学」——フォントネルの夢からコンドルセのユートピアへ——』名古屋大学出版会．
科学技術庁創立10周年記念行事実行準備委員会編［1966］『科学技術庁十年史』科学技術庁創立十周年記念行事協賛会．
行政改革会議事務局 OB 会編［1998］『21世紀の日本の行政——内閣機能の強化・中央省庁の再編・行政の減量・効率化——』行政管理研究センター．

近藤次郎［1995］「学術会議など——日本学術会議第9代会長久保亮五先生を偲んで——」『日本物理学会誌』50(11).

日本学士院八十年史編纂委員会編［1962］『日本学士院八十年史』日本学士院.

日本学術会議国際協力常置委員会編［2003］『国際協力常置委員会報告——各国アカデミー等調査報告書——』日本学術会議.

日本学術会議25年史普及版編集委員会編［1977］『日本学術会議25年史』，学術資料頒布会.

宮島貴大・山本展彰・福田雅樹［2024］「日本における科学技術政策と学術政策との法制上の関係」『ELSI NOTE』49.

村上裕一［2013］「行政の組織や活動の「独立性」について」『社会技術研究論文集』10.

———［2015］「『司令塔機能強化』のデジャ・ヴュ——我が国の科学技術政策推進体制の整備を例に——」『年報　公共政策学』9.

———［2016］「政治と公共政策——科学技術の省庁再編をめぐって——」，北海道大学公共政策学研究センター監修・西村淳編『公共政策学の将来——理論と実践の架橋をめざして——』北海道大学出版会.

———［2018］「国土政策と地方創生との関係について」，小磯修二・村上裕一・山崎幹根編『地方創生を超えて——これからの地域政策——』岩波書店.

———［2019］「旧科学技術庁の省庁再編後の行方——『総合調整』から『司令塔』への進化？——」，青木栄一編『文部科学省の解剖』東信堂.

———［2020］「行政への民主的統制と委任——科学技術・イノベーションにおける現状と展望——」『北大法学論集』71(3).

———［2021］「科学技術政策におけるモニタリングとアドバイス——フランスの試行錯誤を踏まえた評価の改善策——」『日本評価研究』21(1).

———［2022］「より民主的で合理的な科技イノベ行政を目指して——公設試の地方独法化のインパクトとともに——」『都市問題』113(9).

———［2023a］「信頼に値する規制の独立性と透明性」『北大法学論集』73(6).

———［2023b］「有事の行政，有事の法——コロナ禍の「政府内コミュニケーション」の態様」『法律時報』95(8).

吉川弘之［2006］「日本学術会議の改革について」『学術の動向』2006(1).

〈欧文献〉

Bauer, A., and Kastenhofer, K.［2019］"Policy advice in technology assessment: Shifting roles, principles, and boundaries," *Technological Forecasting and Social Change,* *139.*

Blair, P. D.［2016］"The evolving role of the US National Academies of Sciences, Engineering, and Medicine in providing science and technology policy advice to the US government," *Palgrave Communications, 2,* 16030.

Edquist, C.［2019］"Towards a holistic innovation policy: Can the Swedish National

Innovation Council (NIC) be a role model?" *Research Policy,* 48(4).

Feuer, M. J., and Maranto, C. J. [2010] "Science Advice as Procedural Rationality: Reflections on the National Research Council," *Minerva,* 48(3).

Jasanoff, S. [1998] *The Fifth Branch: Science Advisers as Policymakers,* Harvard University Press.

OECD [2015] "Scientific Advice for Policy Making: The Role and Responsibility of Expert Bodies and Individual Scientists," *OECD Science, Technology, and Industry Policy Papers, No. 21.*

Reillon, V. [2015] "Scientific advice for policymakers in the European Union," *Briefing (June 2015),* European Parliament.

Schwartz, F. J. [1998] *Advice and Consent: The Politics of Consultation in Japan,* Cambridge University Press.

（村上 裕一）

第6章 研究開発機関の法人化と研究開発の評価

── 独立行政法人・国立大学法人・国立研究開発法人 ──

✛ は じ め に

　2001年の中央省庁再編にともない，従来の研究開発機関においても抜本的な改革が行われた．例えば，国の試験研究機関の独立行政法人化だけではなく，研究開発を担う特殊法人の独立行政法人への移行，国立大学法人制度の導入，そして国立研究開発法人制度の創設など，研究開発を担う組織の制度は大きく変容している．本章では，研究開発機関の法人化について概観し，法人化にともなう研究開発とその評価への影響について考察する．

✛ 1．独立行政法人と国立大学法人の制度

（1）独立行政法人制度の創設

　独立行政法人制度は，橋本龍太郎政権下における1997年の行政改革会議『最終報告』において導入の提言が行われたものである．その要点は，政策の企画立案部門と実施部門を分離し，実施部門のうち一定の事務・事業について，効率性とサービスの質の向上，透明性の確保を図るため，独立の法人格を有する独立行政法人制度を創設するものであった．この制度は，これまで中央省庁が企画立案から実施まで担っていた政府の仕組みを分業的に見直していく取り組みであった．そのため独立行政法人化は，単なる制度の創設だけではなく，独立行政法人に対する中央省庁の事前関与をできるかぎり排除するかわりに，事後評価への移行を図るものであり，裁量と責任といった統制基準の見直しを含むものであった［宮脇・梶川 2001：64-66］．

　岡本・高崎［2002：176-177］は，独立行政法人制度の基本原理を次の4点か

ら整理している．第1は公共性である．独立行政法人の業務は，公共上の見地から確実に実施されることが必要であり，市場原理を前提とした民間に遂行の是非を委ねることが適切でないと判断されるものが対象となる．第2は独立性である．独立行政法人は，国が自ら主体となって直接に実施する必要のない業務を，独立の法人格を有する組織が実施するものである．第3は自主性である．業務運営における独立行政法人の自主性は，十分配慮されなければならないことである．そして，第4は透明性である．既述のとおり，独立行政法人制度の特徴の1つは，事前関与から事後評価へ移行したことにある．つまり，業務運営そのものは独立行政法人の自主性に委ねるかわりに，その成果については評価されることを意味している．この観点から，透明性の確保は，より強く意識されることになる．

　もう1つの創設の背景としては，特殊法人の問題があった．この問題は，①必要性の少ない業務を拡張しているのではないか，②経営内容が不透明ではないか，③責任体制が不明確ではないか，④運営が非効率で硬直的ではないかという点にあった［岡本 2001：7］．これらの課題に対して，独立行政法人制度は，中期的な目標管理と事後評価を導入し，その結果を公表するなど，これらの問題の解消を念頭に創設されたものであり，独立行政法人は特殊法人に対するアンチテーゼとして登場してきた［岡本 2008：ⅲ］．

　独立行政法人が特殊法人と異なる点としては，とくに中期目標と中期計画にもとづく事後評価が重視されていることである［真渕 2020：262］．この評価は，PDCA サイクルを前提とした目標管理システムの一環であり，独立行政法人の組織運営上のエンジン的な役割を果たしている［田中・佐藤・田原 2018：191］．

　しかしながら，研究開発の評価については，合理的にこのシステムを進めることができるか，というところに大きな課題がある．なぜならば，研究開発はイノベーションの創出の大きな原動力であるものの［Godin 2020：邦訳 110］，そのための戦略を策定し，これを目標として設定したところで，研究開発が計画的に達成できるとは限らない，いやむしろ達成できないことが普通だからである．そうであるにもかかわらず，独立行政法人制度の目標管理システムは，国立大学法人制度にも波及していった．

（2）国立大学法人制度の創設
　独立行政法人制度の創設を提言した行政改革会議『最終報告』では，「大学

改革は長期的に検討すべき問題であり，独立行政法人化もその際の改革方策の1つの選択肢となり得る可能性はあるが，現時点で早急に結論を出すべき問題ではない」とあり，国立大学の独立行政法人化については急いで結論を出すべき論点と考えられていなかった．しかしながら，1999年の「中央省庁等改革に係る大綱」(1999年1月26日中央省庁等改革推進本部決定) においては，次のとおり国立大学の独立行政法人化を遡上にのせる道を開くこととなった．

> 国立大学の独立行政法人化については，大学の自主性を尊重しつつ，大学改革の一環として検討し，平成15 (2003) 年までに結論を得る．(ただし，括弧の箇所は筆者が加筆)

そもそも国立大学の法人化は，1886年の帝国大学創設以来の課題であったという．創設間もない帝国大学の教授団は，国の行政機構から分離・独立することによって財政面での自立性を高め，ひいては組織としての自律性を獲得するため，法人格を得ることを強く望んだからである [天野 2008：124]．

国立大学の法人化は，その後も大学改革の熱が高まるたびに議論されてきた．とくに，1971年の中央教育審議会「今後における学校教育の総合的な拡充整備のための基本的施策について」(通称「46答申」) では，国立大学の法人化と，これによる自主的な管理運営体制の整備の必要性を指摘する議論が展開された [八木 1999：55；南島 2015：31]．しかし，当時の文部省の大学関係部局や大学関係者は，46答申を1つの理論的提言と受け止めており，現実の政策の指針になるとは考えていなかった [大﨑 2011：20]．また，1984年から1987年の臨時教育審議会でも，国立大学の法人化を審議の対象としたものの，その具体案が提言されるまでには至らなかった [天野 2008：27]．

それでは，中央省庁改革を契機に，国立大学の独立行政法人化が大きな争点となったのはなぜか．それは，独立行政法人制度が行政機能のアウトソーシング，すなわち国の行政機関のスリム化のための1つの手段として位置づけられており，小渕恵三政権における国家公務員の定員削減率アップの方針と，当時の国家公務員の総数に占める国立大学職員数の割合に鑑みれば，この可否に触れずに国家公務員の定員削減を達成することは困難だったからである [藤田 1999：110-111；大﨑 2011：59-62]．このスリム化は「減量」とも称されるが，独立行政法人制度の狙いとしては，国の行政機関が担う事務の減量と，これにともなう国の行政組織の減量が出発点であった [藤田 2011：2]．

この減量には「水平的減量」と「垂直的減量」の2種類がある．「水平的減量」は，民間と地方への権限移譲などによって，行政活動の間口を狭めるものである．また，「垂直的減量」は企画立案部門と実施部門の分離などによって，行政活動の奥行きを狭めるものである［藤田 1999：111；高崎・渡辺 2000：27-28］．

国の行政組織としては，基本的に企画立案部門のみを担当し，実施部門を原則的にアウトソーシングする構想が立てられ，その際，アウトソーシングの受け皿として新たに考えられたのが，国からは独立した法人としての性格を有する一方で，あくまでも国の行政の一環を担う法主体としての位置づけをもつ独立行政法人制度であった［藤田 2011：1-2］．

国立大学の法人化の流れは，1999年に文部省が公表した「国立大学の独立行政法人化の検討の方向」，また2000年の自民党からの「提言 これからの国立大学の在り方について」（通称「麻生レポート」）のようなターニングポイントとなる出来事もあった［杉野 2024：174］．しかし，橋本政権の行政改革会議にはじまり，小泉純一郎政権になって鮮明になった行財政改革など，大きな政治的な潮流を看過するわけにはいかない［本間 2005：47］．中央から地方へ，官から民へ，小さな政府へ，といった行政改革の巨大なうねりが一方にあったからである［中井 2004：62］．

国の試験研究機関の独立行政法人化と比べて，国立大学の法人化は性急であり，小泉政権によって加速化した行政改革の影響を受けたものといわざるを得ない［下田 2012：91］．その一方で，経済不況やグローバル化の流れのなか，国際競争力を高めるという要請もあった［中井 2004：62］．例えば，日本経済団体連合会が科学技術の開発や産学官連携の強化を唱え，大学行政に対する踏み込んだ提言を行っていたという意見がある［田中・佐藤・田原 2018：215］．

この国立大学の法人化の政治的動向については，元文部科学相の遠山敦子が当時の状況を回顧している（『日本経済新聞』2024年3月19日朝刊39面）．2001年5月，当時の小泉首相が国会答弁で国立大学の民営化に言及したのに対して，遠山は小泉首相が唱える郵政民営化と同列してはならないという信念をもって，同年6月に「大学（国立大学）の構造改革の方針」（通称「遠山プラン」）を発表した．遠山プランは，①国立大学の再編・統合を大胆に進める，②国立大学に民間的発想の経営手法を導入する，③大学に第三者評価による競争原理を導入する，の3点にわかれており，②のなかに国立大学の機能の一部を分離・独立，すなわち国立大学の法人化が示されていた．遠山は，このプランによって民営

化を阻止し，かといって独立行政法人制度を導入したわけでもなく，大学の特性に配慮した国立大学法人制度を創設できたと言及している．

この遠山プランには，天野［2008：22］が指摘するように，次の２つの特徴があった．１つは，既述の臨時教育審議会の答申にもとづき発足した大学審議会の審議や答申に関係なく発表されたことである．もう１つは行政改革の動きを先取りする形で文部科学省大臣自らが打ち出したことである．

また，遠山プランが発表された背景の１つとして，経済産業省からのアプローチを指摘しないわけにはいかない［中井 2004：62］．例えば，青木・澤・大東ほか編［2001：408］は，国立大学を日本の科学技術を支える研究開発機関としてみた場合，マネジメント全般にわたって改善すべき点が多く，独立行政法人制度の概念を活用して，自己改革すべきであると指摘していた．この主張は，2001年５月の「新市場・雇用創出に向けた重点プラン」（通称「平沼プラン」）において，国立大学の独立行政法人化としてまとめられ，これが遠山プランを引き出した［中井 2004：285］．このように，国立大学の法人化への展開は教育論的な視点ではない角度から提起されたものであった［西出 2008：3］．

その後，2002年の「新しい『国立大学法人』像について」（国立大学等の独立行政法人化に関する調査検討会議）において，法人の名称，中期目標・中期計画の期間，その評価など，独立行政法人の目標管理システムを準用した国立大学法人制度の枠組みが示された．すなわち，国立大学法人も，他の政策領域と同様，国の評価制度のなかにおかれることとなった［標葉 2020：49］．

この評価制度は，一定の物質的な報酬をインセンティブとして成果をあげる場合もあるものの，その効果は短期的な成果にのみ及ぶものであり［田中・佐藤・田原 2018：119］，これが研究開発に適合するかについては議論の余地がある．後述するとおり，科学技術政策の司令塔機能の強化により，研究開発の実施は短期的な成果の追及に陥りやすくなっていると考えられるからである．

（3）国立大学法人制度の展開

国立大学法人制度の導入により，研究開発に影響が大きかったことの１つとして，国から国立大学法人への基盤的予算としての運営費交付金をあげることができる［林 2021：258］．国立大学の法人化の翌年以降は，前年度の算定をベースに，効率化係数や経営改善係数を乗じるなどして，その交付額を削減する仕組みが導入された（文部科学省高等教育局国立大学法人支援課「国立大学の現状に

ついて」2009年 5 月）．

　この背景には，「選択と集中」の導入があった．効率的に研究開発の成果を引き出すことを目的に，運営費交付金を削減するかわりに，研究者が応募・審査を経て獲得する競争的資金を手厚くしていったのである［竹内 2019：68］．「選択と集中」に対しては，研究費配分の不公平を招くのではないか，どの程度集中することが適切なのか，あるいは集中することが国全体の研究開発の活性化に効果があるのか，といった問題が呈されている［小林 2017b：740］．

　林［2021：258］は，この影響について以下の 3 点を指摘している．第 1 に，基盤的予算の多くは人件費に使用されていたため，新たな教員の採用が抑制され，若手教員の割合が低下していったことである．第 2 に，若手研究者は任期付きの不安定な雇用となり，その状況から博士課程への進学者数も減少したことである．第 3 は，この結果，国の研究開発力が停滞する構図が作られていったことである．

　その後の民主党等連立政権時には，2012年 6 月に国立大学の機能分化などを提言した文部科学省の「大学改革実行プラン──社会の変革のエンジンとなる大学づくり」が，第二次安倍晋三政権下においては，2013年11月に文部科学省において国立大学の改革方針をまとめた「国立大学改革プラン」がそれぞれ策定された．また，「国立大学改革プラン」にあわせて，日本経済団体連合会は同年12月に「イノベーション創出に向けた国立大学の改革について」を提言している．ここでは，イノベーションの創出を共通の事項として，国立大学法人と独立行政法人の改革が交錯していたのが特徴的である．

　第三期中期目標期間（2016〜2021年）からの国立大学の運営費交付金の配分では，「地域のニーズに応える人材育成・研究を推進」「分野ごとの優れた教育研究拠点やネットワークの形成を推進」「世界トップ大学と伍して卓越した教育研究を推進」の 3 つの重点支援枠を設定されており，いわゆる国立大学法人の機能別類型化が図られた（「国立大学法人等の組織及び業務全般の見直しについて」2015年 6 月 8 日文部科学大臣通知）．また，研究力，社会連携，国際協働の 3 領域において，すでに国内最高水準に位置している国立大学法人を指定化できる制度（指定国立大学法人制度）も2017年に創設された．

　指定国立大学法人制度の契機は，「『日本再興戦略』改訂2015」（2015年 6 月30日閣議決定）において，高い経営力と自由度を有する国立大学法人に対する新制度の創設が提言されたことによる．

その後，2022年には，研究力の強化に特化した大学を国際卓越研究大学として認定し，大学ファンドによる助成を実施する制度も創設された．この一部の大学に対する「選択と集中」路線の潮流（参照，苅谷［2024：34］）は他にもある．2023年の改正国立大学法人法では，理事が7人以上の国立大学法人のうち，事業の規模がとくに大きい大学を特定国立大学法人とすることとなった．

＋2．研究開発力強化法と国立研究開発法人制度[2]

（1）研究開発力強化法と研究開発機関の交錯

つづいて国立研究開発法人についてみていこう．研究開発型の独立行政法人については，国から移行した事務・事業を行う法人と一律的な制度的枠組みが課されていたことから，独立行政法人制度が研究開発の成果を最大化することには馴染まず，法人の国際競争力を失う要因となっているのではないかという指摘が強まった[3]．また，研究開発型の独立行政法人に限ったことではないものの，予算の単年度主義，国の資金による研究開発を行う際の収益の取り扱いの制約も指摘されていた［森田 2012：141］．

そこで，2008年には，研究開発システム改革を行うことによって，日本全体の研究開発力を高め，イノベーションの創出を図り，日本の競争力を強化することを目的とした「研究開発システムの改革の推進等による研究開発能力の強化及び研究開発等の効率的推進等に関する法律」（研究開発力強化法）が成立した[4]．

研究開発力強化法により，研究開発型の独立行政法人が「研究開発法人」として定義され，独立行政法人改革と研究開発力強化との接近の源流となった[5]．また，科学技術政策はイノベーションの創出を意識した戦略に変容し，そのもとで重点領域への投資，競争的環境の創出，そして独立行政法人と国立大学法人の改革が推し進められることになっていった［標葉 2020：35］．このように，科学技術イノベーション政策における国会の役割は大きく［榎 2013：121］，政治の諸相がそれぞれの法人制度にも影響を与えたもといえる．

2009年の衆議院総選挙の結果，民主党等連立政権が誕生し，事業仕分けを経て，独立行政法人改革が行われた．標葉［2020：52］が指摘するように，この事業仕分けは，科学技術政策，研究開発とその評価のあり方に大きな影響を与えた．「国の研究開発全般に共通する評価の実施方法の在り方についての大綱

的指針」(1997年8月7日内閣総理大臣決定) を嚆矢とする研究開発における評価システムの制度化，あるいは専門家を中心とした審議会による政策形成システムのあり方の再考・変革を余儀なくさせたからである．とくに研究開発については，2011年の提言型事業仕分けにおいて，次のような論点が提示された (蓮舫行政刷新担当大臣「『提言型政策仕分け』について」2011年12月12日).

① 独立行政法人をはじめとする各種科学技術施策は，投資に見合った成果が現実に出されているのか．施策の評価・検証は十分か．どのような仕組みにより説明責任を全うすべきか
② 費用対効果や実用化・産業化に向けた意識を高めるためにも，大学などの研究機関において，民間との連携・民間資金の導入を自律的に強化していく必要があるのではないか
③ 研究開発の施策の優先順位づけが十分に行われていないのではないか．各省間の連携を含めた効果的・効率的な施策の実施のため，どのように実効的な優先順位づけなどを図るべきか

これらの論点を踏まえて，科学技術予算のあり方については，イノベーションに関する指標に重点を置いた成果目標の設定，所管府省から独立した外部評価の実施，政府の総合科学技術会議の改組，事業の優先づけを含めた各省横断的な総合調整機能の強化が示された．また，独立行政法人による研究開発については，ガバナンスの強化を図ることが提言された．

その後，2012年の「独立行政法人の制度及び組織の見直しの基本方針」(2012年1月20日閣議決定) では，研究開発型の独立行政法人について，「法人の主要な業務として，高い専門性等を有する研究開発に係る事務・事業を実施し，公益に資する研究開発成果の最大化を重要な政策目的とする法人類型」の定義が示された．また，同年の独立行政法人通則法改正法案では，研究開発型の名称の使用，中期目標期間の長期化，主務大臣の下に研究開発に関する審議会の設置，そして科学技術政策の司令塔機能を果たす総合科学技術会議の関与など，現在の独立行政法人通則法の骨格が整備された．

この背景としては，研究開発力強化法における附帯決議において，研究開発の特殊性，優れた人材・国際競争力の確保などの観点から，最も適切な研究開発法人のあり方についての検討が要請されていたことがあった［独立行政法人制度研究会編 2015：464］．また，今後の研究開発を担う法人のあるべき姿としては，

世界トップレベルの国際競争力，世界で最も機動的で弾力的な運営の実現を目指しており，この議論においては国立大学法人を含めた制度の改革も含まれていた[6]．このように，国立研究開発法人制度の創設にあたっては，独立行政法人と国立大学法人の両制度を巻き込んだ議論になっていた．

その後，研究開発力強化法は，自民党の政権復帰後の2013年に改正され，研究開発法人に関する新たな制度の創設についても規定された．具体的には，次の要素が示された[7]．

① 研究開発により最大の成果を創出すること
② 大学・民間企業が取り組みがたい課題に取り組むことを重要な業務とすること
③ 国際競争力の高い人材の確保を可能とすること
④ 国際的な水準を踏まえて専門的な評価が実際されるようにすること
⑤ 主務大臣の下に研究開発に関する審議会を設置し，外国人をその審議会の委員に任命することができるようにすること
⑥ 業務の計画の期間を長く設定することを可能とすること
⑦ 研究開発の成果を最大のものとするため，その運用が研究開発の特性を踏まえたものとなるようにすること

独立行政法人制度については，法律に定める事項として，以下の点が示された（「独立行政法人改革等に関する基本的な方針」2013年12月24日閣議決定）．

・独立行政法人通則法の下，研究開発に係る事務・事業を主要な業務として実施する法人を研究開発型の法人として位置づけること
・研究開発型の法人に「国立研究開発法人」という名称を付し，法人の目的は「研究開発成果の最大化」であることを明示すること[8]
・主務大臣が定める目標に記載すべき事項として，研究開発成果の最大化に関することを追加すること
・研究開発に係る目標設定や業績評価については，総合科学技術会議が指針を策定し，総務大臣はその指針を目標設定と業績評価に関する指針に反映すること．また，主務大臣は，総務大臣が定める目標設定と業績評価に関する指針に基づいて，設定・評価を行うこと
・主務大臣が行う目標設定と業績評価，目標期間終了時における業務と組

織全般にわたる見直しの際には，主務大臣の下に設置する研究開発に関する審議会が科学的知見や国際的水準に即して適切な助言を行うこと．また，この審議会は必要に応じ，外国人有識者を委員とすることも可能とすること

・目標期間は最大7年と長期化すること

上記の内容を法制化した独立行政法人通則法は，2014年に改正され，2015年4月から国立研究開発法人制度が開始された．また，科学技術イノベーションの基盤となる世界最高水準の研究開発の成果を生み出すことが期待される国立研究開発法人は，「特定国立研究開発法人による研究開発等の促進に関する特別措置法」に則り，理化学研究所，産業技術総合研究所，物質・材料研究機構の3法人が2016年10月から特定化された．特定国立研究開発法人は，世界的な評価を得た研究者の好待遇などが認められるかわりに，総合科学技術会議のより強い関与を受けるものである．

（2）研究開発機関におけるイノベーションの創出

これまで研究開発とイノベーションについて幾度か触れているが，ここでイノベーションについて簡単に整理しておきたい．科学技術政策においては，2000年代後半以降，イノベーションの重要性が認識され，イノベーションの創出における科学技術政策の役割が重視されるようになっている［科学技術振興機構 研究開発戦略センター 2022：8］．イノベーションが主要な行政文書に登場したのは，2006年の第3期科学技術基本計画からであり［後藤 2017：69］，とくに第一次安倍政権において，この潮流は顕著であった．例えば，2007年の「長期戦略指針『イノベーション25』」（2007年6月1日閣議決定）では，2025年までを視野に入れたイノベーション創出のための長期的な戦略指針であり，イノベーションの必要性を唱えていた［科学技術振興機構 研究開発戦略センター 2022：12］．「イノベーション25」は，民主党等連立政権の発足があり，ほとんど棚上げにされたが［小林 2017a：58］，第二次安倍政権下におけるイノベーション創出の実現に向けた取組の前段階として位置づけることができる［後藤 2017：70］．なぜならば，イノベーションの創出については，民主党等連立政権時においても議論が展開されており，2012年には科学技術イノベーション政策の一体的推進に向けた科学技術予算の重点化と，長期的視野に立った基礎研究と人材育成の

強化の方針が示されるとともに[9]，研究開発の成果の実用化によるイノベーションの創出に関する環境整備のための調査などを盛り込んだ内閣府設置法の改正案が国会に提出されたからである．

第二次安倍政権における2013年3月の総合科学技術会議においては，次の科学技術イノベーション政策が提示された［小林2017a：58］．第1は，科学技術イノベーション政策の全体像を示す「科学技術イノベーション総合戦略」を策定すること，第2は成長戦略に盛込むべき政策を科学技術イノベーションの観点から検討し，日本経済再生本部に対して提言すること，そして第3は総合科学技術会議の司令塔機能について，権限・予算両面でより推進力を発揮できる強化策を検討することであった[10]．その後，同年6月には「科学技術イノベーション総合戦略——新次元日本創造への挑戦」（2013年6月7日閣議決定）が策定され，また科学技術イノベーション政策の推進を唱えた「日本再興戦略——JAPAN is BACK」（2013年6月14日閣議決定）などにおいて，新たな研究開発法人制度の創設など，科学技術イノベーションに適した環境整備が提唱された．このように，イノベーションの創出における研究開発機関の役割は大きな改革の論点となっていった．

3．研究開発機関の法人化と研究開発の評価の論点

（1）イノベーション・ナショナルシステムと研究開発機関の改革

イノベーション・ナショナルシステムという概念は，「『日本再興戦略』改訂2014」（2014年6月24日閣議決定）のための議論の途上で登場したものであるが，その意味や定義は明らかでない［小林2017a：58-59］．しかし，そのアイデアは，産業競争力会議フォローアップ分科会（科学技術）第2回会合（2014年3月25日）において，メンバーの1人であった橋本和仁が提起していた（「イノベーション創出のための研究開発環境の再構築に向けて」）．当時の経済再生担当大臣の甘利明は，「我が国のイノベーション・ナショナルシステムの改革戦略」（通称「甘利プラン」）において，①革新的技術シーズを事業化へ繋ぐ「橋渡し」機能の抜本強化，②技術シーズ創出力の強化，③イノベーションを担う人材の育成・流動化をあげている（「我が国のイノベーション・ナショナルシステムの改革戦略」2014年4月14日第5回経済財政諮問会議提出資料）．

これらのうち，本章で重要な点は，①の「橋渡し」機能を担う研究開発機関

の改革であろう．なぜならば，2014年は国立研究開発法人制度の準備や，特定国立研究開発法人制度の検討が進んでおり，イノベーション・ナショナルシステムは，国立研究開発法人，とくに特定国立研究開発法人の新たな役割，また国の研究開発システムの中での位置づけを説明するための概念と整理されていたからである［小林 2017a：59］．

　それでは，国立大学法人はどうか．こちらもイノベーション・ナショナルシステムの視点から，研究開発法人の改革がひと段落した2014年後半以降の検討課題となった．2014年は国立大学法人化10年の節目で，世界トップレベルに伍する大学の創出が課題となり，また地方創生，地域活性化の観点からは，地域の拠点となる大学も必要という要請に応えるため，国立大学法人の類型化が論点になった．つまり，国立研究開発法人と同様，国立大学法人においても，研究開発機関としての改革が企図された（「イノベーションの観点からの大学改革の基本的考え方」2014年12月17日産業競争力会議新陳代謝・イノベーション WG 提出資料）．

　森田［2012：147］が引用しているように，国立大学法人は自らの知的探究心にもとづく研究を主に実施するのに対し，研究開発法人は所管府省から示されたミッションを実施するための研究を行うという違いがある（科学技術イノベーション政策推進のための有識者研究会「科学技術イノベーション政策推進のための有識者研究会報告書」2011年12月19日）．しかしながら，研究開発機関の改革の観点からは，国立大学法人と国立研究開発法人とは交錯している部分もある．

（2）研究開発機関の法人化と研究開発の評価

　研究開発機関の法人化にともなう研究開発の評価については，次の点を指摘しておきたい．それは，既述のように，国立大学法人や国立研究開発法人への運営費交付金のような法人単位で経常的に配分される予算が減少し，プロジェクトファンドや直接政府資金と呼ばれるタイプの戦略的な資金の占める割合が増加することにより，研究開発機関は法人全体として戦略的にその獲得を図らなければならず，研究開発の評価も機関レベルで支えていかなければならないことである．研究成果の社会実装など，研究開発の評価規準が科学的価値のみから，社会的価値を含む広範なものとして概念化されることにともない，評価単位も個々の研究者やその事業から，集合体としての機関レベルへと拡大している［標葉・林 2013：57］．また，法人の類型化・特定化も機関レベルの評価に影響する．研究開発の評価においても，法人共通的な要素，類型に応じた要素，

そして各法人が設定する要素，と分類され，階層化されていくからである．

（3）研究開発の評価と研究開発機関の評価

論点の最後に，西山［2021：45-46］で指摘した研究開発の評価と研究開発機関の評価との関係について，改めて論じる．

第1に，研究開発機関の評価を担当する部署は，研究開発のことを逐次理解しているわけではなく，あくまでも法人全体の評価として取りまとめることを目的としている．そのため，研究開発機関の評価を担当する部署は，研究開発の評価を担当部署に任せることになる．その結果，研究開発の評価は一定の自律性が不可避となり，換言すれば，自律的な評価とそのフィードバックのメカニズムが重要になる［城山 2018：108］．

第2は，ボトムアップ的な研究開発の評価に，トップダウン的な研究開発機関の評価が錯綜していることである．例えば，国立研究開発法人においては，主務大臣，審議会，独立行政法人評価制度委員会，総合科学技術・イノベーション会議における垂直的な研究開発機関の統制システムがあるとみるのであれば，研究開発機関の自主性は一層制約されるおそれがある．

第3は，既成概念を変えるイノベーションの創出に対して，マネジメントを目的とした研究開発機関の評価は効果を発揮するのであろうか．マネジメントの評価は組織の自己改革に対する評価であるため，目標を自ら設定し達成したかどうかを問うという，実務的な評価プロセスの繰り返しとなる．一方で，そのマネジメントが功を奏したかどうかについては，イノベーションの創出とは異なる観点で，中長期的に確認するものである［政策科学研究所 2007：応用編27］．

＋ おわりに

本章では，研究開発機関の法人化を軸に論じてきた．その主張は次の3点にまとめることができる．

第1に，研究開発機関の法人化とその改革は政府からの要請が強く影響していることである．とくに，科学技術イノベーション政策が政府主導で推進されたことが研究開発機関のあり方に大きな影響を与えている．

第2に，研究開発機関に対する関与は分化されていることである．この点は，独立行政法人の類型化と国立研究開発法人の特定化，国立大学法人の類型化・

指定化・特定化により，それぞれに応じた関与が構築されていることからもわかる.

　そして第3に，これらの結果，国立大学法人と国立研究開発法人とは，研究開発機関として制度的な類似性を有してきているのではないかということである．この類似性が研究開発とその評価にどのような影響を与えるかについては，引き続き注視していく必要があろう．

注
1）　46答申は，明治初年と第二次大戦後に行われた教育改革に次ぐ「第3の教育改革」と位置づけられている．この答申は，① 現行の設置形態を改め，一定額の公費の援助を受けて自主的に運営し，それにともなう責任を直接負担する公的な性格をもつ新しい形態の法人とすること，② 大学の管理運営の責任体制を確立するとともに，設置者である国との関係を明確にするため，大学の管理組織に抜本的な改善を加えることを提言していた［八木 1999：55］．とくに①が筑波大学など新構想大学の「実験」を経て，国立大学法人化への展開を遂げていった［南島 2015：31］．
2）　この部分は，西山［2018］を下敷きにしている．
3）　文部科学省「研究開発法人に関する制度改革の経緯」（http://www.mext.go.jp/b_menu/shingi/kokurituken/002/shiryo/__icsFiles/afieldfile/2015/06/18/1358925_3_1.pdf，2024年12月13日閲覧）．詳しくは，新たな研究開発法人制度創設に関する有識者懇談会「成長戦略のための新たな研究開発法人制度について」（2013年11月19日）（https://www8.cao.go.jp/cstp/gaiyo/kenkyu/siryou/siryo1-2-1.pdf，2024年12月13日閲覧）を参照．
4）　研究開発力強化法において，「研究開発システム」とは，「研究開発等の推進のための基盤が整備され，科学技術に関する予算，人材その他の科学技術の振興に必要な資源が投入されるとともに，研究開発が行われ，その成果の普及及び実用化が図られるまでの仕組み全般」をいう．また「イノベーションの創出」とは，「新商品の開発又は生産，新役務の開発又は提供，商品の新たな生産又は販売の方式の導入，役務の新たな提供の方式の導入，新たな経営管理方法の導入等を通じて新たな価値を生み出し，経済社会の大きな変化を創出すること」と規定されている．しかしながら，後述の第3期科学技術基本計画において，イノベーションは「科学的発見や技術的発明を洞察力と融合し発展させ，新たな社会的価値や経済的価値を生み出す革新」とあり，必ずしも統一された合意があるわけではないというのが唯一の合意ともいえる状況であるという．琴坂・宮垣編［2023：4］の指摘は一理ある．
5）　ここでいう「研究開発法人」と，現在の独立行政法人制度における国立研究開発法人とは法人の対象が異なっている．本章では，独立行政法人通則法にもとづく研究開発法人を国立研究開発法人と称することで，研究開発力強化法にもとづく研究開発法

人と区別している.

6） 文部科学省「資料1　国立研究開発機関（仮称）制度の創設に向けて（これまでの経緯）」（https://www.mext.go.jp/a_menu/kagaku/kinoukyouka/1298889.htm，2024年12月13日閲覧）及び文部科学省「参考（資料1）」（https://www.mext.go.jp/a_menu/kagaku/kinoukyouka/1298888.htm，2024年12月13日閲覧）．この議論を担っていた「研究開発を担う法人の機能強化検討チーム」は2010年12月以降，開催されなくなった．詳細は，日本国家公務員労働組合連合会「国公労連速報（2011年1月24日《No.2475》）」（https://kokko-old.com/old/11_torikumi/t110204_2.html#PAGETOP，2024年12月13日閲覧）を参照.

7） 「研究開発システム改革の推進等による研究開発能力の強化及び研究開発等の効率的推進等に関する法律及び大学の教員等の任期に関する法律の一部改正する法律　新旧対照表」については以下を参照．文部科学省（https://www.mext.go.jp/b_menu/shingi/chukyo/chukyo4/siryo/__icsFiles/afieldfile/2014/01/06/1342925_14.pdf，2024年12月13日閲覧）.

8） 研究開発型に「国立」という名称を利用するのは，諸外国や外国人研究者からの信頼を得るために，当該組織が国の機関の一部であることを明示している，と解されている．参照，文部科学省「独立行政法人通則法改正案におけるポイント（研究開発関係）」（http://www.mext.go.jp/b_menu/shingi/gijyutu/gijyutu0/shiryo/__icsFiles/afieldfile/2012/09/11/1325213_9.pdf，2024年12月13日閲覧）.

9） 内閣府「科学技術イノベーションの実現に向けた取組の概要」（2012年7月30日）（https://www8.cao.go.jp/cstp/siryo/haihu103/siryo1-1.pdf，2024年12月13日閲覧）.

10） 青木玲子・内山田竹志・大西隆・久間和生・中鉢良治・橋本和仁・原山優子・平野俊夫連名の総合科学技術会議への提出資料「総合科学技術会議の今後の検討課題について」（2013年3月1日）（https://www8.cao.go.jp/cstp/siryo/haihu107/siryo3.pdf，2024年12月13日閲覧）.

参考文献
〈邦文献〉
青木昌彦・澤昭裕・大東道郎・『通産研究レビュー』編集委員会編［2001］『大学改革　課題と争点』東洋経済新報社.
天野郁夫［2008］『国立大学・法人化の行方——自立と格差のはざまで——』東信堂.
榎孝浩［2013］「科学技術イノベーション政策の司令塔機能の現状と課題」『レファレンス』754.
大﨑仁［2011］『国立大学法人の形成』東信堂.
岡本信一［2001］『独立行政法人の創設と運営——英国エージェンシーとの比較を通じて——』行政管理研究センター.
岡本義朗［2008］『独立行政法人の制度設計と理論』中央大学出版部.

岡本義朗・高崎正有［2002］「独立行政法人における事後評価型業務運営の確立に向けて
　　──英国，ニュージーランド，カナダの比較研究から得られる示唆──」『会計検査
　　研究』26.

科学技術振興機構　研究開発戦略センター［2022］『研究開発の俯瞰報告書──日本の科
　　学技術・イノベーション政策──』（https://www.jst.go.jp/crds/pdf/2022/FR/CRDS-
　　FY2022-FR-01.pdf，2024年12月12日閲覧）.

苅谷剛彦［2024］「国立大学，その複雑な出自と種別化（思考の習性：ニッポンの大学教
　　育を読みとく16）」『ちくま』641.

琴坂将広・宮垣元編［2023］『社会イノベーションの方法と実践』慶應義塾大学総合政策
　　学部.

後藤邦夫［2017］「『科学技術イノベーション』の思想と政策」『科学技術社会論研究』13.

小林信一［2017a］「科学技術イノベーション政策の誕生とその背景」『科学技術社会論研
　　究』13.

────［2017b］「日本の科学技術の失われた20年」『科学』87(8).

標葉隆馬［2020］『責任ある科学技術ガバナンス概論』ナカニシヤ出版.

標葉隆馬・林隆之［2013］「研究開発評価の現在──評価の制度化・多元化・階層構造化
　　──」『科学技術社会論研究』10.

下田隆二［2012］「研究開発を担う基盤としての大学・公的研究機関：総論」，国立国会図
　　書館調査及び立法考査局『国による研究開発の推進──大学・公的研究機関を中心に
　　──（科学技術に関する調査プロジェクト調査報告書）』.

城山英明［2018］『科学技術と政治（MINERVA政治学叢書5）』ミネルヴァ書房.

杉野剛［2024］『国立大学法人の誕生』ジアース教育新社.

政策科学研究所［2007］『「研究開発評価の質の向上のための調査・分析」報告書（平成18
　　年度文部科学省委託調査）』（http://www.ifeng.or.jp/wordpress/wp-content/uploads/
　　2012/10/CR-2007-19.pdf，2024年12月12日閲覧）.

高崎正有・渡辺真砂世［2000］「現代の潮流　独立行政法人における業績評価」『SRIC Re-
　　port』5(2).

竹内健太［2019］「国立大学法人運営費交付金の行方──『評価に基づく配分』をめぐっ
　　て──」『立法と調査』413.

田中弘允・佐藤博明・田原博人［2018］『検証　国立大学法人化と大学の責任──その制
　　定過程と大学自立への構想──』東信堂.

独立行政法人制度研究会編［2015］『独立行政法人制度の解説（第3版）』第一法規.

中井浩一［2004］『徹底検証　大学法人化（中公新書ラクレ147）』中央公論新社.

南島和久［2015］「大学ガバナンスの変容とその構造的背景──学校教育法第93条改正問
　　題──」『長崎県立大学経済学部論集』48(4).

西出順郎［2008］「国立大学改革と改革思想──改革思想の脆弱性とアントレプレナリズ
　　ム──」『大学探究』1.

西山慶司［2018］「独立行政法人制度と研究開発評価」『山口經濟學雜誌』67(3・4).

────［2021］「独立行政法人制度における目標管理と評価──国立研究開発法人の観点から──」『日本評価研究』21(1).

林隆之［2021］「大学改革政策の展開と新たな大学像の模索」『研究 技術 計画』36(3).

本間政雄［2005］『国立大学法人化と大学改革──大学改革現在進行中──』学校経理研究会.

藤田宙靖［1999］「国立大学と独立行政法人制度」『ジュリスト』1156.

────［2011］「独立行政法人国民生活センターの消費者庁への統合問題について──行政組織法の見地から──（平成23年6月3日消費者委員会）」(https://www.cao.go.jp/consumer/iinkai/2011/056/doc/056_110603_shiryou2.pdf, 2024年12月12日閲覧).

真渕勝［2020］『行政学（新版）』有斐閣.

宮脇淳・梶川幹夫［2001］『「独立行政法人」とは何か──新たな公会計制度の構築──』PHP研究所.

森田倫子［2012］「研究開発法人の概要とその制度の見直しの経緯」, 国立国会図書館調査及び立法考査局『国による研究開発の推進──大学・公的研究機関を中心に──（科学技術に関する調査プロジェクト調査報告書)』.

八木俊道［1999］「政府事業分野の変遷と独立行政法人制度」『季刊行政管理研究』87.

〈欧文献〉

Godin, B. ［2020］ *The Idea of Technological Innovation: A Brief Alternative History,* Edward Elgar Publishing（松浦俊輔訳, 隠岐さや香解説『イノベーション概念の現代史』名古屋大学出版会, 2021年).

（西山 慶司）

第 7 章　雇用と科学技術

───国立大学・理化学研究所の事例から見る任期付問題───

✛ はじめに

　2022年3月25日，国立研究開発法人理化学研究所（以下，「理研」）の労働組合（以下，「理研労」）をはじめとしたグループが，文部科学大臣と厚生労働大臣あてに要請書を提出し，文部科学省内で記者会見した．この要請書および記者会見では，任期付の理研職員が陥っている次のような窮状が訴えられていた．①勤続10年を超える有期契約の研究職の理研職員約300人が，2023年3月末で雇止めにされる恐れがある．②このなかには60人以上の研究室主宰者も含まれており，仮に研究室主宰者が雇止めになれば，500以上ある理研の研究チームの約12%が解散となり，そのもとで働く約300人の職員も職を失う．③失職する可能性のある約600人は理研の全職員の約8分の1に相当する．このため，法の趣旨に反する一律10年での雇止めを撤回するよう，理研に働きかけることを文部科学大臣と厚生労働大臣に要望する．

　理研は1917年3月20日，アジア初の基礎科学総合研究所として設立された．理研の設立目的は，天然の原料資源に乏しい日本において，科学技術の振興や発展，そのための人材育成を通じて国の繁栄を目指すことにあった［山根 2017］．以後，理研を中心に，ノーベル賞受賞者の湯川秀樹や朝永振一郎をはじめ，幅広い分野で著名な科学者が数多く輩出されてきた．「科学者の自由な楽園」［宮田 1983］とも称された理研で，なぜこのような事態が起こったのか．また，同様の状況は理系研究者の育成拠点である国立大学でも発生している．任期付の研究者は増加傾向にあり，その多くは若手である．日本のこれからの科学技術の担い手となる若手研究者が，不安定な雇用環境に置かれている．将来が保障されていない状況では，短期間で成果をあげにくい基礎研究には積極

的に取り組みにくい．記者会見した理研労の代表者も，不安定な雇用は研究力の低下に拍車をかけてしまうと，日本の将来を案じていた．

　理系の若手研究者をめぐる雇用環境はどのような経緯で変化してきたのか．研究者に任期を設ける制度が支持された背景や目的はどこにあったのか．そしてそれがどのような問題を生み出しているのか．本章では，現在起こっている任期付研究者の問題について，国立大学や理研の事例を取りあげ，雇用と科学技術について考察する．

＋ 1. 繰り返される雇止め問題

(1) 理化学研究所と国立大学の事例

　理研における雇止めはこれまで問題となっていた．例えば，2017年12月には，理研労等が東京都労働委員会に不当労働行為の救済を申立てている．理研労の主張は，「有期雇用の職員を最長5年で雇止めにする規則の撤回を理研に求めたものの，理研は撤回を拒否するばかりか，雇止めの理由や必要性を具体的に明らかにしないなど，対応が誠実でない」という内容であった．この理研の雇止め問題は国会でも取り上げられた[1]．その後，理研は2018年2月末に，就業規則変更前に採用した職員等は雇止めの対象から外すと職員に通知した．このときの対象は研究者ではなかったが，この影響もあってか，理研は同年3月末に公表した2018年度から2025年度までの中長期計画において，任期のない研究者の割合を全体の4割まで引き上げるとともに，任期制研究者の契約期間も原則7年に延長した［理化学研究所 2018］．

　冒頭で紹介した研究者の雇止め問題が表面化した時期は，この約4年後の2022年であった．研究者の雇止めも国会で取り上げられた[2]．理研労役員等によって2018年に立ち上げられた「理研の非正規雇用問題を解決するネットワーク」（理研ネット）は，署名活動を実施して理研に研究者の雇止め撤回や雇用上限の撤廃を求めた．しかし，理研から具体的な回答がなかったため，理研労等は2022年6月20日，前回と同様に東京都労働委員会に不当労働行為の救済を申立てた［理研ネット 2022a］．同年7月27日には，雇止め通告の撤回と研究妨害への損害賠償を求めて，理研の研究チームリーダーがさいたま地裁に提訴を行った．理研は同年9月30日に通算契約期間の上限規制を撤廃する「新しい人事施策の導入について」を発表したが，開始時期は2023年4月1日となっており，

2023年3月末の雇止めに対応する内容ではなかった．11月には，新たに2名の理研の研究者が地位確認などを求める訴えをさいたま地裁に起こした［理研ネット 2023a］．国会では，非正規研究者の大量雇止め問題を政治の責任で再び解決するよう求める声も上がった[3]．理研労は，12月に雇止めの撤回を理研に指導するよう文部科学省に要請し［理研ネット 2022b］，翌2023年3月29日にはストライキも実施した．

　しかし，2022年度末で97名が雇止めとなった．ある30代の若手研究者は，雇止め後，2023年6月から中国で大学教授の職を得た．この研究者は，若手研究者を支援する文部科学省の卓越研究事業に応募し，2018年10月付で任期7年の卓越研究員となっていたため，あと2年半，つまり2025年9月末まで理研に在籍できるはずであった．当時はその旨を上司に口頭で確認したが，2021年春になって理研の10年ルール，すなわち通算10年を超える有期雇用の契約を認めないルールが優先され，2023年度末で雇止めとなる旨を通知された．

　この任期のズレについては国会で質疑された[4]．これを踏まえ，理研は2023年7月に調査委員会を設置した［理化学研究所 2023］．同年9月末に本件の調査報告書が公表されたが，卓越研究員制度の利用について，不正あるいは不適切な点があるとまでは言えないと結論付けられた[5]．この結論に対して，当該研究者は納得できないとコメントし，理研ネットが反論する声明を公表している［理研ネット 2023b］．このほか，すでに触れた2023年3月末の雇止め等に関する裁判が2024年4月時点でも継続しているなど，理研の雇止めをめぐる問題はその後もくすぶり続けた．

　雇止め問題は理化学研究所だけの話ではない．任期付の研究者の雇止め問題は，理研で問題となっていた時期と同じタイミングで，国立大学でも発生していた．例えば，2017年8月に発覚した東京大学による雇止め問題があげられる．当時，東京大学は有期契約の教職員の任期を最長5年とする規則を定めており，2017年度末での雇止めが懸念されていた．無期契約への転換を阻むこの規則は労働契約法の趣旨に反するとして，東京大学教職員組合等は大学に団体交渉を申し入れた．組合等は団体交渉の場で女性差別の疑いや労働基準法違反の疑いを示し，同規則の撤廃を求めた．当時，東京大学のパート教職員の8割が女性であったため，雇止めを実行すると国際社会から女性の雇用を軽視していると批判される恐れがあった．また，就業規則の作成・変更にあたっては，労働者の過半数の意見を聞くことが労働基準法で義務付けられているが，東京大学は

同規則を作成するにあたり，非常勤教職員を排除して過半数代表者を選ぶ選挙を実施しており，手続上の不備の疑いもあった［田中 2023：212-214］．文部科学省も労働契約法の趣旨にそぐわないとして東京大学に慎重な対応を要請したこともあり，同年12月に東京大学は2018年4月1日付で同規則を撤廃する方針を示し，雇止めは回避された．

　こうした騒動があったにもかかわらず，理研と同様，2022年度末で雇止めを実施した国立大学もあった．例えば東北大学では，有期雇用の研究者や技術者計84名を2022年度末で雇止めにした．東北大学でも2017年度末での雇止めが問題となっていたが，東京大学とは異なり，315人が雇止めとなった[6]．この際には，労働委員会に対する不当労働行為の救済を求める申立てや[7]，裁判所に対する労働審判の申立て[8]がなされた．しかし，東北大学職員組合によれば，2022年度末に雇止めされた研究者等からは，声を上げる行動はほとんど見られなかったという．2017年度末では長く勤務した職員が対象者だったが，2022年度末では30代の若手研究者等が多く，申立てをすれば次の就職に影響が出てしまうと考えているのではないかと組合は推察している［田中 2023：220］．

　日本における研究者の雇止め問題は，2022年6月に国際的な科学論文誌として有名な *Science* や *Nature* においても取り上げられ，世界的にも関心が高まっていた［Normile 2022；Hornyak 2022］．しかし，文部科学省が実施した「研究者・教員等の雇用状況に関する調査」（2023年度）の調査結果によれば，2023年4月1日時点で，全国の国公私立大や大学共同利用機関法人，研究開発法人で雇止めとなった人数は1499人で，全体の12.1％を占めるという［文部科学省2023b］[9]．このように，雇止めは完全に解消されておらず，いまなお続いている問題である．

（2）労働契約法と研究者

　以上で取り上げた理研と国立大学の事例を含め，雇止めは2017年度末と2022年度末に数多く見られた．この2つの時期に雇止めが集中した背景には，雇用期間に関する法改正が影響していると言われる．

　2017年度末の雇止めについては労働契約法の改正が指摘されている．2012年8月3日に成立し，2013年4月1日から施行された改正労働契約法では，有期労働契約が反復更新されて通算5年を超えたときには，労働者が申し込めば無期労働契約に転換できるルール（無期転換ルール）が定められた[10]．この前提とし

て，1990年代後半以降の「雇用の非正規化」があげられる．1995年に1000万人を超えた非正規雇用者は2005年には1600万人程度に増加した．役員を除く全雇用者に占める非正規雇用者の比率も，雇用者全体の2割程度で推移していた1990年代前半から上昇し続け，2005年には雇用者の約3人に1人が非正規雇用となっていた［内閣府 2006］．この一因として派遣労働の拡大があげられる．1986年に派遣法が施行された後，1999年には派遣業種が原則自由化され，2003年には製造業および医療業務でも派遣が解禁され，専門的26業種は派遣期間が無制限となった．このように，2013年の労働契約法改正までは，雇用に関する規制は緩和傾向が続いていた．

　こうしたなか，2008年9月15日のリーマン・ブラザーズの経営破綻に端を発する景気悪化（リーマン・ショック）に伴い，非正規労働者の解雇や雇止めが多発した．2009年の「ユーキャン新語・流行語大賞」のトップテンに「派遣切り」が入賞するなど，労働者の雇用期間についての社会的関心が高まっていた．

　そこで，厚生労働省の労働政策審議会は，2010年10月から有期労働契約の検討を開始した．そもそも，有期労働契約については，2003年の労働基準法改正時に原則1年であった期間の上限を原則3年に延長するとともに，法施行後3年経過後に検討する附則が定められていた．また，2006年12月27日の労働政策審議会答申でも，有期労働契約が良好な雇用形態として活用されるようにするという観点も踏まえつつ，引き続き検討することが適当と述べられていた［労働政策審議会 2006］．2009年9月に政権交代が起こったこともあってか，2011年12月26日に提出された建議では有期雇用の上限を定める方向が示された［労働政策審議会 2011］．そして，先述したとおり，2013年度の労働者契約法改正によって，有期労働契約が反復更新されて通算5年を超えたときには，労働者が申し込めば無期労働契約に転換できる，つまり労働者側が有利となる方向に転じることとなった．この動向を踏まえ，無期転換を阻止するために各大学で雇止めが発生したとの指摘が少なくない．これはもちろん改正法の趣旨に反する行為だが，私立大学も含めて2017年度末での雇止めは多数見られた．

　2022年度末の雇止めについては，研究開発力強化法の改正が指摘されている．2013年4月1日の改正労働契約法の施行後，大学や研究機関に勤める研究者のあいだで，有期雇用の研究者が所属機関に最長5年までしか在籍できないことは，長期の研究を必要とするプロジェクトに悪影響を与えかねないと危惧されていた［奥田 2022］．こうしたなか，2012年にノーベル医学生理学賞を受賞し

た京都大学教授の山中伸弥が自民党・公明党の国会議員に働きかけ，問題の解決を訴えた．この要望を受けた議員らは，研究開発力強化法を改正し，研究者については無期転換申込権発生までの有期雇用期間を10年とする特例を設ける方法を試みた．この改正研究開発力強化法は議員立法として2013年11月に国会に提出され，採決では民主党なども賛成し，同年12月に成立した[11]．

他方，この方法はあくまでも時間稼ぎに過ぎず，別途国による対応が必要であることは，山中と国会議員らのあいだでの共通認識であった［塩谷・渡海・小坂 2015：3-12］．しかし，その後十分な対応がなされないまま，10年の期限である2022年度末を迎えつつあった．これに際し，文部科学省は2022年11月に文書を発出し[12]，10年特例の適切な運用に向けて万全を期すとともに，無期転換ルールの適用を意図的に避けることを目的として，無期転換申込権が発生する前に雇止めや契約期間中の解雇等を行うことは労働契約法の趣旨に照らして望ましくない旨を大学および研究開発法人に伝達した．また，文部科学省は実態を把握するため，「研究者・教員等の雇用状況等に関する調査」（令和4年度）も実施した［厚生労働省 2023］．

調査結果は2023年2月に公表され，2022年9月1日現在で2022年度末以降の雇用契約の見通しが未定の者は全体の41.2％にのぼることが判明した．この結果を受けて，文部科学省は大学および研究開発法人等に対し，あらためて10年特例の適切な運用を依頼した［文部科学省 2023a］．つづけて実施された「研究者・教員等の雇用状況等に関する調査」（2023年度）では，すでに述べたとおり，2023年4月1日現在において1499人，全体の12.1％が雇止めとなったことが判明した．この結果を受けて，文部科学省は再度大学および研究開発法人等に対して10年特例の適切な運用を依頼したが［文部科学省 2023c］，強制力のない依頼でどこまで効果が得られるかは疑問である．

＋ 2．研究者の雇用環境が悪化した背景

（1）国立大学および国立研究機関の法人化と財源

雇止め問題は多数の任期付の研究者の存在が前提となる．それでは，そもそもなぜ任期付の研究者が多数存在していたのだろうか．この一要因として，国立大学および国立研究機関の法人化が指摘されている．

1997年の行政改革会議『最終報告』を踏まえ，2001年に中央省庁等改革が実

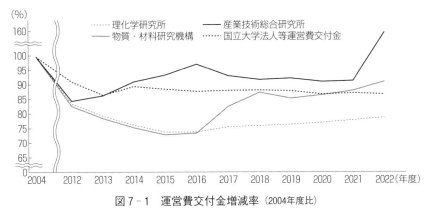

図7-1 運営費交付金増減率（2004年度比）

注：国立大学法人等運営費交付金については文科省年度予算（予算総論）より，特定国立研究開発法人については決算報告書（収入）ベースで集計．
出典：理化学研究所［2024a］．

施された．この中央省庁等改革の柱の１つとして，独立行政法人制度は導入された．独立行政法人制度の導入目的は政策実施のパフォーマンス向上にあった．それまで国の一部であった政策の実施部門に法人格を付与して国から独立させ，与えられた運営裁量のなかで示された目標の達成に努める仕組みをとれば，より効果的・効率的な政策実施が可能になると見込まれていた．この一環として，国立大学および国立研究機関が法人化された[13]．

　法人化後，国立大学および国立研究機関はそれぞれが独自に財務を運営している．財務運営上，財源確保が重要であることは言うまでもないが，文部科学省から交付される運営費交付金が歳入全体に占める割合は大きく，国立大学では2020年度で約40.8％［文部科学省 2020］，理研では2024年度で約53.3％［理化学研究所 2024b］となっている．運営費交付金は教職員の人件費に優先的に充てられる貴重な財源であるが［青木 2021：149］，法人化後，国立大学法人は10％程度，理化学研究所は20％程度減少している状態がここ10年ほど続いている（図7-1参照）．この割合はそれほど大きくはないようにも感じられるが，国立大学では独法化後10年で約1500億円，中規模の国立大20校分の年間予算に相当する額が全体で削減されている[14]．

　これに比例して，競争的資金や国策的な資金が増額されている．これらの資金には３年や５年といった期限があるため，終身雇用の研究者を雇うことは難しく，任期付のポストばかりが増えていったという指摘もある［山口 2017：

272］．とくに，人件費の運営費交付金依存度が高い中小規模の国立大学では正規教員の削減が起こりやすい[15]．実際に，法人化後にほとんどの国立大学で就業規則が改められた．全国大学高専教職員組合による2009年春の調査によれば，全国の国立大学の3分の2が法人化後に採用した非正規職員の雇用上限を最長3～6年に区切っていた．先述の例に出した東京大学でも，国立大学法人化の際，有期雇用教職員に5年上限を導入している［佐々木 2018；志田 2017][16]．

　このため，2008年度末には東京大学，京都大学，名古屋大学をはじめ，国立大学の雇止め問題は全国各地で発生し，マスメディアで報道されていた．また，この問題も国会でも質問され[17]，国も認識していた．しかし，この時点では文部科学省として把握・調査はされなかった[18]．このように，雇止め問題は2004年の法人化まで遡る根深い問題である．

（2）科学技術基本計画での任期制の取り扱い

　行政改革会議が設置される1年前の1995年11月，科学技術基本法が制定された．以後，同法に基づき，現在まで4年ごとに科学技術基本計画が策定・実施されている．2021年4月に科学技術・イノベーション基本法に変更・施行され，2024年現在で第6期まで計画が存在する．

　研究者への任期制の導入は，第1期計画（1996～2000年度）から触れられている．第1期計画では，「柔軟で競争的な研究開発環境の実現に不可欠な研究者の流動化を促進させる」ことを目的に，研究者の任期制の導入を図ると述べられている．とくに，国立試験研究機関については，「人材の結集や若手研究者の登竜門として活用できる新たな任期付任用制度を，処遇等諸条件を整備しつつ導入する」と断定的な表現がなされている．このほか，第1期計画では，任期制の導入目的として，人事の流動化による教育研究の活性化および多様な経験を通じた若手教育・研究者の育成や産学官の人的交流の促進などもあげられている．

　なお，第1期計画の時点で，競争的資金の大幅な拡充と資金配分にあたっての適切な評価について触れられており，若手研究者層の養成・拡充等を図る「ポストドクター等1万人支援計画」を2000年までに達成することが明記されている．通称「ポスドク一万人計画」と呼ばれるこの政策が打ち出された背景として，第1期科学技術基本計画案を審議した科学技術会議において，参加していた大学教員から「予算だけついてもその担い手がいなければダメだ」とい

う意見が多く出されたとの証言もある．こうしてポスドク一万人計画が打ち出されたものの，当事者であるポスドクに対する保障や支援策が不十分であったとの反省も見られる［武田 2022］．

第2期計画（2001～2005年度）では，第1期計画での任期付任用制度による人材の流動性の向上が必ずしも十分ではないという問題意識のもと，優れた成果を生み出す研究開発システムを構築するための方策の1つとして，任期制の広範な普及等による人材の流動性の向上が掲げられた．同方策では，アメリカのテニュア・トラック制をモデルに，30代半ば程度までの若手研究者は任期付で雇用し，競争的な研究開発環境のなかで活動できるようにするための手段として，任期制の広範な定着に努めると述べられている．国の研究機関等に対しては，任期制の適用状況が当該研究機関を評価するにあたっての1つの重要な観点とされたため，国の研究機関等は任期制を導入せざるを得ない状況であった．また，第2期計画の時点で任期の短さが指摘され，それまで原則3年であった任期を原則5年とし，再任も可能にするなど，任期延長の措置を講ずることも指摘されている．加えて，研究者の流動性を高めるため，産学官間の交流や国際交流も引き続き重視することも述べられていた．

第3期計画（2006～2010年度）では，第2期計画までの方策により，任期制を導入する大学や公的研究機関の数は増加したものの，研究者全体に占める任期付研究者の割合は依然低いという問題意識のもと，テニュア・トラック制を例にあげるなど，任期制は若手研究者の自立支援や人材の流動性の向上のための有効な手段としてとらえられていた．とくに，人材の流動性の向上は活力ある研究環境を形成する観点から必要とされ，再任可能な任期制や適性および資質・能力を定期的に審査する再審制による雇用が奨励されたり，複数大学による同時での任期制への移行や民間の研究機関における流動性の向上も望まれたりした．

第4期計画（2011～2015年度）では，任期制をめぐる認識に変化が見られた．本文中に「任期」という言葉が見られず，これまで推進してきた「流動性向上の取組が若手研究者の意欲を失わせている面もある」と明記されるなど，否定的な意見にも触れられた．この背景には，1（2）で触れた2010年頃の有期労働契約の規制強化の流れも影響していると思われる．他方，「研究者にとって，安定的でありながら，一定の流動性が確保されるようなキャリアパスの整備を進める」とも述べられ，流動性向上の取組自体は引き続き実施された．

第 5 期計画（2016～2020年度）ではさらに進んで，任期制を間接的に減らす方針が示された．具体的には，「大学等における若手研究者のキャリアパスが不透明で雇用が不安定な状況にあり，若手研究者が自立的に研究を行う環境も十分に整備されていない」という認識のもと，若手研究者の育成・活躍促進の方策として，「大学および公的研究機関においては，ポストドクター等として実績を積んだ若手研究者が挑戦できる任期を付さないポストを拡充することが求められる」と明記された．このように，第 5 期計画からは任期制と若手研究者育成の関係は弱くなっている．流動性向上についても，その必要性や具体的な取組は見られるものの，第 4 期に引き続き，任期に関わる記述は見られなかった．

第 6 期計画（2021年度～2025年度）では，任期制をめぐって「特に研究力を支える若手研究者を取り巻く環境を見ると，任期付きポストの増加や研究に専念できる時間の減少など，引き続き厳しい状況が続いている」と述べられ，任期制は研究力の阻害要因として認識されている．また，そもそも第 5 期計画以降，優秀な若者が博士の道を躊躇することが問題とされており，2020年 1 月に策定された「研究力強化・若手研究者支援総合パッケージ」をはじめ，いかに研究者という仕事に魅力を持ってもらうかに重点が移っている．この点からも，研究者，とくに若手の任期制には否定的となったことは言うまでもない．

3．研究者と任期制・流動性の起源と経緯

（1）講座制に対する問題意識

これまで見てきたように，任期制は第 3 期計画までは若手教育・研究者の育成や流動性向上のための有効な手段として支持されてきた．それでは，こうした発想はいつごろからあり，どのような背景から生まれたのだろうか．

研究者を任期付で雇用する発想自体は，戦後しばらく経った1960年代から存在した．1963年 1 月の中央教育審議会（以下，「中教審」）答申では，教員として適格な者を常に大学で確保するため，教員の任期制度または再審査制度を設けることを検討する必要があると指摘されていた［中央教育審議会 1963］．1971年 6 月の中教審答申でも教員の任期に限度を設けることが主張され，1973年10月の学術審議会第三次答申では公募制や年限を定めた契約任用制の採用が望ましいと述べられていた［田端 1996］．

任期制が求められた背景の1つとして，閉鎖的な講座制に対する問題意識があげられる．講座制とは，大学内の教育研究の責任体制を確立するため，各専攻分野における教授の責任を明確にしたうえで，当該分野における教育研究を深める制度である．一般的には教員や分野の名前を冠した「○○研究室」と呼ばれてきたものである．講座制の起源は戦前，明治時代中期の1893年に帝国大学に対して導入されたことに端を発する[19]．

　戦後，1956年の大学設置基準によって学制改革が実施され，新制大学を設置するにあたっても講座制は維持された．当時の国立大学では，文部省令によって講座制に依拠して教員や学生の定数，また教育・研究予算が定められていた[20]．それゆえに国立大学においては，講座制は人事・予算・教学面の運用を決定づける重要な制度であった．とくに，本著の対象である科学技術の担い手である理系では，現在でも講座制が採られている場合が少なくない．

　他方，講座制は特定の細分化された専門分野の教員によって構成され，教員間の上下関係のもとで教育研究を実施するために，講座を代表する教員の方針に拘束されやすかった．また，組織の論理から当該講座を引き継ぐことが求められ，採用に際して自校出身者が選ばれる比率が高かった［大学審議会 1996］．こうした特徴を持つ講座制の中では，どうしても旧態依然になりがちで学問的な刺激に乏しく，将来を担う若手教員の経験や発想を固定化させてしまうために教育研究を停滞させる恐れがあった．このため，講座制を維持したままでは，複合的・学際的な分野への対応など，今後求められていく国際的な競争のなかで，日本の教育研究は後れを取ってしまうのではないかという懸念があった．

　そこで，1973年に設置された筑波大学を筆頭に，大学に対する従来の考え方や制度の枠組みにとらわれない新構想大学の設置が進められ［文部省 1992］，教育組織と研究組織が機能的に分離されていった．そして，大学における教育研究のさらなる活性化のためには，こうした組織の改善だけでなく人事の改善，具体的には教員の流動性を高めることも必要だと考えられるようになった．

（2）行政改革による産学官の研究交流の促進

　教員の流動性を高めるための方策は1980年代中盤から進展してゆく．2度のオイルショックを経た1970年代後半以降，対GDP比で見た日本の政府債務残高は急速に悪化し，財政再建が喫緊の課題となっていた．これを受け，1980年に首相に就任した鈴木善幸は「増税なき財政再建」を掲げ，収支が悪化してい

た国家財政を立て直すための大規模な行財政改革に取り組んだ．その諮問機関として，鈴木首相は1981年に第二次臨時行政調査会（以下，「第二臨調」）を発足させ，行政の制度や運営の改善に関する基本的事項についての調査・審議にあたった．

　第二臨調は解散する1983年までの２年間で５次にわたる答申を首相に提出した．この最終答申にあたる「行政改革に関する第五次答申」(1983年３月) では，主要な行政分野について，新しい基本方向とそれに向けた改革の主要点が示された．同答申では科学技術について民間の研究能力の活用を前提に，官民の役割分担，大学・国立研究所等の役割分担の明確化，産学官の連携の促進，大学・国立研究所の組織・運営の弾力化，国際協力の推進等によって一層効率的・重点的な研究開発を進めると述べられた [臨時行政調査会 1983]．

　この考え方は，第二臨調解散後に設置された臨時行政改革推進審議会（以下，「行革審」）にも引き継がれた．1983年６月に発足した行革審は，第二臨調の答申で示された行政改革の実現を監視する機関として，1997年12月まで３次にわたって設置された．このうち第１次行革審では科学技術分科会が置かれ，計25回の会議が催された．第１次行革審の答申にあたる「行政改革の推進方策に関する答申」(1985年７月) では，科学技術分科会での検討結果を踏まえ，科学技術について１章分，10ページ弱にわたる記述が見られる [臨時行政改革推進審議会 1985]．

　同答申では，行政の総合性を確保する調整機能の強化が一層必要であるとの認識のもと，とりわけ取り組むべき行政分野として科学技術があげられた．研究開発については，現在の応用・開発段階重視の追い付き型の研究体制から，今後は創造的な基礎的研究を重視した体制へ転換することが課題であり，このためには産学官の研究交流の飛躍的な促進が必要だと述べられた．この具体的な方法として，国の研究者が処遇上の不利益なく民間企業等に派遣できる制度の整備や客員研究員制度の充実などが示された．また，教育や研究目的のために特別の必要がある場合には，大学と国立研究機関において短期任用制度を導入することも明記された．

　また，同答申では，研究者の交流の促進を実現するための法律上の措置も提案された．これを受け，科学技術に関する試験研究の効率的推進を目的に，1986年に研究交流促進法が制定された．同法では，試験研究機関等に勤務する研究公務員について外国人の任用を可能にしたり，共同研究に伴う休職の際の

退職手当の特例を設けたり，条件を満たせば国有施設の使用にあたっての対価を安くできたりするなど，国の試験研究に関し，国以外の機関との交流を促進するために必要な措置が図られた．このほか，大学等における産学官連携の推進に関する施策として，1983年度に民間等との共同研究制度が発足，1987年度に共同研究センター整備が開始されるなど，国立大学を中心として各種制度や体制が逐次整備されていった[21]．

（3）教員の流動性向上による高等教育の活性化

他方，研究者の流動性を高める方針は教育改革の文脈からも提案された．1984年，当時の中曽根康弘首相の主導のもと，教育問題についての総理大臣直属の審議機関として臨時教育審議会（以下，「臨教審」）が設置された．臨教審は1985年から1987年までに4次にわたる答申を発表したが，このうち1987年に発表された第3次答申において，これまで閉鎖的であった人事の流動化を促すことを目的に，教員の任期制導入が提案された［大膳 2009］．

この考えは，臨教審の答申を受けて文部大臣の諮問機関として1987年9月に設置された大学審議会にも引き継がれた．高等教育の基本的なあり方について審議することを目的とする大学審議会では，臨教審で提案された大学改革の方向性を踏まえ，教育研究の高度化，高等教育の個性化，組織運営の活性化を3つの柱として審議がなされた．このうち組織運営の活性化の観点から，教員の流動性を高めて高等教育を活性化する方法として任期制の導入が提言された［中央教育審議会 2002］．

大学教員の任期制の詳細については，1996年10月に大学審議会が公表した「大学教員の任期制について（答申）——大学における教育研究の活性化のために——」で述べられている．同答申では，大学教員への任期制の導入によって人材交流がより促進されるとともに，教員自身の能力向上も期待できることから，任期制は教育研究の活性化にあたって極めて大きな意義を持つとされた．また，任期制導入によって教員は多くの職場を経験することになり，その過程で多様な経験や幅広い視野を得られることから，任期制はとくに若手教員の育成に資することが強調された［大学審議会 1996］．同答申を受け，1997年6月に「大学教員等の任期に関する法律」が公布され，範囲や期間を各大学の判断に委ねる選択制任期制が導入された．

（4）科学技術と任期制・流動性

　科学技術白書ではじめて人材の流動性について触れられた時期は1960年代初頭であった．1962年の科学技術白書では，日本学術会議が1959年4月に発表した基礎科学白書で指摘した研究体制全般の具体的問題の1つである流動研究員制度の拡大を取り上げている．そもそも，流動研究員制度は，日本学術会議が1957年1月に発表した「基礎科学の研究体制確立について（要望）」において，基礎科学振興の最も有効な制度の1つである共同研究体制を確立するための方策として内閣総理大臣に要望し［日本学術会議 1957］，1959年度からすでに実施されていた．しかし，共同研究では異動期間が長期にわたるため，1962年当時は流動研究員制度の適用範囲は狭かった．1962年の科学技術白書に流動性について記載された理由には，こうした背景があった．

　1965年の科学技術白書では，流動性は科学技術者の評価と関連付けて述べられている．同白書では，日本では今後，科学技術者の需要拡大が見込まれるものの，この需要を量的にも質的にも満たすことは困難だとの認識のもと，科学技術者の有効活用のため，科学技術者の適正な評価が必要だと述べられている．この根拠として，西欧諸国では企業，研究機関，大学といった組織別ではなく，学問領域別で厳しく科学技術者が評価されており，これが研究者の流動性を高め，科学技術の進展と科学技術者の社会的地位の向上に貢献している点が例示されている．一方，現状の日本の制度や慣行は科学技術者の適正な評価の妨げとなっており，将来的に人材活用や組織全体の効率低下につながる懸念が示されている．もっとも，同白書内では，科学技術者の流動性の低さを前提に，企業等での教育の重要性や，情報流通の迅速化と円滑化，産学等の協力の推進，委託研究の拡大などの施策の総合的実施によって科学技術者の能力を有効に発揮する環境を作ることも主張されており，流動性の低さそのものに働きかける段階にはなかった．1966年の科学技術白書でも，同年8月に出された科学技術会議の意見を引き合いに出し，研究者の流動性の確保は総合的・組織的研究の推進のために必要な要素であると述べられている．

　1968年の科学技術白書では，最近の技術革新の進展に対処して社会的・経済的要請に応じた研究の実施を目的に，国公立試験研究機関および民間企業と協力するための手法として流動研究員制度の活用があげられている．くわえて，OECDの基礎研究の促進と組織に関する一般報告書を取りあげ，大学を学部と講座に分割する伝統的障壁を排し，多学部にわたる研究チームの設立が容易

になるような弾力的研究部門の制度を確立することに注目すべきとも述べられている．この流動研究員制度は，1972年の科学技術白書においても，研究者の知識向上や研究開発の一層の効率化などの面で成果が見えはじめていると図を示して説明されている．1975年から1979年までの科学技術白書では，ライフサイエンスに関する長期的かつ総合的研究目標の達成のため研究活動の整備拡充方策の1つとして，流動研究員制度の活発化とその拡充が例示されている[22]．

　1980年代に入ると，人材育成のための手段としての流動化が強調されていく．1980年の科学技術白書では，今後の科学技術推進のためには創造性のある人材や総合性に富む人材を育成するとともに，これらの人材を弾力的に配置するために官学民の人材の流動化を促進する必要があると述べられている．1981年の科学技術白書でも，研究者の異分野への転換等人材の流動化と，これらの人材の再教育・継続教育が必要だと述べられた．その背景として，近年の科学技術の専門化・高度化の著しい進展や，多領域および境界領域の研究開発の増大，創造的な研究に対する要請の高まりなどが例示されている．

　また，産官学の連携を推進し，人材を総合的に活用する施策として国立研究所における流動研究員制度などをあげつつ，その一層の強化充実のための1つの方策として，1981年には創造科学技術推進事業（ERATO）も発足した．この背景として，海外からの技術導入による技術革新のみならず，日本の「基礎研究ただ乗り論」から技術導入そのものが困難になりつつある状況が指摘されている［科学技術振興財団 2003］．こうした状況を踏まえ，産官学の組織の壁を越える優れた発想を発掘・登用し，日本独自の革新技術のシーズを効率的に創出する創造的研究活動に結集できる「人」中心の新しいシステム（流動研究システム）をつくることが試みられた．

　もっとも，任期制の導入目的である人材の流動性向上は，公的な研究機関や大学間だけではなく，社会全体として実施することでより大きな意義を持つ．したがって，流動性向上に対する産業界の態度が帰趨を決めることになるが，産業界も流動性向上を求めていた点も指摘されている．例えば，1993年7月に経団連が公表した「新しい人間尊重の時代における構造改革と教育のあり方について」では，社会人からの教員登用や共同研究の促進について提案がなされている．また，1994年4月に経済同友会教育改革委員会が公表した「大衆化時代の新しい大学像を求めて」では，はじめて具体的に任期制について言及され，人事交流のためのさまざまな手法が提案されている．さらに，1994年4月に経

済同友会技術政策委員会が公表した「技術創造立国への転換」では，行動計画の１つとして競争原理の導入等による研究開発活動の活性化が謳われている[猿田・榊・橋本・新村 1996]．

┼ ４．任期制のねらいと社会の変化

（１）学術における競争主義の帰結

　ここまで確認してきたとおり，任期制は最近の動きではなく，起源をたどれば明治中期の講座制導入にまでさかのぼる歴史の深い発想が背景にあった．ただ，任期制がもたらす効果は，その時々の社会情勢によって変化していることには注意が必要であろう．戦後から1980年代頃までは程度の差はあれ日本全体として景気も良く，人口も増加し続けていたため，研究をめぐる環境も拡大路線を続けていた．このことから，国際的な競争に負けないよう，講座制を崩して流動性を向上させるために任期制を導入する方法は有効だったのかもしれない．

　しかし，1990年代に入ると，バブル崩壊による経済状況の悪化，少子化への懸念への指摘，グローバリゼーション化など，日本社会は大きく変化していく．これらの問題に対して，規制緩和や行財政改革といった手法で対応するなかで，研究の世界，とくに大学もこの流れに巻き込まれていく．大学にも企業と同じような競争原理を持ち込んで活性化させようとする考え方が支持され始めたのである．

　広田照幸は，「あるべき大学」論と真っ向から対立するこうした大学像がもたらす問題として，①「外部者こそが『よい大学とは何か』を知っている」というかなり危険な仮説を前提とする危ういガバナンス改革，②大学内部の者が質の定義に関与できないまま作成された理念なき評価や尺度の横行，③「消費者」として過度に尊重された学生のニーズへの追随がはらむ無定見さ，④「機能別分化」論に見られるような「教育と研究の分離の制度化」が「大学」という統一性を解体させかねない危険性の４点をあげている[広田 2019]．この文脈のなかでは，流動性向上のための任期制の理念と運用実態とが乖離していく．資金が限られているのだから，全体として効率よく資金配分することは一見正しいように思われる．しかし，こうした「選択と集中」の考え方は資金配分の裁量を持つ者の価値観に基づくため，個人の主観やいま流行している研

究に資金がつけられやすい．したがって，どこで芽が出てくるかわからない基礎研究にはなじまないという意見もある［初田・大隅・隠岐 2021］．しかし，国立大学法人の運営費交付金の削減に見られるように，実際には過度に「選択と集中」がなされている．

　また，ポスドク一万人計画に代表されるように，1990年代には博士後期課程の学生を増やす方策が取られたが，不況もあったため就職先は増えず，結果としてポスドクは過剰となった．経済状況は回復しなかったため，1980年代までの社会情勢を前提とした任期制が悪い方向に働き，冒頭で述べた雇止めに悪用されていったと言えよう．競争に敗れれば研究のみならず，生活そのものが成り立たないリスクを抱える状況では，博士後期課程への進学者が減少することは自明である．佐藤真一郎は，本章で対象とした理系の大学院の現状について，大学院生は学費を払って働かされる一方で，教員は人員不足によって教員支援サービスが低下して業務が増えていることから，理工系大学院はブラック化していると指摘する．こうした状況では大学教員の魅力は低下し，志望者は減り，研究力低下に拍車がかかることは言うまでもない．さらに，佐藤は産業界も博士課程に価値を見出していない現状にも懸念を示している［佐藤 2017］．このように，科学技術を雇用の視点から見れば，その対応は遅く，後手に回っていると指摘できよう．

（2）雇用と科学技術のこれから

　それでは，雇用の視点から科学技術政策を考えるにあたって，何に注意しなければならないのだろうか．1つめはまず分野ごとの事情の違いを把握することである．就職状況をはじめとした大学院生を取り巻く状況は，文部科学省の「学校基本調査」や科学技術・学術政策研究所（NISTEP）の年次報告書を見れば明らかなように，文系と理系は言うまでもなく，理系のなかでも専攻研究分野ごとにかなり異なる．このように，事情が異なるにもかかわらず，実態を十分に踏まえないまま十把一絡に政策を考えること自体に無理がある．研究者をめぐる雇用環境についてのとらえ方は，人や立場によって変わる「同床異夢」の危険性をはらんでいることを認識し，個々の事情にもうまく対応できる制度設計が求められる．

　2つめは諸外国との安易な比較をやめることである．一般的に諸外国とは異なると言われる日本の博士人材の労働市場は必ずしも特別でなく，問題の根源

は現在の統計が博士人材の就職や職業の実態を必ずしも適切に示していないことや，本来はアカデミックな人材育成のためのものであった graduate school が，大学に限らず幅広い社会へ人材を輩出する新しい専門職化が進んでいることが指摘されている［小林 2010］．他方で，日本全体の労働市場，ひいては社会のしくみは明らかに諸外国とは異なり，特異である［小熊 2019］．こうした状況では諸外国との単純な比較が難しいため，場合によっては先例のない日本独自の方法を考え出す必要がある．同時に，それを受け入れる決断も求められるだろう．

　3つめは研究者の本音や行動を予測した現実主義の重視である．人口が減少し，経済状況も良くない現在のような縮減社会のなかで流動性を高めれば，マーケットメカニズムが作動し，優秀な人からじっくり研究に取り組めて給料も高い大学に移っていくことは当然である．科学技術の担い手が日々の生活を営む「人」である以上，どのように行動するのかは十分に分析・検討する必要がある．大学の研究者の移動研究としては，山野井敦徳の『大学教授の移動研究——学閥支配の選抜・配分のメカニズム——』［山野井 1990］が有名であるが，こうした実証的な研究を充実させ，きちんと実態を踏まえたうえで政策を考えていく必要があろう．

十 おわりに

　本章では，日本における雇用と科学技術について，理系の研究者を念頭に任期制を中心に考察した．任期制の最終目的は研究力の向上だったはずだが，これまで任期制によって本当に研究力が高まったのか疑問を抱かざるを得ない．そればかりか，とくに任期制の影響を大きく受けた若手研究者に雇用不安をもたらすという悪影響をもたらす結果となった．アメリカのある研究によれば，分野に関係なく，ノーベル賞が授与される研究を始める確率は，40歳を超えると劇的に低下するという［Stephan 2010：邦訳 63］．「失われた10年」が現在では「失われた30年」に変化しているように，日本経済は長年低迷している．イノベーションが起りにくい国に経済発展は見込めない．日本の研究力の低下は，任期制によって若手研究者をうまく育成できてこなかったからと言えるかもしれない．

　本章の対象は国立大学や理研であったが，公立大学では任期制を導入したも

のの，早々に廃止した大学も少なくない．働く人を大事にしなければ科学技術の振興・発展は見込めない．若手研究者に多様な研究を進めてもらい，さまざまな分野で活躍してもらうことが，将来的に国際競争で勝てる研究者を育成することにもつながる．このように，雇用のあり方は科学技術政策をめぐる重要な論点の1つである．現場の意見に広く耳を傾け，多くの学生が研究者を目指したくなるような雇用環境を整備することは喫緊の課題である．

注
1）　2018年2月1日参議院予算委員会での田村智子議員による質問．
2）　2022年3月8日参議院内閣委員会での田村智子議員による質問．
3）　2022年11月25日衆議院科学技術・イノベーション推進特別委員会における宮本徹議員の発言．
4）　2023年5月24日衆議院文部科学委員会における宮本岳志議員による質疑．
5）　詳細は，国立研究開発法人理化学研究所卓越研究員に関する事案の調査委員会［2023］を参照．
6）　詳細な経緯については，東北大学職員組合編［2021］を参照．
7）　最終的に中央労働委員会が2020年8月31日に和解を勧告し，同日中に和解が決定した［東北大学職員組合 2020］．
8）　最終的に最高裁判所が2023年5月25日に仙台高等裁判所判決（2023年1月25日）に対する上告を棄却し，原告は敗訴した［東北大学職員組合 2023］．
9）　なお，ここでの雇止めは，定年退職以外で労働契約を終了した者のうち，次の雇用先が未定で求職中の者（101人，0.8％）と就職・求職状況を機関として把握していない者（1398人，11.3％）の合計としており，次の雇用先が確定している者と本人の希望により就労を選択していない者は除外して算出している．
10）　詳細は，厚生労働省都道府県労働局労働基準監督署［2012］を参照．
11）　詳細は，厚生労働省都道府県労働局労働基準監督署・文部科学省［2014］を参照．
12）　貴法人における無期転換ルールの円滑な運用について（依頼）（令和4年11月7日付4文科科第556号）
13）　なお，法人化の背景には，後に総理大臣となる小渕恵三氏が自民党総裁選挙に出馬する際に公務員数20％削減を公約としており，総理就任後に国立大学教官を公務員から外すことが至上命題になったことも指摘されている［杉野 2024：83-91］．
14）　詳細は，毎日新聞「幻の科学技術立国」取材班［2019：107］を参照．
15）　詳細は，共同通信社「日本の知，どこへ」取材班［2022：269］を参照．
16）　なお，後に東京大学は任期10年かつ雇止めなしに変更された．
17）　2009年2月9日提出 質問第108号 国立大学の雇い止めに関する質問主意書 提出者 山井和則．

18) 2009年2月17日受領 答弁第108号 内閣衆質171第108号 2009年2月17日 内閣総理大臣 麻生太郎 衆議院議員山井和則君提出国立大学の雇い止めに関する質問に対する答弁書.

19) 詳細は，中央教育審議会大学分科会大学の教員組織の在り方に関する検討委員会［2005］を参照.

20) 国立大学の講座に関する省令（1954（昭和29）年9月7日文部省令第23号）及び国立大学の学科及び課程並びに講座及び学科目に関する省令（1964（昭和39）年2月25日文部省令第3号）.

21) 詳細は，科学技術・学術審議会技術・研究基盤部会・研究基盤部会［2003］を参照.

22) この記述の背景として，1971年4月に科学技術会議が諮問第5号「1970年代における総合的科学技術政策の基本について」に対する答申を出し，その答申において，ライフサイエンスの重要性を指摘して以来，国としてライフサイエンスが積極的に推進されてきた点があげられる.

参考文献

〈邦文献〉

青木栄一［2021］『文部科学省』中央公論新社.

奥田貫［2022］「9年前に予見された『研究者大量雇い止め』の戦犯――必然の結果を防げなかった責任は誰にあるのか――」東洋経済オンライン（https://toyokeizai.net/articles/-/626983，2024年7月29日閲覧）.

小熊英二［2019］『日本社会のしくみ――雇用・教育・福祉の歴史社会学――』講談社.

科学技術・学術審議会技術・研究基盤部会・研究基盤部会［2003］「新時代の産学官連携の構築に向けて（審議のまとめ）」文部科学省ウェブサイト（https://www.mext.go.jp/b_menu/shingi/gijyutu/gijyutu8/toushin/03042801.htm，2024年4月21日閲覧）.

科学技術振興事業団［2003］「戦略的創造研究推進事業 評価報告書 第二部 資料編」文部科学省ウェブサイト（https://www.mext.go.jp/b_menu/shingi/gijyutu/gijyutu2/shiryo/03052801/007.htm，2024年5月16日閲覧）.

共同通信社「日本の知，どこへ」取材班［2022］『日本の知，どこへ――どうすれば大学と科学研究の凋落を止められるか？――』日本評論社.

厚生労働省［2023］「研究者等に対する無期転換ルールについて（第188回労働政策審議会労働条件分科会資料 No.4）」厚生労働省ウェブサイト（https://www.mhlw.go.jp/content/11201250/001057852.pdf，2024年7月30日閲覧）.

厚生労働省都道府県労働局労働基準監督署［2012］「労働契約法改正のあらまし」厚生労働省ウェブサイト（https://www.mhlw.go.jp/topics/2013/02/dl/tp0221-03-02.pdf，2024年7月29日閲覧）.

厚生労働省都道府県労働局労働基準監督署・文部科学省［2014］「大学等及び研究開発法人の研究者，教員等に対する労働契約法の特例について」厚生労働省ウェブサイト

（https://www.mhlw.go.jp/content/11200000/000488206.pdf，2024年7月30日閲覧）．

国立研究開発法人理化学研究所卓越研究員に関する事案の調査委員会［2023］「調査報告書」理化学研究所ウェブサイト（https://www.riken.jp/medialibrary/riken/pr/news/2023/20230929_1p.pdf，2024年7月20日閲覧）．

小林信一［2010］「プロッフェショナルとしての博士——博士人材の初期キャリアの現状と課題——」『日本労働研究雑誌』594．

佐々木彈［2018］「東大の有期雇用職員8千人の『5年雇止めルール』を撤廃させた労働組合の力」『KOKKO』33．

佐藤真一郎［2017］「理工系大学院の価値を問う」，藤本夕衣・古川雄嗣・渡邉浩一編『反「大学改革」論——若手からの問題提起——』ナカニシヤ出版．

猿田正機・榊達雄・橋本誠一・新村洋史［1996］「シンポジウム　大学教員任期制問題を考える」『大学と教育』18．

塩谷立・渡海紀三朗・小坂憲次ほか編［2015］『改正研究開発力強化法』科学新聞社．

志田昇［2017］「もし東大の非正規労働者1万人が無期転換されたら？」『日本の科学者』52(8)．

杉野剛［2024］『国立大学法人の誕生』ジアース教育新社．

大膳司［2009］「臨時教育審議会以降の大学教員の構造と機能の変容——教育・研究活動を中心として——」『高等教育研究』12．

大学審議会［1996］「大学教員の任期制について（答申）——大学における教育研究の活性化のために——」文部科学省ウェブサイト（https://warp.ndl.go.jp/info:ndljp/pid/11293659/www.mext.go.jp/b_menu/shingi/old_chukyo/old_daigaku_index/toushin/1315825.htm，2024年4月16日閲覧）．

武田康嗣［2022］「科学技術基本法制定から四半世紀——1．科学技術基本法の制定と第一期科学技術基本計画策定のころの思い出——」『研究 技術 計画』37(2)．

田中圭太郎［2023］『ルポ大学崩壊』筑摩書房．

田端博邦［1996］「大学教員任期制と労働法——労働市場と大学——」『大学と教育』18．

中央教育審議会［1963］「大学教育の改善について」文部科学省ウェブサイト（https://www.mext.go.jp/b_menu/shingi/chuuou/toushin/630101.htm，2024年4月21日閲覧）．

————［2002］「我が国の高等教育の将来像（中間報告）」文部科学省ウェブサイト（https://www.mext.go.jp/b_menu/shingi/chukyo/chukyo0/toushin/04122001.htm，2024年4月22日閲覧）．

中央教育審議会大学分科会大学の教員組織の在り方に関する検討委員会［2005］「大学の教員組織の在り方について〈審議のまとめ〉」文部科学省ウェブサイト（https://www.mext.go.jp/component/b_menu/shingi/giji/__icsFiles/afieldfile/2013/12/12/1342431_001.pdf，2024年4月16日閲覧）．

東北大学職員組合［2020］「東北大学不当労働行為救済申立事件　労使関係の正常化で和解！」東北大学職員組合ウェブページ（https://tohokudai-kumiai.org/docs20/sm

201007.pdf，2024年7月28日閲覧）.

──────［2023］「最高裁の棄却決定に抗議する」東北大学職員組合ウェブページ（https://tohokudai-kumiai.org/docs23/sm230526.pdf，2024年7月28日閲覧）.

東北大学職員組合編［2021］『非正規職員は消耗品ですか？──東北大学における大量雇止めとのたたかい──』学習の友社.

内閣府［2006］「平成18年度版　年次経済財政報告書」内閣府ウェブサイト（https://www5.cao.go.jp/j-j/wp/wp-je06/06-00000.html，2024年7月29日閲覧）.

日本学術会議［1957］「基礎科学の研究体制確立について（要望）」日本学術会議ウェブサイト（https://www.scj.go.jp/ja/info/kohyo/01/03-40-y.pdf，2024年5月8日閲覧）.

初田哲男・大隅良典・隠岐さや香著，柴藤亮介編［2021］『「役に立たない」研究の未来』柏書房.

広田照幸［2019］『大学論を組み替える──新たな議論のために──』名古屋大学出版会.

毎日新聞「幻の科学技術立国」取材班［2019］『誰が科学を殺すのか──科学技術立国「崩壊」の衝撃──』毎日新聞出版.

宮田親平［1983］『科学者たちの自由な楽園──栄光の理化学研究所──』文藝春秋.

文部省［1992］『学制百二十年史』ぎょうせい.

文部科学省［2020］「国立大学法人運営費交付金を取り巻く現状について」文部科学省ウェブサイト（https://www.mext.go.jp/content/20201104-mxt_hojinka-000010818_4.pdf，2024年8月2日閲覧）.

──────［2023a］「大学及び研究開発法人等における無期転換ルールの適切な運用について（依頼）」文部科学省ウェブサイト（https://www.mext.go.jp/b_menu/hakusho/nc/mext_00067.html，2024年7月30日閲覧）.

──────［2023b］「『研究者・教員等の雇用状況に関する調査』（令和5年度）の調査結果を公表します」文部科学省ウェブサイト（https://www.mext.go.jp/content/20230911-mxt_kiban03-000031781.pdf，2024年7月28日閲覧）.

──────［2023c］「研究者・教員等の雇用に係る適切な対応について（依頼）」文部科学省ウェブサイト（https://www.mext.go.jp/b_menu/hakusho/nc/mext_00077.html，2024年7月30日閲覧）.

山口裕之［2017］『大学改革という病』明石書店.

山根一眞［2017］『理化学研究所──100年目の巨大研究機関──』講談社.

山野井敦徳［1990］『大学教授の移動研究──学閥支配の選抜・配分のメカニズム──』東信堂.

理化学研究所［2018］「中長期計画（平成30年4月1日〜令和7年3月31日）」理化学研究所ウェブサイト（https://www.riken.jp/medialibrary/riken/about/plan/pdf/midplan2018-2025.pdf，2024年7月13日閲覧）.

──────［2023］「卓越研究員に関する事案の調査委員会設置のお知らせについて」理化学研究所ウェブサイト（https://www.riken.jp/pr/news/2023/20230724_2/index.html，

2024年7月17日閲覧).

——— [2024a]『財務情報2023』理化学研究所ウェブサイト（https://www.riken.jp/medialibrary/riken/about/reports/financial/financial-reports2023.pdf，2024年8月2日閲覧).

——— [2024b]「人員・予算」理化学研究所ウェブサイト（https://www.riken.jp/about/data/index.html，2024年8月2日閲覧).

理研ネット［2022a］「理研ネットニュース第6号」理研ネットウェブサイト（https://riken-net.org/rn-news/rn-news_006.pdf，2024年7月13日閲覧).

——— [2022b]「理研ネットニュース第7号」理研ネットウェブサイト（https://riken-net.org/rn-news/rn-news_007.pdf，2024年7月15日閲覧).

——— [2023a]「理研の大量雇止めの強行に強く抗議——たたかいの成果を確信にして，雇用の安定化に向けた取り組みを強めます——」理研ネットウェブサイト（https://riken-net.org/rn-statement/rn-statement-20230518-J.pdf，2024年7月13日閲覧).

——— [2023b]「理研の卓越研究員事業の調査申請を偽り，雇止めを不問にした悪質な報告書」理研ネットウェブサイト（https://riken-net.org/rn-statement/20231019/EYR-issue-20231019.pdf，2024年7月20日閲覧).

臨時行政調査会［1983］「行政改革に関する第五次答申（最終答申）」国立社会保障・人口問題研究所ウェブサイト（https://www.ipss.go.jp/publication/j/shiryou/no.13/data/shiryou/souron/6.pdf，2024年4月14日閲覧).

臨時行政改革推進審議会［1985］「行政改革の推進方策に関する答申」国立社会保障・人口問題研究所ウェブサイト（https://www.ipss.go.jp/publication/j/shiryou/no.13/data/shiryou/syakaifukushi/265.pdf，2024年4月14日閲覧).

労働政策審議会［2006］「今後の労働契約法制及び労働時間法制について（報告）」厚生労働省ウェブサイト（https://www.mhlw.go.jp/houdou/2006/12/dl/h1227-4a.pdf，2024年7月29日閲覧).

——— [2011]「有期労働契約の在り方について（建議）」厚生労働省ウェブサイト（https://www.mhlw.go.jp/stf/houdou/2r9852000001z0zl-att/2r9852000001z112.pdf，2024年7月29日閲覧).

〈欧文献〉

Hornyak, T.［2022］"'I feel disposable': Thousands of scientists' jobs at risk in Japan" nature ウェブサイト（https://www.nature.com/articles/d41586-022-01935-1，2024年8月2日閲覧).

Normile, D.［2022］"Mass layoff looms for Japanese researchers: Thousands could see their jobs axed in the wake of labor law adopted a decade ago" Science ウェブサイト（https://www.science.org/content/article/mass-layoff-looms-japanese-researchers，2024年8月2日閲覧).

Stephan, P. E.［2010］"The Economics of Science," in Bronwyn, H. and Rosenberg, N. eds., *Handbook of the Economics of Innovation: Volume 1*, North-Holland（後藤康雄訳［2016］『科学の経済学──科学者の「生産性」を高めるものは何か──』日本評論社）.

（湯浅 孝康）

第8章　日本の科学技術における改革の病理
――政策遺産とドクトリンの古層がもたらす研究力低下の構造――

╋ は じ め に

　本章では，日本の科学技術政策（現・科学技術・イノベーション政策）では，な
ぜ改革の成果が実感できないのかについて政策過程における構造的課題を明ら
かにする．このため，本章では科学技術政策を，歴史的な「政策遺産」（policy
legacy）という縦糸と，政策の基本的な思想である「ドクトリン」（doctrine）と
いう横糸の二つの概念から織りなされる布として捉え，政策形成と施策の予算
化，事務事業の執行との関係から説明を試みる．ここでいう「政策ドクトリ
ン」とは，政策形成における基本的な考え方や，方針を指す．本章では科学技
術政策について長期の時間軸で俯瞰した視点から，戦前に遡る科学技術・学術
行政体制との制度的連続性に着目し，課題の構造を現在との共通点・つながり
の中で明らかにしていく．また本章では，科学技術政策の形成過程を，技術
的・制度的な観点からだけでなく，その形成過程における歴史的経路依存性や，
政策形成に影響を与える基本的な考え方の変遷を含めた総合的な視点から検討
する．具体的には，① 現在の政策形成システムが直面している構造的課題の
本質，② それらの課題が生じている歴史的・制度的背景，③ 政策遺産とドク
トリンの相互作用がもたらす影響，④ 政策形成プロセスの改善に必要な事項
の4点を明らかにする．これにより，科学技術政策も古典的な行政学の分析枠
組みで理解が容易になることを示し，他の公共分野と同様に政策過程として理
解・分析できる対象であることを示す．

＋ 1．戦後科学技術政策の課題

（1）科学技術政策——研究力低下の課題

文部科学省科学技術・学術政策研究所（NISTEP）の「科学技術指標2024」［神田・村上・酒井ほか 2024］によると，日本の科学技術研究力は近年低下傾向にあることが指摘されている．日本の産学官を合わせた研究開発費，研究者数は主要国（日米独仏英中韓の7カ国）中第3位，論文数（分数カウント法）が世界第5位である［神田・村上・酒井ほか 2024］．論文数や被引用数といった定量的指標において，日本は国際的な順位を下げ，とくに注目度の高い論文（Top 10％論文）の産出量では，諸外国と比べ伸び率が低く，相対的な国際的地位が低下し，イランよりも低い13位となっている［神田・村上・酒井ほか 2024］．一方，日本の大学と民間企業等との「共同研究」の受入額は継続的に増加し，2022年度には1000億円に達している［神田・村上・酒井ほか 2024］．

日本の科学技術政策において数々の改革が実施されてきたにもかかわらず，なぜ日本の研究力低下が問題になっているのか．この背景には，以下のような構造的問題があると指摘されている［豊田 2019；毎日新聞「幻の科学技術立国」取材班 2019］．

- 各国が経済成長する中で研究開発投資を増やす一方，日本では経済成長の伸びの鈍化に伴い研究費が伸び悩む総枠の問題
- 「選択と集中」による競争的資金へのシフトなどファンディングと評価の問題
- 任期制など若手研究者の不安定な雇用環境
- 大学の基盤的経費の減少

こうした問いに答えるには，個々の改革の内容だけでなく，改革が実施される際の政策形成プロセスや，改革が研究現場に与える影響についての実証分析が必要である．一方，日本の科学技術政策における科学技術による技術革新・イノベーション目標に対する考え方は，時代とともに変化してきた［白川 2024］．

- 1950年代：戦後復興から高度経済成長に転換する過程での技術導入重視

・1980年代：日本の経済力が世界第2位となって新たな局面を開拓することが求められた画期的な科学に基づく技術革新（基礎研究重視への転換）
・2000年代以降：バブル崩壊後の長期停滞の中での経済成長と科学技術による社会課題解決のイノベーション重視

（2）日本の科学技術・イノベーション——政策形成の構造的課題

　こうした中で，現在の科学技術政策の政策形成システムが直面している構造的課題が3点ある［伊地知・高谷・白川ほか 2019］.

　① 施策の「仕込み」（＝企画立案）の不十分さ
　② 政策学習（＝評価結果の反映・フィードバック）の不足
　③ プログラム化（＝評価可能性・体系性）の欠如

　これらの課題は，日本の科学技術政策における政策形成プロセスの根本的な見直しの必要性を示している［伊地知・高谷・白川ほか 2019］. とくに，中長期的な視点からの政策形成を可能とする制度的基盤の整備と，政策学習を促進する調査研究や評価結果の反映の仕組みの構築が求められている［伊地知・高谷・白川ほか 2019］.

　① 施策の「仕込み」の問題：単年度予算制度に起因する政策サイクルの時間的制約

　施策の「仕込み」の問題は，単年度予算制度に起因する政策サイクルの時間的制約から生じる. 政府内の予算案検討は，前年度夏の概算要求から始まり，年末の政府案作成，年度内の国会による予算成立という段階を経る. この過程では，実質的な施策検討は概算要求前に集中せざるを得ず，適切な検討期間の確保が困難となる［伊地知・高谷・白川ほか 2019］. とくに補正予算の場合，このスケジュールはさらに逼迫する. くわえて，政策形成に必要な情報収集の方法論が統一されておらず，個々の政策担当者の裁量に依存している［伊地知・高谷・白川ほか 2019］. また，府省庁では2年程度での人事異動の慣行がある. 担当者の専門的知見の蓄積を妨げる要因となる結果，限られた期間，情報，経験の中で政策立案が行う状況になっている［伊地知・高谷・白川ほか 2019］.

　② 政策学習の不足：政策サイクルの中での評価結果の反映の問題

　政策学習の不足は，上記の構造的要因と評価結果の反映に密接に関連してくる. 政策実施を通じて得られた知識・ノウハウ・経験を政策に反映させようと

しても，担当者の頻繁な異動によってその継続性が断絶されてしまう［伊地知・高谷・白川ほか 2019］．また，年度予算の執行過程で得られた知見を次年度予算に反映させようにも，予算編成サイクルにより実質的に困難になっている．具体的には，ある年度の執行結果を活かせるのは早くても翌々年度の予算要求からになる［伊地知・高谷・白川ほか 2019］．

例えば，5 年間の計画期間である科学技術基本計画（現・科学技術・イノベーション基本計画）では，レビューが行われて次期計画が立案されているが，科学技術イノベーション総合戦略や統合イノベーション戦略は年度毎に作成されているものの，前年度の戦略を実行した結果を反映して作成されているとは言いにくい［伊地知・高谷・白川ほか 2019］．国立研究開発法人は中期目標と中期計画に従って業務を執行上から下への指示・契約関係にあるが，そこでの知識・ノウハウ・経験を政策形成に活かす手続は制度化されていない［伊地知・高谷・白川ほか 2019］．この結果，独立行政法人や国立研究開発法人では，途中で生じた事情変更については，これらの計画等を毎年改訂する対応がとられている現実があり，結果として何のためかわからない泥縄的な対応の書類仕事が増加している．

③ プログラム化の欠如：科学技術の政策評価での課題

科学技術・イノベーション政策におけるプログラム化とは，以下を含む体系的な取り組みである．

・目標と手段の論理的連鎖の明確化
・効果検証に必要なデータの計画的取得
・エビデンスに基づく政策の継続的改善

科学技術政策では異なる領域の政策分野にまたがる主体を統合することから，他の政策領域ではつながりが自明とされている関係も実は曖昧である．このため，評価のロジックモデルを組むことがとくに難しい．さらに，科学技術政策では単なる政策の体系化ではなく，「効果検証可能な形での」体系化が求められており，政策評価と密接に結びついた概念化が求められている．この中においてプログラム化の欠如は，科学技術・イノベーション政策に特徴的な政策課題と言えよう．

この科学技術政策にかかるプログラム化の欠如は，先に述べた二つの課題の必然的帰結として理解することができる．短期的な政策形成サイクルと政策学習の不足は，政策・施策・事務事業からなる政策体系の中で効果が検証可能な

形でプログラム構築とデータの取得が困難なことも原因になり，その裏返しとして根拠に基づく政策（EBPM）や科学技術政策を科学的に研究しようとする「政策のための科学」など，メタサイエンス研究の重要性が繰り返し指摘され，不十分ながらもデータ基盤の整備などが行われてきている．

（3）政策推進と改革の方向性——既視感のある政策指向の繰り返しの執拗低音

　こうした科学技術政策にかかる問題を長期的視点でみると，改革の方向性や政策推進の発想については，実は同じようなことが戦前から繰り返されてきた．とくに，科学技術政策の「改革」の繰り返しは既視感［村上 2015］がある．表層的な変化には対応せずに変化しないもの，変化なく継承される「執拗に繰り返されるパターン，ものの考え方，感じ方のパターン」を丸山［1984：82-152］は「古層」と呼んでいた．本章もこれに倣った用語法を用いる.[1]

　例えば，「選択と集中」という考え方は，「強み」に集中する方策をとるのが企業経営では定石とされている．科学技術政策においても，1993年の科学技術基本法の制定以降の10年間は，限られた資源配分の分野・領域・研究拠点を決める際に選択と集中が中心的な争点であった．かつて日本は論文数において量的には長年米国に次ぐ2位の地位を保ち，材料科学など特定の分野では世界1位を誇っていた．ただし，質の高い論文数の順位は相対的に低い状況にあった（例えば，神田・村上・酒井ほか［2024］とその過去の年度を参照）．

　この10年間の政策議論では，強みのある材料科学への選択と集中が議論され，質の高い論文数の順位が低いことは議論されていた．一方，米国に次ぐ論文数2位の地位をどう守るか，その担い手の大学での研究基盤の維持に関する議論は行われた記憶はない．むしろ，論文や特許量と質ではなく，イノベーションによる商業化・実用化が重視されていた．

　このようにみると，表層的な問題を捉え場当たり的に政策立案がなされているのではという疑念が生じる．問題は，むしろ政策がもたらした「意図せざる結果」にあるのかもしれない．

＋ 2．ドクトリンと政策遺産

（1）政策運用の基本思想「ドクトリン」

　「ドクトリン」（doctrine）とは，元来「前提とするもの」「教義」といった語

義であり，政治，外交，軍事などにおける基本原則を指す．とくに軍事では，「目標達成のために軍事組織の行動を導く原理原則であり，組織によって認可されるものの，実運用にあたっては指揮官の判断を要するもの」と定義される［北川 2020］．一方，米国の軍事におけるドクトリンは，以下のような階層構造を持ち，相互依存関係を持ち体系化されている［Joint Chiefs of Staff 2024］．

① キャップストーン・ドクトリン：最上位の国家安全保障戦略と基本方針を規定．
② キーストーン・ドクトリン：統合作戦や情報収集などの機能分野の基本的考え方を示す．
③ サポーティング・ドクトリン：各軍種特有の戦闘原則を定める．
④ タクティカル・ドクトリン：具体的な部隊運用手順を示す．

これらのドクトリンは単純な上下関係ではなく相互に関連し合っており，実戦経験からのフィードバックを通じて継続的に改善される体系として機能する．行政でいえば，国家戦略・政策・施策の体系の文書と事務事業レベルでの実施要項・要領マニュアルのレベルで階層化されているということである．

一方，行政学での「ドクトリン」は，戦後イギリスの代表的行政学者ダンサイアが示した概念である［Dunsire 1973］．これは，説明的な学術論稿としての「理論」と実務的な法案としての「政策」の間に位置する論理的構成物として定義される［牧原 2009］．その後この概念はイギリスの王立委員会などの諮問機関の報告書を対象に研究が進み，フッドらが諮問機関の役割に着目して理論化を進めた［Hood and Jackson 1991］．

本章では，ドクトリンを，エビデンスのある学術的理論とは異なる「もっともらしい理論」という意味で用いる．さらに，具体的なドクトリンの例には，以下の階層・レベルに分けて考える．

① キャップストーン・ドクトリン：国家目標・方針
　・内閣機能強化・地方分権・公務員の資格任用制整備
② キーストーン・ドクトリン：政策テーマ・方向性
　・基礎研究振興・産学官連携
④ サポーティング・ドクトリン：施策の実施方法
　・選択と集中（資源配分の重点化）・特定の科学技術分野や機関・大学の

指定・選別

⑤ タクティカル・ドクトリン：事務事業の実施要領・要綱

　　・トップダウンのマネジメント・PDCA やステージゲート方式の審査
　　　など評価制度の運用

（2）政 策 遺 産

　「政策遺産」（policy legacy）とは，過去の政策決定や制度的選択が，現在の政策形成に与える制約や影響を指す概念である［秋吉 2007］．これは単なる過去の残滓ではなく，現在の政策選択における選択肢を規定する重要な要因として機能している．制度は一度に形成されるものではなく，長期的な政策決定の積み重ねによって形成される「政策遺産の重層的な堆積物」として理解することができる［田辺 1996］．また，新たな政策が導入されるたびに，過去の政策遺産は再解釈され，変容していく特徴を持つ［田辺 1996］．

　具体例で説明しよう．行政予算における各年度の予算の計算の起点は「発射台」と呼ばれる．この数字は，過去の制度の積み重ねによって形成された政策遺産の集計結果・写像とみることができる．

　戦前に確立された科学技術行政体制や大学などの学術研究機関は，政策遺産として戦後の科学技術行政体制の出発点となり，その後の政策の基本方針形成に継続的な影響を与え続けている．

　政策遺産とドクトリンの相互作用は，制度形成段階と制度運用段階の両面で観察される．制度形成段階では，大学などの制度が政策の基本思想である「キーストーン・ドクトリン」に基づき創設される．政策遺産として形成される際に，現実との兼ね合いの中でこれを実現するために，資源・予算配分の基本方針に関する「サポーティング・ドクトリン」が生まれる．さらにこれを現場レベルで実現する対処方策としてトップダウンのマネジメントなどの「タクティカル・ドクトリン」が利用されていく．

　一方，制度運用段階では，施策の改善に向けた検討過程において，「タクティカル・ドクトリン」が「キーストーン・ドクトリン」と政策遺産の在り方を方向付けしていくことにもなる．

　このような政策遺産と新たな政策との相互作用的な影響関係を分析することで，現在の政策形成プロセスが直面している構造的課題をより深く理解することができる．とくに重要なのは，制度そのものよりも，制度が重層的に積み重

なる側面である．これらの相互作用の中でどのような意図せざる不整合がシステム的に生み出されるかをみる必要がある．

3．行政改革と政策の発展
——戦後科学技術政策の展開——

（1）行政改革と「ドクトリン」——「調整」「総合調整」

　実は，戦後の科学技術政策は，その行政体制について，行政改革の影響を色濃く受けてきた行政分野である．この意味で，日本の科学技術政策の歴史は，行政改革によって所掌範囲が変更されてきた歴史だと言っても過言ではない．

　日本の行政学では，行政改革構想としての「調整」「総合調整」の考え方が議論されてきた．戦後の行政改革では，第一臨調の意見で提示された2つの「ドクトリン」が，以降の日本の行政改革を規定する主要な「ドクトリン」となった［牧原 2009］．その2つとは，内閣レベルの一段高い立場からの「総合調整」と所掌の異なる行政機関の間のイシューをすり合わせる「二省間調整」である［牧原 2009］．これらは第二次臨時行政調査会，臨時行政改革推進審議会，行政改革推進会議へと継承されていった［牧原 2009］．

　科学技術政策の萌芽がみられた戦時体制期から「総合調整」や「調整」が用いられはじめ，その用語は1949年に国家行政組織法・各省設置法が整備された際も引き続き用いられた．調整が改革を示す標語として表面に出てくる契機は，保守合同による自民党結成を受け成立した第三次鳩山一郎内閣が設置した，第三次行政審議会とされる［牧原 2009］．ここでの打ち出しが，「調整」の「ドクトリン」を含めた科学技術政策でもよく強調されるトップ・マネジメントだった［牧原 2009］．

（2）総合調整と原子力推進からの科学技術政策の発展
——裁量予算確保と事業推進モデル

　1956年に発足した科学技術庁は，政治主導の議員立法で原子力推進を機構定員の多くを占め，政治的にも実質的にも「原子力庁」の色彩が強いものであった．日本の戦後の科学技術政策は，行政改革の中で総合調整を強化しようとする政策推進の制度整備を経ることで，大学に係る研究（＝学術）を除く形で制度化され，独自の政策領域として既存の政策領域と棲み分けしながら発展して

いった．大学の教員等を対象とする学術研究は，文部省学術国際局とその傘下の日本学術振興会が担っていた［赤池 2019］．

　行政改革と「総合調整」機能の強化の文脈からみると，1959年に内閣総理大臣の諮問機関として科学技術会議が設置［科学技術政策史研究会 1990］され，原子力を別立てとし，さらに人文社会科学に係るものと大学における研究に係るものを除いての科学技術の振興が展開された．1959年に発足時の局が再編され，筆頭局としての企画調整機能を担う計画局が設置された．この段階で科学技術庁は総理府に置かれた他の調整官庁との横並びで，総合調整官庁としての体制を整えた．

　この総合調整の政策の発展過程で浮上する論点が，科学技術のための独自予算・制度であった．科学技術庁設置時には，折衝の結果「科学技術に関する経費及び関係行政機関の科学技術に関する試験研究補助金，交付金，委託費その他これらに類する経費の見積の方針の調整」と経費の見積りの方針の調整（見積調整）として法文化された．1956年から予算分類における大項目として科学技術振興費を設け，科学技術振興にかかる各省の予算を一括して計上し，各省に移替え経費とする予算の建付けになった［大熊 2009］．

　その後，科学技術庁の独自予算は，1956年に各省の所掌に属しない総合的な科学技術の振興に関する事項について科学技術庁に配分権限をゆだねる特別研究促進調整費を起源に，科学技術の振興に必要な重要事項の総合推進調整を行うための経費「科学技術振興調整費」が1981年に創設された．くわえて，現在の競争的資金やそれに基づくプロジェクト型の基礎研究の原型ともいえる同年の創造科学技術推進事業（ERATO）が，当時の新技術開発事業団（現在の国立研究開発法人科学技術振興機構（JST））で発足した［大熊 2009］．新技術の委託開発，開発あっせん等の業務を通じて大学，国・公立試験研究機関等の研究者と産業界とを結びつけて，企業化開発プロジェクトを組織して事業を推進する契約スキーム・仕組みもセットで整えられた［科学技術政策史研究会編 科学技術庁科学技術政策研究所監修庁 1990］．

　ERATO では，総責任者の「研究総括」が，独創的な構想に基づく研究領域（プロジェクト）を自らデザインし，3〜4 程度の異なる分野・機能からなる研究グループを様々な専門性やバックグラウンドを持つ研究者の結集により構成し，研究プロジェクトを指揮することで，新たな分野の開拓に取り組む研究推進体制だった．なお，この事業は橋本行革による省庁再編後の2002年に発展的

に解消され，ERATO は新たに発足した科学技術振興機構（JST）の戦略的創造研究推進事業の下に再編され現在に至っている．

すでに実績を有していた新技術開発事業団を活用する事業推進体制により，日本の行政組織内で科学技術政策の事業執行のスタイルとフォーマットを確立することに成功した．これらの推進予算と執行体制は，科学技術の資金提供機関・ファンディング・エージェンシーのもとで，企画・立案と執行を分離した世界と共通する科学技術政策の基本骨格が，国全体の独立行政法人化の改革以前に整備された．特殊法人というエージェントを用いる点は，NPM（New Public Management）改革のひな形の事業執行モデルと評価できる．また，そのトップダウンのリーダーシップを重視する研究開発のマネジメント体制も，現在まで各府省の産学官の連携での大規模研究開発プロジェクトで継承される施策推進のひな型となった．

（3）イノベーションへの政策転換——総合調整から「司令塔機能強化」への展開

横割りの所掌事務であるにもかかわらず省庁の所管事項の棲み分けの下で発展してきた科学技術政策の総合調整体制は，橋本行革に伴い岐路を迎えた．内閣機能の強化の一連の改革の中で，科学技術政策にかかる総合調整機能は，政治主導が強化される体制変更の中で再編された．総理府の下の総合調整庁は再編され，その中で総合科学技術会議が内閣府に置かれた．科学技術庁の持つ総合調整機能は，政策の企画立案及び総合調整を行うことを目的とした「経済・財政諮問会議」と並ぶ「重要政策に関する会議」の総合科学技術会議を中心とした府省を一段高い立場から束ねた内閣機能を強化する橋本行革の基本方針を具現化した形の行政体制に移行した［伊地知・高谷・白川ほか 2019］．

その後，バブル崩壊後の長期停滞の中，従来はそれ自体の振興を目的としてきた科学技術政策は，科学技術による社会課題解決型イノベーションへと，経済活性化の手段としてのイノベーションを目指した政策に変容した．2014年に再び司令塔機能の強化を目指した改革が進み，「重要政策に関する会議」の会議体も現在の総合科学技術・イノベーション会議（CSTI）となった［伊地知・高谷・白川ほか 2019］．さらに，2021年の科学技術・イノベーション基本法に改正される際，「人文科学にかかるものを除く」という文言も削除され，科学技術・学術全般を所掌範囲とする体制になった［小林 2018］．

ここで重視されたのが，内閣府・CSTI の下での科学技術政策の総合調整と

トップダウンのドクトリンを継承した「司令塔機能の強化」論であった．2001年の中央省庁再編時に，旧科学技術庁時代の所掌を継承する形となっていた文部科学省に移管され科学技術基本計画の策定・推進，関係行政機関の科学技術経費の見積りの方針の調整（見積調整）の2点も移管され，名実ともに司令塔機能が整備された［小林 2018］.

さらに，2014年度予算には，日本再興戦略，科学技術イノベーション総合戦略に基づき，科学技術イノベーション創造推進費を創設し，戦略的イノベーション創造プログラム（SIP）を実施することになった．SIP は，内閣府・CSTI が自ら予算を確保し，運営する点が，既存の大規模プロジェクトである最先端研究開発支援プログラム（FIRST）や革新的研究開発推進プログラム（Im-PACT）とは意味合いが異なっていた．文字通り司令塔機能の強化による予算配分の調整機能の賜物だった（同上）．各省の科学技術振興費という予算枠の4％相当額を吸い上げ，府省横断的な課題，新しい研究課題などについて，基礎研究から出口までを見据えた形で，CSTI が自ら運営に乗り出す体制になった［小林 2018］.

SIP では事業を執行する国立研究開発法人においてプログラムディレクター（PD）とサブプログラムディレクター（SPD）のもと，執行を担う研究開発法人にプロジェクトマネージャー（PM）が置かれ，助言・支援を行う，リーダーシップ重視のマネジメント体制が継承された.

（4）司令塔機能強化と総合調整の既視感──独自予算確保の再現

日本の科学技術政策における行政改革後の体制下での総合調整と予算制度の発展過程には，科学技術庁発足時の移替え予算による予算計上から科学技術振興調整費制度への軌跡と SIP の実施に至る軌跡には，共通の政策の発展パターンがある．制度再編から裁量予算の獲得へという軌を一にした段階的発展が再現されている．つまり，日本の科学技術政策の発展は，制度的基盤の確立から予算権限の獲得へと至ると捉えることができる.

橋本行革による特殊法人改革・独立行政法人化は，ERATO の実施機関であった新技術開発事業団（特殊法人）から JST（独立行政法人，国立研究開発法人）へ移行しても，後の SIP における他の研究開発法人とともに実施体制の基盤になっている．制度再編を経て，政策の実施機関は政府全体の行政改革の中で府省を超えた一体的に制度化され，その後の省横断的な事項・課題への予算権

限の拡大についても同様な発展の経路をたどっている.

　この意味で，2つの共通のパターンがある．第1に制度面では，総合調整機能の確立後に予算確保へと展開するパターンと，実施機関の特殊法人から独立行政法人への一体的移行という制度改革を経ても同じパターンで進んだ．第2に運営面では，トップダウン型の研究開発マネジメントと，研究総括からPD/SPDへと発展した指揮系統の類似性が確認でき，いずれも共通で再現性がある．これらの経路は，既視感を伴う共通のパターンを示している．こうした結果からは，基礎となる行政体制の行政改革の帰結として，総合調整とトップ・マネジメント重視から複合して「司令塔強化」論が生まれたと総括できるだろう.

（5）ドクトリンの逆機能——内閣府での司令塔の乱立による科学技術政策の希薄化
　戦後の科学技術政策は，総合調整からはじまりさらに強力な司令塔機能を構築するという発想で紆余曲折を経ながら基本法を成立させ発展を遂げてきた．そして，橋本行革での「内閣機能の強化」と科学技術政策の「司令塔機能強化」のドクトリンの下では，科学技術基本法の制定とそれに基づくCSTI（旧CSTP）の設置は，基本法の下で強力な司令塔機能を構築する「基本法—司令塔」方式の政策が制度として具現化した体制であった.

　しかし，2001年の中央省庁再編以降，この「基本法—司令塔」方式が科学技術と関連の深い分野で次々と採用されていく．まず，IT総合戦略本部が2001年に設置され独自の予算調整権限を持つ．その後，知的財産戦略本部（2003年），総合海洋政策本部（2007年），宇宙開発戦略本部（2008年），健康・医療戦略推進本部（2015年）と続いていく．これらの司令塔は，それぞれが独自の予算調整権限や総合調整機能を持つことで，皮肉にも本来一元的な司令塔であるべきCSTIの機能と科学技術政策の統合性が相対的に希薄化［小林 2018］し，科学技術振興の目玉分野が外されていく結果［村上 2019］になった.

　とくに宇宙［榎 2012］や健康・医療分野では，予算要求における府省横断的な調整機能を独自に保有する法的根拠を与えており，いわば科学技術政策の調整権限が及びにくい「飛び地」［小林 2018］を形成した．このような司令塔の乱立は，政策領域の重複や予算配分の競争を引き起こし，とくに高等教育とビッグサイエンスと呼ばれる大規模な基礎研究を推進してきた文部科学省の科学技術予算を減少させる方向への作用をもたらした［小林 2018］.

ここで科学技術政策に生じた問題が，司令塔間の調整を監視する有効なメカニズムが不在になることに伴う「司令塔間の連携」であった．橋本行革における内閣官房・内閣府への事務と総合調整の集中は他の行政にも共通の課題であった．そこで，内閣が取り組もうとする政策課題により機動的に対応し，重要政策に関する司令塔機能など本来の役割を十分発揮できるよう，「内閣官房及び内閣府の業務の見直しについて」（2015年1月27日閣議決定）に基づき，「内閣の重要政策に関する総合調整等に関する機能の強化のための国家行政組織法等の一部を改正する法律案」が第189回通常国会で成立した．

この結果，内閣府には内閣官房にあった知的財産政策や総合海洋政策に係る事務局が移り，2024年現在以下の「司令塔」の事務局が並立し，かつてみた「総合調整」を行う屋上屋の体制になっている．

　　　・知的財産戦略推進事務局
　　　・科学技術・イノベーション推進事務局
　　　・健康・医療戦略推進事務局
　　　・宇宙開発戦略推進事務局

さらに「わが国の科学者の内外に対する代表機関」で独立して業務を行う日本学術会議に係る日本学術会議事務局までも並んで置かれている．

橋本行革で確立された科学技術政策の「基本法—司令塔」方式の制度は，その依拠するドクトリンに基づく科学技術領域の関連政策自体の「発展」によって，皮肉にも「司令塔間の連携」という総合調整が再度政策課題になった．いわば，トップダウンのマネジメントというタクティカル・ドクトリンが，上位のサポーティング・ドクトリンである総合調整を上書きし，科学技術政策の総合調整を相対的に弱める皮肉な展開になった．

かかる事態はどうして起きたのか．この源流には明治期に遡る歴史的経緯とそれに基づき形成された政策遺産が色濃く影響している．その理由を次節では探ることにしよう．

4. 政策遺産が規定するドクトリン
──明治期に遡る産業技術と学術推進体制の影響──

（1）明治期に遡る政策遺産の古層──明確な国家目標からの資源配分のドクトリン形成

　日本政府は，明治期において欧米諸国へのキャッチアップという明確な国家目標を持っていた．その手段としてのキャップストーン・ドクトリンは，殖産興業と富国強兵であった．このため，技術と学術に関してのキーストーン・ドクトリンは，殖産興業のための実用重視であり，当初から手段・用具としての学術と技術という性格を持っていた．

　実用重視のドクトリンは，日本の科学技術政策の最も古層的な特徴として位置づけられる．1874（明治7）年の工部大学校設立に始まり，高等教育機関の整備よりも公設試験場の設置を優先するなど，実学的な方向性として具現化された．この傾向は，産業教育重視，農業試験場の優先的整備，実務的な商業教育の発展などとして表れ，現代においても応用研究重視や産学連携の推進として継続している．

　日本の科学技術は，明治以降高等教育機関の整備よりも公設試の整備が先行し，教育でも産業教育に重点があった．例えば，商業教育の端緒は，1874年に大蔵省銀行課中に設置された銀行学局である．ついで1875年の森有礼が商法講習所を創設し，洋式商業教育を始めた．これは1885年に文部省に移管されて東京高等商業学校となり，現在の一橋大学の前身となった．また，東京大学農学部の前身である駒場農学校の設立の翌年1879年，福岡県勧業試験場が最初の府県農業試験場として設立された［白川 2024］．

　農商務省は当時の主要産業であった農業関係の試験研究機関の整備を優先した．現在の独立行政法人系の国立研究所につながる国の農事試験場の設置を進め，地域においては府県の農事試験場及び農事講習所の設置を優先的に補助・振興した．工業系の試験場の整備が地場産業の振興を中心に地域において進んだのは20世紀になってからである［白川 2024］．

　このための，サポーティング・ドクトリンが，財政制約下での政策のエリート機関に傾斜をかけた選択と集中を図る資源配分方針であった．さらに，その実現のためのタクティカル・ドクトリンが現在の行政管理でよくみられる機能分担・役割分担論であった．これらは現代に至るまで日本の学術政策で頻出す

る機関選別・階層化の古層となっている.

　例えば，大学制度は，明治期には江戸時代から継続する各種の教育機関を分科大学として統合し，1886（明治19）年の帝国大学令により東京帝国大学を嚆矢として帝国大学制度ができた．旧帝国大学では対応できない地域の医師養成の需要に対応するため，千葉，仙台，岡山，金沢，長崎，新潟に官立の医学専門学校が設置された．これらの学校は，1918（大正7）年の大学令の制定により，新潟・岡山，千葉・金沢・長崎など医学系を中心とする官立単科大学に昇格し，現在の「旧六」と呼ばれる国立大学群の基礎となった［白川 2024］.

　この他，別立ての法令で高等専門学校や師範学校などの大学以外の高等教育機関が設立され，戦後の多くの国立大学の学部編成の母体となる現在の日本の大学の基盤となる政策遺産が形成されていった．戦後の学制改革により，旧専門学校と教員養成のための師範学校などの旧制諸学校は新制大学に統合され，現在の地方国立大学となった．これにより，旧帝国大学群と新たな地方国立大学という階層的な大学構造が形成され，予算配分でも明らかに継承され［白川 2024］，機能分化論や役割分担論の変奏曲がくりかえされてきている.

（2）戦後改革と科学技術——抵抗と適応のドクトリン形成

　戦後の行政体制の改革については，すでに多くの行政学の研究が存在する．戦後の科学技術行政は，1946年の技術院廃止に始まり，戦時中の科学技術動員体制が解体され，その機能は各省へと分散化された．この分散化による調整機能の欠如に対応するため，1949年に科学技術行政協議会（STAC）が設置された．この体制は1956年の科学技術庁設立まで継続し，戦後日本の科学技術政策の基盤形成期における中核として機能した［村上 2015］.

　ここで生まれてきたのが既存の政策遺産からの抵抗である．新たな上からの戦後民主化改革というキャップストーン・ドクトリンと，既存の学術・技術行政の政策遺産から形成されている大学のエリート・階層的な組織編制原理に伴う卓越性を追求する論理の間の離齬を埋めるため，サポーティング・ドクトリンが生まれた．そのサポーティング・ドクトリンが，政策遺産との整合性と新たな政策理念をつなぐための理念としての総合調整とそれに伴う併存・すみ分けである．ここでいう併存・すみ分けのドクトリンとは，行政用語でいえば「・（なかぐろ）」で表現される概念である．同様の政策目的や機能を持つ組織が，それぞれの行政系統や所管領域に応じて独立して運営される制度設計原理であ

る．各組織が独自の権限と専門性を保持しながら一体化せずに並立し，相互の機能重複を許容しつつ，それぞれの組織の独立性を維持する割拠と調整の妥協の産物である．

　こうした執行を可能にするためのタクティカル・ドクトリンがデマケ・迂回である．デマケとは，デマケーションの略であり，省庁間の役割分担や権限関係の線引きのことを指す「霞が関用語」である．既存の利害関係や組織文化との直接的な衝突を回避しながら，新しい理念や方式を導入するための迂回する制度設計を採用する考え方である．ここでは，既存組織の直接的な改革や再編を避け対立やコンフリクトを避けながら，新たな組織や制度を並行的に設置することで，実質的な改革効果を得ようとする政策手法と定義する．既存組織の直接的改革を避け，新組織設立による間接的な改革を推進する調整手法として特徴づけられる．このドクトリンは，組織改革における二重構造の形成や新旧組織の併存による非効率を生む一方で，既存組織との軋轢を最小化し，予算・事業として実を取る機能を持った．

　その端的な事例に，明治期の重点分野だった農業分野の地域科学技術関連の戦後改革がある．地方自治法の施行で地方公共団体が置かれ，公設試験研究機関は法で必置の機関ではなく公の施設として存続した．公立農業試験場は原則として1都道府県につき1場長の総合農業試験場に再編された．1948年に農業改良助長法が制定されると，協同農業改良普及事業が開始された［白川 2024］．試験場にはコーディネーターとしての専門技術員を配置し総合調整を担わせ，各市町村など地域には農業改良普及員（林水産業も同様）を置く法で定める必置の技術移転体制になった［白川 2024］．これは土地付与大学（Land Grant University）から始まる米国の州立大学の農業改良普及（agriculture-extension）制度を移入したものである．日本の普及組織は，農地解放などと並ぶ民主化政策の一環であり，米国のように大学の社会貢献部門（extension）ではなく，農林水産省の下で都道府県の行政部局の1つとして試験研究部門とすみ分ける形で二重に置かれた［白川 2024］.

（3）行政改革との共進化――トップダウンのマネジメントのドクトリン形成

　トップダウンの改革ドクトリンは，とくに戦後の行政改革のドクトリンの1970-80年代の新構想大学設置の学術政策の過程において顕在化した［白川 2024］．学長のリーダーシップ強化，伝統的講座制の枠を超えた新分野開拓，

管理体制の強化などを特徴とし，技術科学大学や新教育大学，大学院大学などの設立に表れている．このドクトリンは，ボトムアップの大学自治の伝統に対しての，大学の硬直性や左右のイデオロギー対立の流れに基づく「悪い大学悪論」［小林 2019］代表される改革思想でもあった．

　1970年代から1980年代にかけて，高等教育で在来線に対する新幹線敷設の発想で唱えられたのが新構想大学論であった［舘 2018］．1973年の学校教育法・国立学校設置法・教育公務員特例法の一括改正に基づき新構想の国立大学群が生まれた［舘 2018］．1974年以降に一県一医大政策に基づき設置された11の単科の国立医科大学，1976年設置の高等専門学校に接続する形で設計された長岡などの技術科学大学，1978年と1981年に設置された現職教員対象の大学院を中心とする三つの上越など新教育大学，1988年から1997年にかけて設置された四つの大学院大学や，1979年設置の図書館情報大学，1981年設置の鹿屋体育大学，1987年設置の筑波技術短期大学の三つの特殊な分野の単科大学，1983年設置の放送大学，同年の日本版コミュニティ・カレッジのモデル校として高岡短期大学が設立された［舘 2018］．

　ここでは，デマケ・迂回のドクトリンを取りながら，その当時の行政改革の発想と通奏低音で，トップダウンのマネジメントという新しいドクトリンを具現化していく．管理体制の強化や伝統的な講座制の枠を超えた新分野の開拓など，今日の改革に通じる学長のリーダーシップなど，ボトムアップの大学自治を否定するトップダウンの改革のタクティカル・ドクトリンが，既存大学の改革やイデオロギー対立を迂回し，既に確立された併存・迂回のサポーティング・ドクトリンに補完されて形成されたのである．

（4）科学技術政策のキーストーン・ドクトリン――基礎研究振興の実現
　1980年代になると，学術政策とは別にデマケーション・すみ分けのドクトリンの中で確立されたのが，現在の科学技術政策の基本フォーマットとなる2つの制度であった．1つ目は独自の予算制度である科学技術振興調整費，2つ目は競争的資金制度のERATOとプロジェクトのトップダウンのマネジメントであった．

　これを可能にしたのが，当時の経済社会情勢だった．日米貿易摩擦の解消が求められる中で欧米の科学技術に改良を加えた日本の技術開発の状況が批判される「基礎研究ただ乗り論」浮上した［大熊 2009］．国際的にみれば実際のと

ころは，日本の実用重視の技術行政体制は，成功モデルとして当時世界各国に「輸出[3)]」され，各国の科学技術政策からイノベーション政策への転換を促した．冷戦終了後，知的財産を重視するプロパテント（pro-patent）政策などの契機となっていった．

　一方，堅調な経済の中で国内的には，この批判を科学技術政策における基礎研究振興の論理に逆に利用し，明治以来の実用重視のドクトリンに対抗可能になった．この過程は，国の競争優位を科学技術に求めるテクノナショナリズムの具現化する「科学技術創造立国」の理念が国家目標となり，キャップストーン・ドクトリンとなる過程であった．

　これは財政面でも予算大枠の吹き出しを抑えたい財政当局にとっても好都合だった．予算編成において総枠は小さい科学技術振興費の伸び代にしても，メリハリを政策的に打ち出せるメリットがあった．財政当局との協調・均衡のもとで，基礎研究振興による「科学技術創造立国」というキーストーン・ドクトリンが完成をみた．これをデマケーション・すみ分けのサポーティング・ドクトリンが支えた．これらにより，トップダウンのマネジメントというタクティカル・ドクトリンと一連のラインで統合された．これにより，1つの政策体系が既存の政策分野として，現在にも続く政策推進の基本モデルが確立され，同年は歴史的な文字どおり「科学技術立国元年[4)]」となった．

（5）イノベーション政策への転換——振興対象・目的から手段とされた科学技術
　1995年に科学技術基本法制定と科学技術基本計画に基づく科学技術振興という政策推進体制が確立した．この体制は，橋本行革による内閣機能強化の中で，さらに総合科学技術会議を司令塔とした制度となり当初の理念を達成した．

　しかし，確立されたキーストーン・ドクトリン基礎研究振興は，バブル崩壊後の長期経済低迷の中で再び古層の実用重視のドクトリンへの揺り戻しを受けた．これが，課題解決手段としての「イノベーション」である．第90代第1次安倍内閣（2006年9月26日成立）では，内閣府特命担当大臣の所掌にイノベーションが加えられ，所信表明演説に初めて盛り込まれた．これは長期戦略指針「イノベーション25」として閣議決定された（2007年6月1日）．

　一方，財政面では省庁再編後，文部省と科学技術庁の一部（内閣府移管分を除く）が統合され文部科学省となった．小泉構造改革による公共事業削減の中，文部科学省の予算が国土交通省の当初予算額を超え，悪目立ち[5)]した．政治的に

は削減困難な厚生労働予算に次ぐ形となり，財務省主計局から改革を求める言説が強くなった．これを受け，文部科学省自ら大学への成果に基づく資源配分などの改革が続いた結果，現場の疲弊とともに研究力が低下する状況が生まれた．

　この問題は，ドクトリンと政策遺産の関係からみると，イノベーションというキャップストーン・ドクトリンへ移る中で，基礎科学振興が手段に格下げされ，競合・反目する結果をもたらした結果だと理解できる．また，選択と集中というサポーティング・ドクトリンとトップダウンのマネジメントというタクティカル・ドクトリンが，NPM 改革として，手段と目的が転移したまま慣性のまま持続した．これが意図せざる不整合として，研究力低下や評価疲れといった現象が起きたのである．

＋ お わ り に
──制度的変化と行政学の対象としての科学技術政策──

　現在の科学技術政策は，明治期以来の政策遺産と各層のドクトリンが複雑に織りなす構造の中で形成されてきた．この歴史的過程において，実用重視の方針や階層的な制度設計といった基本的な考え方が政策遺産として蓄積され，現代の政策形成にも大きな影響を与えている．とくに，行政改革を通じて確立された「総合調整」から「司令塔機能強化」へという政策展開は，本来一元的な調整を目指したドクトリンが，複数の司令塔の乱立という逆機能をもたらし，科学技術政策の統合性をかえって弱める皮肉な結果になった．

　現在の政策形成システムが直面している構造的課題の本質は，イノベーション政策への転換に伴う基礎研究振興との齟齬，そして評価システムの過度な実用重視や短期的成果への偏重と長期的なインパクトの齟齬にある．これは2000年代以降の NPM の導入や法人化などの制度改革が重層的に実施される中で深刻化し，基礎研究を支える長期的な研究基盤の弱体化や研究現場における過度な事務負担の増加という望まざる帰結を生んだ．NPM の抱える矛盾として改革の前提とするマネジャリズムの中の起業家精神をむしろ狭め，政府内規制が興隆し管理の自由との相克する状況［毎熊 2001］をもたらした．つまり，手段と目的とが転移した官僚主義的な改革の連続になった自己目的化した「成果志向」の NPM 改革手法の連鎖が研究力低下という皮肉な帰結を招いた．

これらの課題が科学技術政策において生じた歴史・制度背景には，明治期からの実用重視と階層分化・役割分担のドクトリンと政策遺産，戦後の総合調整・トップダウンという改革思想がある．政策遺産とドクトリンの相互作用は，とくに近年のイノベーション重視への転換において顕著である．トップダウン型のマネジメントの重視が，政策アイデアや現場のボトムアップの動きを枯渇させる皮肉な結果を招いている．これは基礎研究振興というキーストーン・ドクトリンと，イノベーションというキャップストーン・ドクトリンの競合による不協和だと総括できる．

これらの課題を克服し，政策形成過程を改善するためには，かつての「科学技術立国元年」のように上位から下位のドクトリンが統合運用される形で新たな政策理念と事業執行までの一体的な革新が求められる．ここでとくに注目すべき点は，科学技術政策で1980年代に基礎研究振興のキーストーン・ドクトリンを確立し，事業執行も含む科学技術全体に通用するドクトリンを一体的に提示し政策革新をなしえた条件と行政史的な意義の再評価であろう．既存の政策遺産との関係性を慎重に考慮しつつ，具体的には，アカウンタビリティを重視する法制度的要請と，研究の卓越性を追求するピアレビューなどの専門的評価の調和が必要になる．それは単なる制度改革や運用改善にとどまらず，科学技術全体のシステム再設計という視点から，政策形成の在り方を問い直す作業が必要になる［白川 2021］．

このように，科学技術政策は古典的な行政学の分析枠組みで理解可能な対象であり，他の公共分野と同様に政策過程の分析が可能である．行政学の研究蓄積が今後の科学技術政策の形成と実施において示唆を与える貢献が可能だと信じたい．

注
1） 丸山の用語法には「原型」「古層」「執拗低音」の変遷がある．
2） 米軍施政権下の琉球（後の沖縄県）を除く．ミシガン大学のミッションを受け入れ，米国流の大学を中心としたランドグラントシステムが導入されていた．
3） 例えば，旧科学技術庁が1971年に開始し現在は文部科学省科学技術・学術政策研究所が実施している国レベルの科学技術予測調査は，英国やドイツで実施された．
4） 当時の中川一郎科学技術庁長官の演説．官報「参議院会議録第3号国務大臣の演説に関する件（第2日目）」『官報（号外）』，1981年，12：50.
5） 民主党政権下で文部科学副大臣を務め「鈴木文政」と呼ばれた鈴木寛の用語法によ

る.

6) 現代の用語法での公共セクターイノベーション.

参考文献
〈邦文献〉

赤池伸一［2019］「科学技術政策の歴史と今後の課題——次期科学技術基本計画の策定に
　　向けて——」『情報の科学と技術』69(8).

秋吉貴雄［2007］『公共政策の変容と政策科学』有斐閣.

伊地知寛博・高谷徹・白川展之・中津健之［2019］「我が国の科学技術・イノベーション
　　政策形成システム——現状と展開に向けた示唆——」『研究 技術 計画』34(3).

榎孝浩［2012］「宇宙政策の司令塔機能をめぐる議論」『調査と情報』748.

大熊健司［2009］「科学技術庁政策の発展史」, 新技術振興渡辺記念会編『科学技術庁政策
　　史：その成立と発展』科学新聞社.

科学技術政策史研究会編, 科学技術庁科学技術政策研究所監修［1990］『日本の科学技術
　　政策史』社団法人未踏科学技術協会.

神田由美子・村上昭義・酒井朋子・岡村麻子・伊神正貫［2024］『科学技術指標2024』文
　　部科学省科学技術・学術政策研究所調査資料 No.341.

科学技術庁［1990］「平成元年版科学技術白書」大蔵省印刷局.

北川敬三［2020］「軍事組織の必要条件——作戦術とドクトリン——」『海幹校戦略研究』
　　10(2).

小林信一［2018］「科学技術・イノベーション政策のために（第3回）総合科学技術・イ
　　ノベーション会議の変質と用具化した政策」『科学』8(1).

―――［2019］「科学技術・イノベーション政策のために（第9回）ふりかざされる大
　　学ダメ論がダメな理由」『科学』88(8).

白川展之［2021］「多様な研究評価の方法論と科学技術政策の評価」『日本評価研究』21
　　(1).

―――［2024］「地域イノベーションと人文社会科学：分野別エコシステムの形成と
　　ELSI/RRI への史的展開」『研究 技術 計画』39(3).

舘昭［2018］「新構想大学」, 児玉善仁・赤羽良一・岡山茂ほか編『大学事典』講談社.

田辺国昭［1996］「地方分権と再分配政策のダイナミックス 国民健康保険を例に」『年報
　　行政研究』31.

豊田長康［2019］『科学立国の危機——失速する日本の研究力——』東洋経済新報社.

毎熊浩一［2001］「NPM のパラドックス？——「規制国家」現象と「触媒政府」の本質
　　——」『年報行政研究』36.

牧原出［2009］『行政改革と調整のシステム』東京大学出版会.

丸山眞男［1984］「原型・古層・執拗低音」, 加藤周一・木下順二・丸山眞男ほか『日本文
　　化のかくれた形』岩波書店.

毎日新聞「幻の科学技術立国」取材班［2019］『誰が科学を殺すのか──科学技術立国「崩壊」の衝撃──』毎日新聞出版.

村上裕一［2015］「『司令塔機能強化』のデジャ・ヴュ──我が国の科学技術政策推進体制の整備を例に──」『年報 公共政策学』9.

────［2019］「旧科学技術庁の省庁再編後の行方──「総合調整」から「司令塔」への進化？──」, 青木栄一編『文部科学省の解剖』東信堂.

〈欧文献〉

Dunsire, A. [1973] *Administration: The Word and the Science,* Martin Robertson.

Hood, C. and Jackson, M. [1991] *Administrative Argument,* Dartmouth.

Joint Chiefs of Staff [2024] "Joint Publication 1: Doctrine for the Armed Forces of the United States," (Retrieved from https://www.jcs.mil/doctrine/joint-doctine-pubs/, 2024年11月18日閲覧).

（白川 展之）

第9章 国立研究開発法人における研究・開発と評価
―― JAXA 研究開発部門の事例――

✛ はじめに

　本章では，科学技術政策を実施する現場として，国立研究開発法人宇宙航空研究開発機構（JAXA）を題材とし，とくに JAXA の中でも将来を見据えた研究，機器開発，先導的なプロジェクトを主として行う研究開発部門を例に，研究・開発現場の者たちにとって「評価」がどのような位置にあるのかを記すことで，マネジメントの実像を提示する．本章では，まず，研究開発法人における評価について，独立行政法人制度の趣旨に触れつつ示す．独立行政法人として法人が切り離される一方，アカウンタビリティを確保すべく，複雑な評価体系が構築されてしまっていることを述べる．次に JAXA の設置経緯と評価の体系を示す．大規模プロジェクトの流儀が「本家」とされる組織の中で，革新的な研究・開発を行う場合に陥る状況を考察する．さらに，評価をとりまく活動において，研究・開発組織が陥りやすい状況について，現場の声に耳を傾けて，その本質に迫っていきたい．

✛ 1．研究開発の現場における評価

　あらゆる分野の研究・開発の現場では，程度の差こそあれ常に「革新的な何か」を生み出すことが求められている．一方，「何を実現すれば革新的か」という基準は極めて見えにくく，時に既存の価値観や常識の範囲を超えた思考が必要である．そのため，研究・開発を行う組織のマネジメントが，その成果の創出に大きな影響を及ぼしうる，と考えられる．とくに，大規模な既存事業を抱える組織の中で行われる研究・開発では，既存事業に最適化されたマネジメ

ントの特性から，意図せず新規性や独創性のある研究・開発が行いにくい環境が発生してしまう可能性があるのではないかと考えられる．

　例えば，企業における研究・開発において，現状の製品が売れ筋である場合，その改良や生産性向上に多くのリソースが投入されることになる．同時に，現在の製品が，その存在価値を根本的に脅かす他の製品や概念によって，陳腐化し，淘汰された場合に備えて，新規事業のための研究開発も行われることになるのが一般的である．

　ところが，ここで問題が発生する．新しい概念は既存事業の枠組みではどう扱えばよいのかわからない．それは既存の指標では評価が難しく，大きな事業に発展させる場合のリスクばかりが見えてしまうからである．そのため，リスクが低い前例踏襲に陥りやすく，結果的に新規性の高い研究・開発が発展する機会が奪われてしまう．

　同様に，国立研究開発法人においても，その法人の持つ性質によっては，既存の活動に最適化されたマネジメントによって，新規性や独創性の阻害が発生しうる可能性があるのではないか．

　その中において「評価」は，公的機関の研究・開発マネジメントにおいて最も重要なポイントいっても過言ではない．

　一般企業においては売り上げや利益のような営業上の客観的指標を用いることができる．一方，国立研究開発法人のような公的機関では，そのような指標を導入することは困難であることが多い．このため，評価が利用される．評価こそが活動に対するいわば「お墨付き」を与える直接的な機会となるからである．

　理念的には，評価を適切に運用することができれば，革新的な成果を生み出しやすい環境が醸成できるであろう．他方，評価の適切な運用ができなければ成果の獲得も覚束ないであろう．

　研究開発の現場においては，被評価者（評価される側）である研究者本人の評価に対するモチベーションは個人によって様々である．また，評価者（評価する側）と被評価者のどちらもが「評価」という行為に対して理解が不足している面もあるだろう．

　JAXA は国の宇宙開発を担う中核的機関であり，その主たる任務は大規模プロジェクトの実施であることから，Big Science 系の研究開発法人と言える．研究開発評価についても大規模プロジェクトのやり方に適合する手法が，その

歴史の中で構築をされてきている．大規模プロジェクトの流儀が「本家」とされる組織の中で，革新的な研究・開発を行う場合に陥る状況を考察する．さらに，評価をとりまく活動において，研究・開発組織が陥りやすい状況について，現場の声に耳を傾けて，その本質に迫っていきたい．

┼ 2．研究開発法人と評価の複雑さ

　国立研究開発法人は独立行政法人の一区分である．独立行政法人は府省庁とは異なる独立した法人格を持ち，政府が本来行う業務を政府からのアウトソーシングを受けて行う外郭組織としての特徴を持つ．

　独立行政法人制度の成立については西山［2018］が詳しく述べている．独立行政法人は，1990年代後半から行われた行政改革の一環として従前あった特殊法人などを再編する形で2001〜2004年度にかけて発足した．

　独立行政法人の業務の中身は独法化以前の機能を引き継いでおり，全く新しい組織が生まれたというわけでない．独法化の目的は膨れ上がった行政のスリム化にあり，似たような機能を持つ法人を統合するなどし，重複的な行政を排除し，国費支出を削減したいということがいわれていた．

　また，独立行政法人を政府と切り離すことにより，政府側のマネジメントに係る負担も削減する狙いがあった．同時に独立行政法人は事業の実施内容自体は法人独自の判断で行うことが求められ，自主性が重んじられることとなった．政府側の関与を減らし，さらなる効率化を図ろうとしたのである［岡本 2008］．

　この思想を表しているのが2001年に施行した独立行政法人通則法である．独立行政法人通則法では，政府関与を最小限にしつつ責任を明確化するため，目標と計画の策定が導入されることになった．

　独立行政法人を管轄する主務大臣は法人に対して中期目標（中期目標管理法人および行政執行法人）または中長期目標（国立研究開発法人）を設定する．中期・中長期目標は所管する大臣名で法人に対して示されるものであり，法人側から見れば中期・中長期目標期間に行う業務のゴールとなる．法人はこれを受けて中期・中長期計画を作成・提出し，主務大臣はこれを認可する．中期・中長期計画達成の具体的な方法は法人に任されると同時に，法人はその責任を負うのであり，万が一，その法人が事業の実施に不適切であれば原理的には別の法人に切り替えることも可能である．ここまで見れば，この制度は法人の自主性・自

律性［飯塚 2016］を強調する制度であるといえる.

　一方，独立行政法人のアカウンタビリティを確保するためには，政府は計画を承認したら終わりというわけにはいかない．その法人が公明正大に国民の税金を使っているかきちんと点検する必要があり，そのために実施されるのが独立行政法人に対する監査や種々の評価である．とくに，研究開発法人においては国の科学技術行政の複雑さもあり，単に法律に基づく独立行政法人評価だけを行えばいいということにはならない.

　表9−1に日本の科学技術行政における評価制度の一覧［橋本 2019］を示す．独立行政法人の評価は独立行政法人通則法の第35条の6に定められており，総務省からは独立行政法人の評価に関する指針が示されている．また，内閣府からは「国の研究開発評価に関する大綱的指針」が定められており，この共通的な指針を受けて各府省でも研究開発評価の指針がつくられている．さらに，政策評価や行政事業レビューといった府省に対する評価についても実施機関である研究開発法人が全く無関係ということはなく，法人から府省に対して適宜・適切に必要な情報提供をすることが求められている.

　このように各種の評価に晒されているのが国立研究開発法人であり，自主性・自律性を与える重要性が強調されているのとは裏腹に，アカウンタビリティの確保ために高い規律密度の下で，その要求にさらされている．このような複雑さについては可能な限り全体最適を考慮した見直しがなされていくことが望ましい.

　なお，府省の定める評価の指針について見てみると，最も根本的な「評価の意義（評価の目的）」は表9−2のようになる．その内容は微妙に異なっている.

　「評価疲れ」や「評価の徒労感」という言葉が登場して久しく，研究開発評価に係る過重な負担を軽減しようという動きは政府部内にある（「国の研究開発評価に関する大綱的指針」: 4）．他方で研究開発評価を行う際の唯一の正解というものはない．さらには先述したように評価の種類は多様で，組織内に多元重層的に張り巡らされている．評価目的の多様性はこのことを象徴しているかのようでもある．こうしたことが「評価疲れ」につながっているのであれば，そもそも評価の仕組みや建付けをよく見渡して整理する必要性もあるのではないか.

表9-1　日本の科学技術政策に関する評価制度

	研究開発評価	国家的に重要な研究開発の評価（CSTI評価）	政策評価	行政事業レビュー	独立行政法人評価	特定国立研究開発法人評価
制度開始年	1997年（全省庁での実施）	2002年	2002年	2010年	2002年	2016年
根拠	・科学技術基本法（平成7年法律第130号）・科学技術基本計画（平成8年7月2日閣議決定）・文部科学省設置法（平成11年法律第96号）	・内閣府設置法（平成11年法律第89号）第26条・中央省庁等改革基本法（平成10年法律第103号）別表第一（第十二条関係）	・行政機関が行う政策の評価に関する法律（平成13年法律第86号）	・行政事業レビューの実施等について（平成25年4月5日閣議決定）	・独立行政法人通則法（平成11年法律第103号）	・特定国立研究開発法人による研究開発等の促進に関する特別措置法（平成28年法律第43号）
主な指針文書	・国の研究開発評価に関する大綱的指針」（平成28年12月21日内閣総理大臣決定）・研究開発成果の最大化に向けた国立研究開発法人の中長期目標の策定及び評価に関する指針（平成26年7月17日総合科学技術・イノベーション会議決定）	・総合科学技術・イノベーション会議が実施する国家的に重要な研究開発の評価（平成17年10月18日総合科学技術会議決定）	・政策評価に関する基本方針（平成13年12月28日閣議決定，平成17年12月16日閣議決定）・政策評価の実施に関するガイドライン（平成17年10月18日政策評価各府省連絡会議了承）	・行政事業レビュー実施要領（行政改革推進会議平成25年4月2日策定）	・独立行政法人の目標の策定に関する指針（平成26年9月2日総務大臣決定）・独立行政法人の評価に関する指針（平成26年9月2日総務大臣決定）	・特定国立研究開発法人による研究開発等の基本的な方針（平成28年6月28日閣議決定）
制度所管	・内閣府総合科学技術・イノベーション会議・文部科学省科学技術・学術政策局	・内閣府総合科学技術・イノベーション会議	・総務省行政評価局	・行政改革推進本部（内閣官房行政改革推進本部事務局）	・総務省行政管理局	・内閣府（総合科学技術・イノベーション会議の運営）・総務省（独法制度の所管）・文部科学省（法人の主務大臣）・経済産業省（法人の主務大臣）
評価者	・各省の外部評価委員会・各機関の外部評価委員会	・内閣府総合科学技術・イノベーション会議評価専門調査会	・総務省政策評価審議会・各省の政策評価担当課	・各省の会計課・外部有識者	・主務大臣・各省の国立研究開発法人審議会・総務省独立行政法人評価制度委員会	・主務大臣・内閣府総合科学技術・イノベーション会議評価専門調査会
評価書の作成	・各省の原課・各機関の原部局	・各省の原課	・各省の原課	・各省の原課	・各独立行政法人の原部局	・国立研究開発法人物質・材料研究機構・国立研究開発法人理化学研究所・国立研究開発法人産業技術総合研究所
評価の方式	・研究開発プログラムの評価・研究開発課題の評価・研究者等の業績の評価・研究開発機関等の評価	・事前評価・フォローアップ・事後評価・指定評価・中間評価等（評価専門調査会が必要性を認めたもの）	・総合評価方式・実績評価方式・事業評価方式	・各府省の行政事業レビュー（全事業の行政事業レビューシート[独立行政法人はセグメントシート]を作成）・公開プロセス（各府省による公開点検）・秋のレビュー（秋の年次公開検証）	・業務実績評価	・主務大臣が行う特定法人の中長期目標の設定，見込評価，中長期目標の期間の終了時の検討・措置への意見
評価の手法	・業績測定・レビュー・プログラム評価	・レビュー	・調査，分析（総合評価方式）・業績測定（実績評価方式）・費用便益分析（事業評価方式）	・業績測定（各府省の行政事業レビュー）・レビュー（公開プロセス，秋のレビュー）	・業績測定	・レビュー
評価の対象	・各省による	・国費総額約300億円以上の大規模研究開発・CSTIが指定する研究開発	・事業費10億円以上の個々の研究開発（事前評価）・政策決定してから5年経過時点で未着手または10年超過時点で未了の研究開発（事後評価）	・すべての事務事業・すべての業務	・すべての業務	・特定法人の自己評価書等
評価の目的	・科学技術・学術の振興・国民への説明責任	・予算への反映・研究開発の実施内容への反映	・効果的かつ効率的な行政の推進・国民への説明責任	・行政事業の点検・見直し・PDCAサイクルの機能	・事業計画・業務運営の改善	・世界最高水準の研究開発成果の創出・普及・活用を促進・業務運営の効率化・改善
管理の次元	研究開発管理		政策管理		組織管理	

出典：橋本[2019：43].

表9-2　各府省の評価の指針における「評価の意義（評価の目的）」

府　省	評価の意義・目的
文部科学省	① 研究者を励まし，優れた研究開発を見出し，伸ばし，育てる ② 柔軟かつ競争的で開かれた研究開発環境の創出 ③ 施策の幅広い視点からの判断と，より良い施策の形成 ④ 透明性の向上，説明責任 ⑤ 予算，人材等の資源配分.
経済産業省	① より良い政策・施策への反映 ② より効率的・効果的な研究開発の実施 ③ 国民への研究開発の開示 ④ 資源の重点的・効率的配分への反映
総務省	① 資源配分等によるイノベーションの一体的，総合的な推進 ② 柔軟かつ競争的で開かれた研究開発環境の創出 ③ 研究開発をより良い方向へ誘導，優れた研究開発，研究者の発掘，意欲向上 ④ 公表，周知，説明責任 ⑤ 予算，人材等の資源配分

出典：文部科学大臣決定［2017］『文部科学省における研究及び開発に関する評価指針』(https://www.mext.go.jp/component/a_menu/science/detail/__icsFiles/afieldfile/2017/05/02/1314492_1.pdf，2025年1月21日閲覧)，経済産業省［2022］『経済産業省研究開発評価指針（20220825産局第1号）』(https://www.meti.go.jp/policy/tech_evaluation/b00/METI_RandD_Evaluation_Guideline_221025.pdf，2025年1月21日閲覧)，総務省［2018］『総務省情報通信研究評価実施指針（第6版）』(https://www.soumu.go.jp/main_content/000531572.pdf，2025年1月21日閲覧).

3．JAXA の評価体制
—— Big Science 組織に根付いた評価の体系——

　JAXA は航空宇宙技術研究所（NAL：1955年に航空技術研究所として設置し1963年に改称），宇宙科学研究所（ISAS：東京大学生産技術研究所での研究活動を経て1964年に創設し1981年に大学共同利用機関として設置），宇宙開発事業団（NASDA：1969年発足）の3機関が2003年に統合され設置された．組織の概要と組織体系を表9-3および図9-1に示す．

　統合前の3機関はいずれもロケット，宇宙機，航空機の研究・開発と運用を行っており，基礎的な学術研究の枠を超えた大規模システムの開発と運用により研究・開発成果を挙げる，いわゆる Big Science を実施する機関であった．とくに NASDA は国策としての人工衛星・ロケット等の開発と利用を主たる任務としており予算規模は約1450億円（2002年）と NAL と ISAS が同年に約

第9章　国立研究開発法人における研究・開発と評価　*175*

表9-3　国立研究開発法人宇宙航空研究開発機構の基本情報

略称（英語名称）	JAXA（Japan Aerospace Exploration Agency）
本社所在地	東京都調布市
事業所	（本社）調布航空宇宙センター，東京事務所，筑波宇宙センター，相模原キャンパス，角田宇宙センター，鹿児島宇宙センター　他
根拠法	国立研究開発法人宇宙航空研究開発機構法（平成14年法律第161号）
主務大臣	内閣総理大臣，総務大臣，文部科学大臣，経済産業大臣
設立年月日	2003年10月1日
資本金	5,442億円
職員数	1,635名（2024年4月1日現在）
予算規模	2,155億円（2023年度）

出典：JAXA（https://www.jaxa.jp/index_j.html，2024年10月15日閲覧），南島・張替・山谷ほか［2020］を元に筆者作成.

230億円であるのに対して6倍以上であった（JAXA『旧3機関の概要』（https://www.jaxa.jp/about/history/gaiyou_j.html，2024年12月13日閲覧）).

　NASDA設立前年である1968年の旧宇宙開発委員会第1回の議事録6には委員長である鍋島直紹の談話が記されており，宇宙開発に取り組む意義として「わが国の国際的地位の確保と経済の発展」と「国民福祉の向上」が挙げられており，宇宙開発は「国家的な大事業」とされていた［文部科学省 1968］.事実，宇宙開発を進めるための人工衛星やロケットなどの宇宙機の開発と運用には多大な予算が必要である.

　表9-4に日本の研究開発法人の職員数と予算規模の比較を示す.JAXAの予算規模は科学技術予算の配分機関（Funding Agency）である科学技術振興機構と同等であり，科学技術の実施機関としては飛びぬけて大きい.宇宙開発は国家的な大事業として取り組まなければならないとされている証左といえよう.

　そして，JAXA職員の多くはプロジェクトチームでの業務経験を有する.こうしたJAXAの組織特性から，大型システムの開発プロジェクトにおける業務の進め方がJAXAにおける標準となっている.いいかえれば，Big Scienceを取り扱う組織の流儀がJAXA内の標準的プロセスとなっているということである.

　大型システムの開発プロジェクトは，目的物が大型であるため，投入リソースも大規模なものになる.それらを進める上で重要な仕事の進め方が「システ

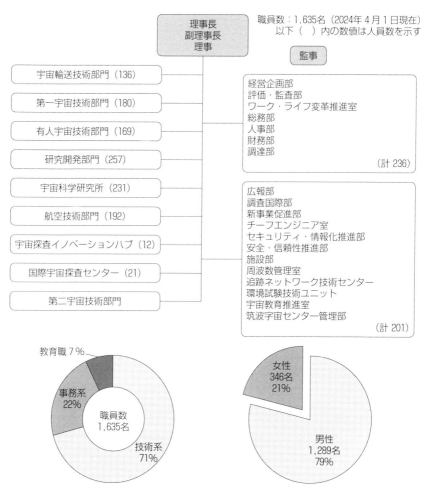

図 9-1　JAXA の組織体系の概念図及び職種・男女比
出典：JAXA（https://www.jaxa.jp/index_j.html，2024年10月15日閲覧）．

ムズエンジニアリング」と「プロジェクトマネジメント」(SE/PM) の考え方 [山形 2002] であり，その中で培われたノウハウの1つが「審査会」システムである．

「審査会」は，概念検討から始まり，設計，製造，打上げ・運用，そして運用終了に至るまで，プロジェクトが次の段階に進んで良いかどうか判定する会

第 9 章　国立研究開発法人における研究・開発と評価　*177*

表 9 - 4　国立研究開発法人の職員数と予算規模の比較

研究機関名称	所管府省等	予算規模	職員数
科学技術振興機構	文部科学省	2,175	1,415
宇宙航空研究開発機構	文部科学省・内閣府・総務省・経済産業省	2,155	1,635
日本原子力研究開発機構	文部科学省・経済産業省・原子力規制委員会	1,554	3,100
新エネルギー・産業技術総合開発機構	経済産業省	1,528	1,464
日本医療研究開発機構	内閣府・文部科学省・厚生労働省・経済産業省	1,420	465
情報通信研究機構	総務省・財務省	1,364	1,446
産業技術総合研究所	経済産業省	1,298	2,865
理化学研究所	文部科学省	1,038	3,440
海洋研究開発機構	文部科学省	906	419
農業・食品産業技術総合研究機構	農林水産省・財務省	742	3,266
量子科学技術研究開発機構	文部科学省・原子力規制委員会	433	1,300
物質・材料研究機構	文部科学省	338	1,565
国立環境研究所	環境省	210	297
防災科学技術研究所	文部科学省	140	339
海上・港湾・航空技術研究所	国土交通省	104	34

出典：表中各機関 Web ページ等をもとに筆者作成（2024年10月15日閲覧）.

議体のことであり，節目ごとに行われる（図 9 - 2 参照）．すなわち，プロジェクトの進行とは，数々の審査会をクリアしていくことにほかならない．JAXA における審査会は，当該開発を発注した先における技術的審査が実施された後に行われることが多く，技術的内容に加え，プロセスの適正性も重要視される．

　このような大型システムの開発プロジェクトは JAXA 業務の本流であることから，独法通則法に基づく評価の対象となっている．当該プロジェクトは，頻繁に開催される審査会のために膨大な説明を行っており資料も豊富である．したがって，評価資料として審査会向けに作成済みのものを評価業務にも活用することができる．そのためか，評価で苦労したという声が聞こえてくることはない．

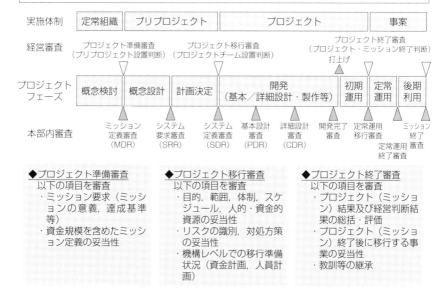

図9-2 JAXAのプロジェクトマネジメント
出典：内閣府独立行政法人評価委員会（第1回宇宙航空研究開発機構分科会　会議資料），配布資料5-10
（https://www8.cao.go.jp/hyouka/dokuritsu/bunkakai/utyu1th/shiryou.html，2024年10月15日閲覧）．

　一方，大規模プロジェクトだけをJAXAが取り扱っているかというとそうではない．JAXAの「研究開発部門」では，ロケット，人工衛星・探査機，有人システムなどの大規模システムの開発・運用だけでなく，将来のイノベーションを企図して，先端的で比較的小規模な研究・開発も行われている．
　大型システムの開発プロジェクトがJAXAの本流であると述べた．そのため，様々な権限を有する基幹職（管理職）には，プロジェクトで経験を積んできた人材が多くを占めることになる．それは，小規模研究に取り組んでいる研究開発部門においても同様である．
　このような事情から，小規模研究を実施している研究開発部門においても，

表9-5　研究開発部門における研究評価のスケジュール例

【部門内の評価】
10月頃：第三者確認会・中間確認会（外部評価等）
1月頃〜：期末評価（成果評価／計画評価）
3月：担当理事／部門長による評価を実施
【部門外の評価】
4月：担当理事／部門長から理事長への説明
5月：理事長による評価
6月：業務実績等報告書を主務大臣へ提出

出典：橋本・宮崎・柳瀬［2021］．

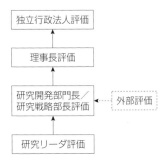

図9-3　研究開発部門における研究評価の流れ
出典：橋本・宮崎・柳瀬［2021］．

大型システム開発プロジェクトの流儀が適用されることになる．すなわち，「審査会」が適用されない代わりに，「内部評価」，「外部評価」が毎年，綿密に行われるのである．

　研究開発部門における評価のおおまかなスケジュールと流れを表9-5および図9-3に示す．全研究テーマを対象として，毎年度末に行われる内部評価の山場たる「成果評価」が行われ，研究開発部門長および研究戦略部長による評価が行われる．全研究テーマの評価が終了した後，現場の職員に対し評価結果が通達される．この評価結果は，翌年度の予算の色付けに用いられる．さらに，年度末の内部評価においては，翌年度の「計画評価」もあわせて実施される．なお，「外部評価」は年度半ばである毎年秋ごろに開催される．

　この「成果評価」において，優れた研究テーマであると認定されたテーマは，「部門成果」に格上げされ，理事長評価への準備が要請される．さらに，理事長評価で優れた評価を獲得すると，法人評価に格上げされ，法人評価資料準備

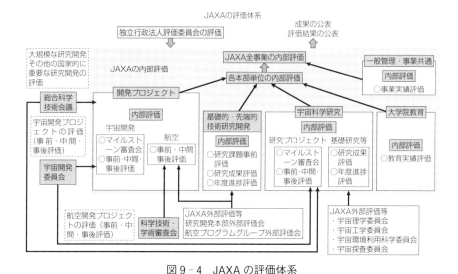

図9-4　JAXAの評価体系

出典：内閣府独立行政法人評価委員会（第1回宇宙航空研究開発機構分科会　会議資料），配布資料5-10（https://www8.cao.go.jp/hyouka/dokuritsu/bunkakai/utyu1th/shiryou.html，2024年10月15日閲覧）．

を要請される．この「格上げ」は誉高いことであるものの，資料準備作業は，主たる研究従事者の負担となる（研究自体がストップすることもないとは言えない）．

　ここまで述べてきたように，JAXAの業務は，その本流たる大型システムの開発プロジェクトと，傍流である小規模研究に大別することができる．大型システムの開発プロジェクトは，審査会をクリアしていくことによってプロジェクトが進行していくと同時に，膨大な量の説明資料が蓄積されていく．これによって，評価資料の準備は，審査会を含む本来業務を進行することによって，自ずと進むことになる．

　一方，研究開発部門における小規模研究業務は，論文投稿や学会発表のような外部発表機会はあるが，それは審査会とは異なる営みであり，同じ分野の専門家向けの内容であり，同じJAXA職員であったとしても専門が異なる人々に見せる評価資料にそのまま転用することはできない．そのため，評価会専用の資料準備が必要となり，研究自体の作業を中断して，評価資料作成に時間を費やすことになるのである．

　このような状況に拍車をかけるのが，巨大システム開発プロジェクト上がり

の基幹職（≒内部評価委員）である．審査会の流儀，方式が基準となっているため，それに応じた説明資料になっていることが期待される（巨大システム開発プロジェクトで論文投稿をすることはほぼ無く，学会発表も稀である）．

ここまで述べてきたJAXAの評価の全体像は，図9-4のようにまとめられている．

╋ 4．研究開発組織の評価が陥る罠

本節では，研究開発の現場における営みに焦点を当てて，その様子を明らかにすることで，研究開発組織が陥りやすい評価の状況について論じる．

JAXAのような国立研究開発法人を含む独立行政法人において，「評価」は法で定められた実施しなければならない事柄の１つである．したがって，法人側に評価を実施する・しないを選択する権限はない．そのため，JAXAにおいて「評価」は自然の摂理，物理法則の如く，絶対的に存在するものと受け止められている．

まず，組織とその中にいる人員の役割について見てみる．研究・開発を担う現場は２つのパートに分かれている．すなわち，研究・開発そのものを実行する現場である「直接部門」パートと，全体計画や予算管理，評価などの付帯業務，とりまとめ業務を担う「間接部門」パート（いわゆる官房的な組織でありJAXAでは各部門の「推進部」と呼ばれる組織がその役割を担っている）である．推進部には事務系職員とともに技術系職員も配置されている．

JAXAは約７割の職員が技術系という人員構成になっており（図9-1），自然科学系のバックグラウンドを持ついわゆる「理系」の人材が多く，推進部においては理系人材も事務的業務を担っている．この推進部の技術系職員は，現場の中堅の技術者・研究者のうち一部が概ね２〜３年間の「期間限定で」配置されて管理系業務を担う．とくに，事業の企画・計画とその評価については理系の専門的な知識が要求される場合もあることから，技術系がバックグラウンドである業務従事者が少なくない．

このような特性の職員は，評価資料のような技術説明を要する文書作成の場面において中心的な役割を担うことが多い．外形的には適材適所のようにもみえるが，果たしてそうだろうか．

当該従事者は，元々研究・開発の現場にいたため，研究・開発の現場に降り

注ぐ追加業務の1つである評価資料づくりについて，なるべく技術者・研究者に苦労をかけたくないというマインドが働く．一方，そのマインドから制度の設計変更提案に至るかといえば，残念ながらそうはならない．

期間限定の配置であることは周囲も本人もわかっているし，推進部の業務は「評価」だけではない．評価の制度を変更するというような極めて負荷の高い業務を提案・実行することには二の足を踏むのである．その結果，現行制度の枠内における最適解を見出すことが任務になり「その場を凌ぐ」という方向の業務になりがちである．

また，「期間限定の」「技術系職員が」評価実務に先導的に従事することにはさらなる課題がある．

そもそも彼らは評価の専門家ではない．しかしながら評価は「やらなければならない活動」であり，公的部門では年度運営の事情から時間制限が明確で限られた時間の中で評価を実装しなくてはならない．この時間的制約の中で「評価」という取り組みを行わなければならないため「評価のような」ことが生み出され実装されていくこととなる．

その結果，評価に対するリテラシーを学ぶことや素養を身に着ける前に実務が始まってしまい，評価に明るくないメンバーが考案した初案がほぼそのまま前提となる．このような評価には，変革のインセンティブもモチベーションも働かない．いつの日か初案は，原則化されてしまうのである．

次に，評価に関与する人々の意識に目を向けてみる．まずは，評価をされる側，研究・開発の実施者について考えてみる．被評価者にとって「評価」はある種の絶対的存在と捉えられている．ゆえに「評価を実施すること」自体に疑問を持つことはまずないが，ここから大きく2つの態度に分かれる．

1つ目は，評価に対して強い思い入れがなく，ある種の「その場を凌ぐ」という態度である．評価疲れ・評価の徒労感という言葉が「国の研究開発評価に関する大綱的指針」に登場して久しいが，評価の「機能」に対する期待が希薄で，最小の手間で完遂させることがベストソリューションという意識の人々が一定数いる．

2つ目は，これとは異なる態度である．それは，「『評価』の取組みを頑張ることによって，高い評価を得たい」という純真な態度である．このタイプの態度では，指示されたルールを厳格に守ることこそが正義だと考え，それを実行することで自分の価値も高まる，と信じて疑わないということになる．

こうした被評価者の２つの態度には，いわゆる「理系」としての共通的な特性が垣間見える．「理系では『客観性が求められ』『論理的に考える』ものだ」［岡本 2020］という理系観，ある種のレッテル貼りが形成されているような状況が根底にあるということである．客観的・論理的という意識・思いが，資料を作る以上は，「わかってもらえる」資料に仕立て上げなければならない，という使命感に変換される．しかしながら，文章力や見せ方のスキルが根本的・圧倒的に不足している「理系」の人間たちが繰り出す「わかってもらえる」資料というものは，ページ数が増大することによって実現することになる．

学会や論文という専門コミュニティ内での言語体系を運用している人々にとって，「評価」コミュニティにおけるオーディエンスの像が定まらないことは想像に難くない．そのため，「わかってもらうためには補足説明が必要である」ということになり，さらなるページ数の増大を招く．

図９-５に，JAXA の評価資料・目標／計画のページ数推移を示す．目標／計画文書が数十ページであまり変化していないのに対し，報告文書は，2003年度の約60ページから増減しながら，最新の2024年度には約550ページに達している．さらに，各中期（中長期）の最終年度には，年度報告に加えて中期間（中長期間）報告を，その前年度には中期間（中長期間）の見込み報告の提出が要請されている点に注意を要する．この結果，2023年度の報告文書は，年度報告548ページ，中長期間見込み報告478ページ，合計1026ページのボリュームとなった．

さらに，ページ数増加に具体的に影響を与えるのが，被評価者側による「エビデンスを残す」という意識である．これは，「エビデンスを残すことで説明責任が果たせる」という考えによるものであり，「税金を投入した事業の『成果物』が生成されているので，責任は果たした」とするものである．

実際，JAXA 研開部門アンケートにおいて評価の目的を問うと，「エビデンス残し」であるという回答が多数を占める［橋本・宮崎・柳瀬 2021］．「エビデンス残し」は，「評価」の枠組みがあっても無くても行われるものであり，実施した事柄の可視化は評価の重要な目的ではあるが，エビデンスを残すことが評価という捉え方は適切とは言い難い．

ここには Big Science 系の国立研究開発法人の特性も関係してくる．技術開発をベースとして成り立ってきた JAXA 研究開発部門では，プロジェクトに対する支援として行った研究開発や，企業側の活動を主体とした共同研究も多

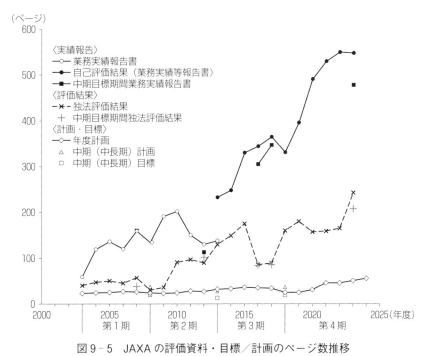

図9-5 JAXAの評価資料・目標／計画のページ数推移
出典：https://www.jaxa.jp/about/finance/index_j.html を基に筆者作成（2024年11月24日閲覧）．

く，それらは公開になじまないため，論文化や特許化を敢えてしないものもある．そのような研究・開発については実績が提示しにくいため，評価の活動の場で記録を残すという作業に邁進することになってしまう．

　また，評価側や評価制度を設計する側は，「どうせ評価をするなら，より良い未来に結びつけるための機能も実装したい」と考えがちである．評価はあくまで現状を共有し可視化するツールなのであって，リソース配分等はマネジメント上の決断の仕組みが必要なのであるが，評価によって，「リソース配分が最適化できる」「研究の質が向上する」「選択と集中が可能になる」という妄言が生み出され，「研究・開発において，評価は夢のツールであることに疑う余地は無い」という信仰に至る．

　こうした信仰によって，評価の精緻化が亢進する．評価側の「どうせならより良くしたい」という思い，さらに，本節の冒頭で述べたように，実務として推進部の現行枠内での最適解を見出す，という構図の相乗効果により，評価制

度に対するブレーキ不在となる．

　以上のように，被評価者側の2つの態度と，評価者側の態度の三者が「評価疲れ」を悪化させる．このようなプレーヤーたちで営まれる「評価」は，既存制度を強化する方向にだけ駆動力が働くこととなる．つまり，自己強化ループにはまり，さらにそのループを強化する方向に向かうといえる．これでは，膨大な人手と手間と時間を投入しながら全員不幸になる一途をたどることになる．

　研究開発のプレーヤーたちが幸せになり，その先に，納税者・国民に利益がもたらされるようにするためにはどうしたらよいか．そのためにも「評価」をより良いものにすることが大切であるだろう．この自己強化ループの存在を認識し，そのループ内で高速走行を続けているプレーヤーたちに，分岐路を配置し，その存在を伝え，違う方向，すなわち，自己強化ループから脱出する取り組みを構築することが必要なのである．

＋ おわりに

　本章では，国立研究開発法人であるJAXAを事例として，研究開発組織における評価の複雑さと，それが現場に及ぼす影響について考察した．とくに，大規模プロジェクトの手法やマネジメントが，小規模な研究・開発活動にも適用されることで生じる問題点を述べた．

　評価に期待される効果である「研究開発の質の向上」や「革新的な成果の創出」を実現するどころか，現状では評価自体が目的化し，さらには，被評価者と評価者の間で認識のズレも生じている．その結果，現場の研究者・技術者は評価資料の作成に過度な時間と労力を割かれ，本来の研究・開発活動が阻害される自己強化ループに陥っている．組織の特性・文化，人事制度，評価者・被評価者の特性やスキルなどが複雑に絡み合って発生しているこの事象を解決するためには，この絡み合いをある程度解きほぐし，本来どのような形が良いのかを一度立ち返って考えなおすような活動が求められる．

　研究・開発に従事する人々は，日本の明るい未来を切り拓く原動力である．彼らが情熱を持って研究・開発に専念できる環境を整えることが，日本の科学技術の発展と社会の持続的な成長に直結する．技術者・研究者が試行錯誤に打ち込む時間を最大限に増やすことが求められる．本考察が研究開発現場における評価制度とそれに続くマネジメントの改善を進める上で一助となれば幸いで

ある.

付記
本章の執筆にあたり，神戸学院大学の橋本圭多先生には貴重なご助言とご議論をいただいた．心より感謝申し上げる.

参考文献
飯塚俊太郎［2016］「独立行政法人制度——多様性のなかの行政組織——」，縣公一郎・藤井浩司編『ダイバーシティ時代の行政学：多様化社会における政策・制度研究』早稲田大学出版部.

岡本紗知［2020］「文系観・理系観の形成プロセスの解明——国立大学の学生を対象として——」『科学教育研究』44(1).

岡本義朗［2008］『独立行政法人の制度設計と理論』中央大学出版部.

経済産業省［2022］『経済産業省研究開発評価指針（20220825産局第1号）』.

総務省［2018］『総務省情報通信研究評価実施指針（第6版）』.

南島和久・張替正敏・山谷清志編［2020］『JAXA の研究開発と評価』晃洋書房.

西山慶司［2018］「独立行政法人制度と研究開発評価」『山口經濟學雜誌』67(3-4).

橋本圭多［2019］「日本の科学技術行政における評価の現状」『評価クォータリー』48.

橋本圭多・宮崎英治・柳瀬恵一［2021］「国立研究開発法人における研究評価の現状と課題——JAXA 研究開発部門の事例——」『日本評価研究』21(1).

文部科学省［1968］『(参考) 旧・宇宙開発委員会について（昭和43年5月〜平成13年1月）』，第1回【昭和43年8月16日（金曜日）14時00分〜16時00分】，https://www.mext.go.jp/content/680816-mxt_uchukai01-000026358_1.pdf．2024年10月15日閲覧文部科学大臣決定［2017］『文部科学省における研究及び開発に関する評価指針』.

山形史郎［2002］「大型宇宙システムを支える最新のシステム開発マネジメント技術——高信頼性システムを目指して——第2回システム開発マネジメント技術の発展」『日本航空宇宙学会誌』50(585).

（宮崎 英治・柳瀬 恵一）

第10章 海外における科学技術政策
——欧州宇宙機関の責任追及と行政管理——

はじめに

　科学技術政策はそもそも国際的かつグローバルなものである．宇宙，海洋，原子力といったビッグサイエンスや軍事に至るまでのさまざまな領域がここには含まれるが，いずれも国境をこえる活動である．

　本章では海外に目を向けつつ，JAXA との比較を念頭に宇宙開発政策を取り上げる．具体的には，欧州宇宙機関（ESA : European Space Agency）を事例に，民主的統制と専門家との間の距離を俯瞰する．

　本章は「科学技術政策の民主的な統制と研究開発の実施とがいかなるバランスで運用されているか」を問う．ESA を通じて見えてくるのは，複数の責任すなわち，accountabilit "ies" に応えるための仕組み・仕掛けである．そこから日本の科学技術政策を考える手がかりを得る．

　宇宙開発にかかる研究者にとっては，学会活動や共同研究をはじめ，国境を越えた交流が日常的である．他方，市民と研究者を繋ぐ民主的統制のメカニズムは各国の事情に合わせ，独自の発展をみせるため一様ではない．研究者には，両者の狭間にある組織や予算，その他の事情に応じて，さまざまな責任が求められる．研究者が専門性を十分に発揮しながら，さまざまな責任追及にバランスよく応答していくためにはどのようなメカニズムが必要なのだろうか．

1．宇宙開発政策における責任追及

　宇宙開発政策は，科学技術政策の中でも近年ますます関心が高まる一領域である．イーロン・マスクが設立した SpaceX 社をはじめ，国際的にビジネスの

領域に次第に移りつつあるように，その担い手は次第に政府から民間企業に移りつつある．また，国際的な課題解決のために，開発協力の文脈でも応用が加速している．しかし同時に，宇宙開発政策には外交政策や防衛政策，国家安全保障政策と融合している側面もある．近年では2022年2月のロシアによるウクライナ侵攻を契機とした安全保障上の緊張状態が，この政策領域に影響を及ぼしている．

本章が焦点を当てる事例は，欧州宇宙機関（ESA：European Space Agency）[1]である．このESAの研究開発の舞台である欧州宇宙技術研究センター（ESTEC：European Space Research and Technology Centre）において実施したインタビューを基に，公表資料による補正を通じて検討を進める．ESAは，日本の宇宙開発政策の実務において米国の米国航空宇宙局（NASA：National Aeronautics and Space Administration）とともに比較対象としてしばしば参照される．インタビューを実施したESTECは，日本のJAXA筑波宇宙センターに相当する．

ESAに関する政治学的な先行研究／既存研究は，その重要性に比して多いとはいえない．数少ない代表的な研究として，鈴木一人の『宇宙開発と政治』を中心としたグローバル・ガバナンスや国際政治（経済）学，国際関係論の視点からの研究蓄積がある［鈴木 2011；Suzuki 2003］．また，ESAや欧州各国宇宙機関の組織形成や研究開発プログラムに関する歴史研究や歴史的事実の整理については，ESA自らが進めている（Krige and Russo［2000］など，ESA History Projectとして多数公表されている）．しかし，その行政管理や責任追及のメカニズムについては，行政学ではこれまで十分な検討がなされてこなかった．

本章では，行政実務の現場に寄り添う形で，科学技術政策の民主的な統制（ある種の「シビリアン・コントロール」）と研究開発の実施とがいかなるバランスで運用されているかを問いとしている．ただし，ESAという事例の特殊性が招く限界には注意が必要である．科学技術政策の全てが宇宙開発政策と同様ではないし[2]，ESAは予算や指示系統を始め，日本の行政組織とは異なる行政プロセスに基づいている．本章の知見は科学技術政策の一般論ではないということである．

民主的統制には2つのベクトルがある．1つは評価や報告といった責任追及や管理活動の機会を増やし，研究者の活動を縛る方向である．もう1つは研究者のプロフェッショナリズムや専門家集団に全幅の信頼を寄せて，報告や管理の業務を減らす方向である[3]．本章は，このバランスが重要であると考えている．

日本の科学技術政策の一部では，このバランスが上手くいっていない例が明らかとなっている．たとえば，日本のJAXAでは，形式的な評価や報告機会が増え，本来行うべき研究開発に十分な時間を割けないという課題がある事実が浮き彫りになってきた（南島編 2020）．いわゆる「評価疲れ」の課題である．

民主的統制（評価や管理など）を行うために，かえって円滑な政策実施（ここでは，研究開発の進展）が阻害される．逆に，研究者の倫理観やプロフェッショナリズムも万能薬であるとはいえない．科学技術政策においては，その信頼を貶めるような汚職や不信が発生してきた過去もある［湯浅 2021］し，倫理を過度に強調して研究者に対する「やりがい搾取」が進むのもまた酷である．

相異なる統制のベクトルを上手に組み合わせ，政策の背景や事情，特徴に合わせて大小や強弱を調整し，バランスよく運用する必要がある．これを考える事例としてESAを取り上げる．結論から言えば，ESAでは研究の成否に関する市民のアカウンタビリティを抑制する構造で，予算や会計の基本的な側面，また投資的側面を重視する運用が（図らずも）なされている．

＋ 2．欧州宇宙機関の組織と政策

ESAは，欧州において宇宙に関する科学技術政策と研究開発の実施を担う機関である．日本のJAXAやアメリカのNASAに相当する役割を有するものの，複数の国々や欧州連合（EU：European Union）で構成される国際機関の様相を示す点で違いがある．ESA設立当初の原加盟国は10カ国であったが，2025年1月現在では23カ国の加盟国と3カ国の準加盟国にまで増えた[4]．

歴史を紐解けば，1975年に欧州宇宙研究機構（ESRO：European Space Research Organisation）と欧州ロケット開発機構（ELDO：European Launcher Development Organisation）を統合して設立された宇宙開発に関する政府間機構である［Krige and Russo 2000；Suzuki 2003][5]．前者のESROは，1964年に欧州原子核研究機関（CERN：European Organization for Nuclear Research）をモデルに設立された経緯がある［Krige and Russo 2000］．

ESAを構成するセンターは，各加盟国に分散している．本部はフランスのパリに置かれ，ドイツはミッション・コントロール（衛星と宇宙探査機の運用）を担う欧州宇宙運用センター[6]を有する．また，イタリアの欧州宇宙研究所[7]はデータセンター機能を担い，スペインの欧州宇宙天文学センター[8]は宇宙望遠鏡や惑

星ミッションの運用やデータ処理を行う．こうした各国のバランス下で，ESTEC を誘致した国がオランダである．1963年，デルフト工科大学のあるデルフトで設立準備を進めていたが，土地が狭く労働力も確保しにくい点や浸水地域であるため研究開発に理想的ではないといった点を理由として，1964年にノールトウェイクに招致した［European Commission 2018］．

　こうした状況に鑑みれば，欧州の宇宙開発政策の政策過程には公的部門で少なくとも4種類の組織が関与する．すなわち，EU，ESA，各国政府，各国宇宙開発機関である．ESA は EU の一組織ではないため，EU に属さないイギリスやノルウェー，スイスも加盟国として名を連ねている（カナダも特別加盟国として関与）．これに対して，各国政府と各国宇宙開発機関は統制・被統制の関係にある．たとえば，イギリス宇宙局（UKSA：United Kingdom Space Agency）は，イギリス政府の一組織としてその政策や方針に沿うことが求められる．このため，各国政府と各国宇宙開発機関が EU と ESA の接続点になる構造であると考えられている［宇宙航空研究開発機構調査国際部 2013：6］．

　2000年代には，この EU と ESA の密接な連携が進められた．両組織の理事で構成される欧州宇宙理事会が開催され，2007年には「欧州宇宙政策（European Space Policy）」［European Commission 2007］を共同で策定した．ただし，その歩みは必ずしも順調なものではなかったため，2010年代には EU と ESA の適切な関係の構築に関する進捗状況の報告書[9]が欧州委員会によって公表された．ESA の EU に対する政治的，会計的アカウンタビリティが不十分であると欧州委員会が指摘してきた経緯が報告書には記載されており［European Commission 2014：4］，統制の強化が進められてきた．

　2023年には，ウクライナ侵攻を念頭に "European Union Space Strategy for Security and Defence"［European Commission 2023］に代表される政策体系が整備された．ハイレベルな政策過程では，宇宙開発政策における防衛政策や安全保障政策の影響が色濃くなりつつある[10]．今後の欧州における宇宙開発政策を検討するためには，EU 宇宙プログラム庁や防衛産業・宇宙総局，欧州対外活動庁などの関係についても議論する必要があるだろう．

　ESA は国際機関と研究開発機関の双方の性格をもつ．そのため，研究機関の内外で2種類の政策体系が存在する．外部的には，前述の EU の政策に加え，各国政府や国連，民間企業等のさまざまな組織が，研究開発に「何を期待し，予算を投入するか」に応じて，政策を作っている．他方で内部的には，ESA

の政策体系としては，全体の戦略を定める "ESA Agenda2025"［European Space
Agency 2021］のほか，技術開発の方針を策定する "ESA Technology Strategy"
［European Space Agency Director General 2022］が整備されている．また，これら
の戦略や方針が策定される以前の文献を見ると，研究開発の現場に近いプロセ
スで開発管理を進めるために複数年度にまたがる計画や戦略が策定されてきた
［Feustel-Büechl et al. 2007］．

　ESA の意思決定は，ESA 閣僚級理事会（ESA Council at Ministerial Level）で
行われる．ここには参加国の代表が集い，加盟国の代表者１人１票の投票に
よって議決を行う［国立国会図書館調査及び立法考査局 2017：84］．この理事会にお
いて長官（Director General）は４年ごとに選出されるのだが，この長官のもとに
は11人の局長が配置されている．局長の一部は ESA を構成する組織（たとえば，
ESRIN や ESTEC，ESOC など）の長を兼任している．このうち，D/TEC（the Direc-
tor of Technology, Engineering and Quality）と D/OPS（the Director of Operations）
が開発管理に深く関わると考えられる．後者の D/OPS には，メンバー６人で
構成される上級管理チーム（senior management team）が設けられている[11]．

＋ 3．欧州宇宙機関における評価と管理

（1）組織内部における責任追及のメカニズム

　この ESA においては，どのように責任を確保する仕組み・仕掛けが設けら
れているか．ESTEC に所属する研究者にインタビュー[12]を試みた結果とそれに
関わる公表資料をもとに，組織の内外にわたる管理と評価を考えていきたい．

　まず，ESA は毎年度の報告書を公表しているが，施策・事業ごとの詳細な
情報公開が少ない点に気づく．インタビューからは，ESTEC における研究者
たちは，実験の実施や機材購入の予算執行など会計上の責任を追及されるもの
の，政策や研究開発プログラムに関する責任には直接関与しないという回答が
得られた．すなわち，研究者に求められるのは，あくまで研究チームのリー
ダーに対する報告や相談など，研究者間の連携を進めるための内部報告（inter-
nal reporting）に限られているというものであった．その負担感については，研
究者の１人はこうした責任（すなわち，会計責任）は研究者に課せられた本来業
務の１つと自覚していると答えていた．

　ここから研究者に対する「アカウンタビリティ」や「管理」に対する解釈が，

アメリカや日本とは異なることがうかがえる．その違いは，研究者と開発管理の担い手（マネージャー）の境界線についてもみられる．JAXA（ここでは，筑波宇宙センター）の場合，研究者もジェネラリスト的な組織構成員として扱われるため，研究部門から管理部門への異動を余儀なくされるケースもあるという[13]．数年間で交代するいわゆる「ご奉公」であるが，管理部門では数年おきにノウハウがリセットされ，研究の進捗もまた一時的に停滞してしまう．これに対し，ESTEC におけるインタビューによれば，ある段階で現場研究者に管理部門の道を歩むか否かの選択の機会が与えられるが，そこに組織構成員としての強制性はなく，面談を通じてあくまで自らの意思で現場から管理に向かうかを選択できる仕組みになっている[14]．管理部門の業務が自身に適していると判断すれば，研究者ではなく開発管理に関するプロフェッショナルの道を辿ることとなる．

　研究開発の管理（R&D Management）を主導する組織，TECNET（The Technology Network）についても説明する必要がある．ここには，技術的な管理を担う TEC-H（Technology Cooperation and Planning Office）と財務・経営的な管理を担う TEC-P（Management Support Office）の 2 系統がある[15]．TECNET には 8 つのワーキンググループが設けられており，それぞれ次のように関連する局に対応している[16]．すなわち，EOP と Earth Observation（EO），TIA と Telecommunications（TEL），NAV と Navigation（NAV（同じ略語）），SCI と Science（SCI（同じ略語）），Exploration（EXP），STS と Space Transportation（ST），OPS と Space Safety（SAF），そして TEC と Generic Technologies and Techniques（GEN）が対応関係にある．

　研究者の現場で実施を担う研究者たちは，各局長（前節を参照）に連なる縦の系統に対して，それぞれの専門分野に応じてドメイン（competence domain）の所属が割り当てられている（CD1 から CD10 まで）．たとえば，CD4 に属する電気工学の研究者は，NAV や TEL のワーキンググループと一緒に仕事を進める．

　TEC は，それぞれのワーキンググループに横串を通す形で事務局機能を提供しており，全体調整のために TECNET Chairs Forum（TCF）とよばれるフォーラムを開催している．TCF は，どの技術分野をどの組織が研究開発するか，Technology Harmonisation と呼ばれる技術的な調整を通じて，EU，ESA 参加国，他の国際機関，産業界（および，民間企業）の研究開発に関する方針策定を支援している．組織内外の方針を調整する役割を果たしていると考え

られる.

　このように，「研究者は研究をする者である」という大前提に沿って，研究者と管理，そして研究者と政治の間に一線を引く点が，日本に比べた場合には特徴的であると考えられる.

（2）組織外部における多様な評価とその管理

　それでは，研究開発の結果に対する責任はどこで確保されるのか. それは，研究開発を実施する ESA 内部ではなく，資金供与（investment）を行う各国政府，各組織が担保していると考えられる（日本の外務省大臣官房国際機関評価室が実施する「国際機関評価」と関心が似ている）. すなわち，それぞれの研究開発プログラムに対する責任追及が外在的に行われているのである. たとえば，国家宇宙政策（National Space Policy）の有効性を評価することで，各国政府はそれぞれの国民・住民，納税者に対する説明を果たしている. 結果として，ESA 内部における評価業務の負担が抑えられている可能性がある.

　ESA 外部にある各国宇宙機関の例として，オランダ（NSO：Netherlands Space Office）とイギリス（UKSA：UK Space Agency）をあげてみたい. ESTEC を擁すオランダであるが，宇宙機関 NSO は 6 年ごとに評価を実施している. ESA の研究プログラムと国内政策の関係を知るために，ロジックモデルに基づく分析が実施されており，国内政策と国際的な政策とは，アウトカムのレベルで接合が図られている［Kokkeler et al. 2022］.

　イギリスの UKSA においても外部評価が行われており，オランダと同様に外部のコンサルタントが評価を実施している［Technopolis 2022a；2022b］. ただし，その要件指定に際しては，イギリス大蔵省が整備する「Magenta Book」［HM Treasury 2020］に加え，宇宙機関 UKSA のために作成された「評価戦略（Evaluation Strategy）」［UK Space Agency 2015］が活用されている.

　両者とも，ESA に対する投資活動，資金の流れとして政策をとらえ，外部者がデスク・レビューや文献調査を主として行う性格の事後評価であった. 研究者との接点は時に外部コンサルタントが研究開発現場にインタビューに訪れるというものであり，予算プロセスごとに内部の研究者が報告書を個々個別に作成しなければならない日本の状況とは対照的である（たとえば，文部科学省，防衛省，経済産業省，内閣府に異なる説明や報告書を用意する状況）（南島編［2020］を参照）.

　また，その評価の視点は少しずつ異なり，ロジックモデルやセオリー評価，

経済手法といった各種評価手法を複数使いながら報告書を作成している［Kok-keler et al. 2022；Technopolis 2022a：4；8］．それは，ESA の各施策・研究内容に資金提供を行う外部主体がそれぞれの関心に応じた評価を実施しているからである．すなわち，この外部性ゆえに評価の運用方針についても政策ごとに異なる行政管理（つまり，評価管理）が行われているからであり，結果としてバラエティに富んだ責任追及がなされていると考えられる．

　たとえば，ESA の地球観測技術を SDGs に応用しようという世界銀行等の国際金融機関との連携イニシアチブ（EO4SD：Earth Observation for Sustainable Development）においては，その評価に開発援助の国際的な規準や手法（歴史的な議論や経緯については三上［2022］を参照）を用いており［Caribou Space 2019］，他の宇宙開発政策の評価と比べると異質ではあるがシステマティックな評価が実施されている．また，コペルニクス計画に関する暫定評価では，その規準として，有効性・効率性・妥当性・整合性，その他 EU が指定した規準を採用している［European Union 2017］．もちろん，研究結果や学会報告の活動をウェブ上にそのまま公表し，透明性を確保するシンプルな方法をとる場合もある．

　このように，ESA に関連しては研究開発に「何の効果を期待するか」に合わせて，さまざまな手法を用いた評価と責任追及が実施されている．知りたい情報に合わせた評価を実施できる他方，研究者たちの負担が最小限に抑えられている．それは，既に研究者たちが報告，発表している研究成果や行政文書を収集し，アレンジする文献調査が主たる手法に用いられているからでもある．研究者たちへの負荷を抑えつつも，複数の責任すなわち accountabilit "ies" に応える仕組みができていると考えられる．

＋ 4．民主的統制のバランス

　行政実務の現場に寄り添う形で，科学技術政策の民主的な統制と研究開発の実施とがいかなるバランスで運用されているか，これが本章の問いであった．ESA を通じて見えてきたのは，日本の宇宙開発政策とは異なる方法で民主的統制のメカニズムから研究者を一定程度，遠ざけている様子であった．すなわち，政策の中身や効果に関する評価を内部管理や開発管理の手法とは峻別し，国民や住民が求める説明の一部を外部化していたのである．結果として，責任追及のメカニズムを各国および EU 等の政治過程に委ね，（図らずも）住民と研

究者との間に何層も「緩衝材」をおいて研究者の専門性の発揮を妨げないような構造となっていた．それも，日本ほど予算単位で悉皆的に評価活動を行っているわけではない．行政における責任追及の内部化・脱政治化を志向する日本とはこの点が対照的であり，日本の科学技術政策についても現場の負担感を抑える態制の在り方を考える上でのヒントとなるかもしれない．

　ただし，前述のとおりアカウンタビリティのメカニズムが不十分であると欧州委員会に指摘されてきた経緯があるため［EC 2014］，ESA が先進事例であるとは必ずしも言えないかもしれない．また，この運用を ESA が意図的に狙っていたかについてもさらなる調査が必要である．

　いずれにせよ，現場で強調される責任の意味はおもに予算執行上の会計責任であり，研究開発の政策実施者である研究者の報告義務がシンプルに最小限に抑えられていた点，その代わりに予算を投入する外部主体が自身の興味関心に従って評価を管理・実施していた点からは学べるものも多い．はたして，研究開発においてはどの程度まで管理と責任追及が必要なのか，あるいは不要なのか．そのバランスに関する行政管理と方針策定が改めて日本でも必要となるだろう．

付記
本章は，海外現地調査について JST 次世代研究者挑戦的研究プログラム（JPM-JSP2129）の支援を受けた．ESA-ESTEC にてインタビューに応じていただいた Dr. Riccardo Rampini 氏に御礼を申し上げる．

注
1 ）　ESA の発音は「イサ」や「イーサ」など．なお，ESTEC のバス停で流れる案内音
　　声の発音は「エイザ」であった．ESA における公用語は英語とフランス語であり，
　　ESTEC では，研究者同士ではそのいずれかが主に話されていた．ESTEC 内の食堂や
　　売店では，現地語（オランダ語）でもやりとりが行われていた．
2 ）　本章には，全ての行政プロセスを一般化して議論する意図はない．その理由は，科
　　学技術政策の広大かつ多様な姿にある．たとえば，日本の JAXA 筑波宇宙センターと
　　同じ「筑波研究学園都市」に拠点を構える国立研究開発法人農業・食品産業技術総合
　　研究機構を比べると，翌年度の予算案を官房要求に回すまでの予算プロセスから既に
　　大きく異なっている．前者は機構内部で研究者の「ポンチ絵」等を修正してから主管
　　省に送付する（JAXA 東京事務所（お茶の水）にて2024年 4 月26日インタビュー）が，
　　後者は研究者が描く個々の事業計画や「ポンチ絵」に都度，本省から修正指示を出す

（農林水産省本省（霞ヶ関）で2024年4月5月に複数回インタビュー）．当然ながら，本省局長級の方針が反映される程度や頻度，迅速さにも隔たりがある．

3）「行政責任のディレンマ」［西尾 1990：364-366］，「アカウンタビリティのジレンマ」［山谷 2006：21］．

4）ESA ウェブサイト "ESA Member States and Cooperating States"（https://www.esa.int/ESA_Multimedia/Images/2013/02/ESA_Member_States_and_Cooperating_States，2025年1月21日閲覧）．なお，2025年1月1日にスロベニア共和国が23番目の加盟国となった．

5）ESA は歴史に関する整理資料を多く公開している．各プログラムや組織，参加国の背景について深く知ることができる．ある種の事後評価であるとも言えよう．

6）European Space Operations Centre（ESOC），ドイツの Darmstadt に所在．

7）European Space Research Institute（ESRIN），イタリアの Frascati に所在．

8）European Space Astronomy Centre（ESAC），スペインの Madrid 近く，Villanueva de la Cañada に所在．

9）この報告書では，ESA を EU の一組織にする選択肢も可能性の1つとして示されたが，実現可能性の観点から困難であるという結論に至った［EC 2014］．

10）EU Global Strategy や EU Common Foreign and Security Policy（上位政策としての安全保障政策）も関係する．

11）パラグラフの内容は，以下の ESA ウェブサイトに基づく．"top management"（https://www.esa.int/About_Us/Corporate_news/ESA_top_management，2024年9月15日閲覧）．

12）2022年10月6日，オランダ Noordwijk の ESA-ESTEC にて Dr. Riccardo Rampini 氏にインタビューを実施した．

13）2024年5月24日，JAXA 東京事務所にて宮崎英治氏と柳瀬恵一氏にインタビューを実施した．

14）前掲．Dr. Riccardo Rampini 氏．

15）ESA ウェブサイト "TEC"（https://technology.esa.int/page/tecnet，2024年9月15日閲覧）の表記に基づく．TEC は ESTEC と異なる．

16）前掲 ESA ウェブサイト "TEC" を参照．

17）研究開発の結果について，研究者自らが市民や国民，納税者に直接的に責任を負うメカニズムになっていないという意味である．

参考文献
〈邦文献〉
宇宙航空研究開発機構調査国際部［2013］「EU 及び ESA における意思決定メカニズムについて」，内閣府宇宙政策委員会第4回調査分析部会，配付資料1（https://www8.cao.go.jp/space/comittee/tyousa-dai4/siryou1.pdf，2022年11月1日閲覧）．

国立国会図書館調査及び立法考査局［2017］「宇宙政策の動向（科学技術に関する調査プロジェクト2016報告書）」国立国会図書館.

鈴木一人［2011］『宇宙開発と政治』岩波書店.

南島和久・張替正敏・山谷清志編［2020］『JAXA の研究開発と評価——研究開発のアカウンタビリティ——』晃洋書房.

西尾勝［1990］『行政学の基礎概念』東京大学出版会.

三上真嗣［2022］「援助評価の国際行政—— DAC 評価会合とガイダンス——」『同志社政策科学院生論集』11.

山谷清志［2006］『政策評価の実践とその課題——アカウンタビリティのジレンマ——』萌書房.

湯浅孝康［2021］「汚職・腐敗と責任論」，山谷清志編『政策と行政』ミネルヴァ書房.

〈欧文献〉

Caribou Space［2019］*Evaluation of Earth Observation for Sustainable Development (EO4SD)*.（https://www.spacefordevelopment.org/wp-content/uploads/2019/09/Caribou-Space-Evaluation-of-ESA-EO4SD.pdf, 2024年 7 月 5 日閲覧）.

European Space Agency［2018］Place for Space: 50 Years of ESTEC, the Heart of Europe's Space Research, BR-339（https://esamultimedia.esa.int/docs/ESTEC/50ESTEC_BR-339_final.pdf, 2024年 9 月15日閲覧）.

——［2021］ESA Agenda 2025: Make Space for Europe（https://esamultimedia.esa.int/docs/ESA_Agenda_2025_final.pdf, 2024年 7 月 5 日閲覧）.

European Space Agency Director General［2022］ESA's Technology Strategy Version 1.2, September 2022: Developing the Technology Which Will Enable the Next Major Technological and Commercial Disruptions（https://esamultimedia.esa.int/docs/technology/ESA_Technology_Strategy_Version_1_0.pdf, 2024年 3 月17日閲覧）.

European Commission［2007］Communication from the Commission to the Council and the European Parliament: European Space Policy, COM（2007）212 final（https://eur-lex.europa.eu/legal-content/EN/TXT/PDF/?uri=CELEX:52007DC0212, 2024年 7 月 5 日閲覧）.

——［2014］Progress Report on Establishing Appropriate Relations Between the European Union and the European Space Agency（ESA）. COM（2014）56 final（https://eur-lex.europa.eu/resource.html?uri=cellar:fc0fc94e-9090-11e3-a916-01aa75ed71a1.0018.01/DOC_1&format=PDF, 2024年 7 月 5 日閲覧）.

——［2016］Communication from the Commission to the European Parliament, the Council, the European Economic and Social Committee and the Committee of the Regions: Space Strategy for Europe. COM（2016）705 final（https://eur-lex.europa.eu/legal-content/EN/TXT/PDF/?uri=CELEX: 52016DC0705, 2024年 7 月 5

日閲覧).

——— [2023] Joint Communication to the European Parliament and the Council-European Union Space Strategy for Security and Defence. JOIN(2023) 9 final (https://eur-lex.europa.eu/legal-content/EN/TXT/PDF/?uri=CELEX:52023JC0009, 2024年 7 月 5 日閲覧).

European Union [2017] *Interim Evaluation of Copernicus Final Report.* Luxembourg: Imprimerie centrale (https://www.copernicus.eu/sites/default/files/2020-05/ET041 7742ENN.en_.pdf, 2024年 8 月 2 日閲覧).

Feustel-Büechl, J., Arend, H., Derio, E., Infante, G., Kreiner, G., Phaler, J., and Tabbert, M., Inter-Directorate Reform Team [2007] Strengthening the Management of ESA. ESA Bulletin 129 (https://www.esa.int/esapub/bulletin/bulletin129/bul129g_feustel.pdf, 2024年 3 月17日閲覧).

Guglielmi, M., Williams, E., Groepper, P., Lascar, S. [2010] "The Technology Management Process at the European Space Agency," *Acta Astronautica,* 66(5-6).

HM Treasury [2020] Magenta Book: Central Government Guidance on Evaluation (March 2020) (https://assets.publishing.service.gov.uk/media/5e96cab9d3bf7f412b 2264b1/HMT_Magenta_Book.pdf, 2024年 7 月 6 日閲覧).

Kokkeler, B., Cloosterman, E., Oomens, I., en van der Veen, G. [2022] Evaluatie Netherlands Space Office 2014-2021 Eindrapport (https://open.overheid.nl/documenten/ronl-ab1ce610ff4d2caf01a859c473ca7adeb848814d/pdf, 2024年 3 月28日閲覧).

Krige, J., and Russo, A. [2000] *A History of the European Space Agency, 1958-1987* (*Vol. 1 ESRO and ELDO, 1958-1973*), *SP-1235.* ESA Publications Division, ESTEC (https://www.esa.int/esapub/sp/sp1235/sp1235v1web.pdf, 2024年 3 月28日閲覧).

Lascar, S., and Guglielmi, M. [2005] "The European Space Technology Strategy and Harmonisation Process," *European Conference for Aerospace Sciences.*

Robinson D. K. R., and Mazzucato M. [2019] "The Evolution of Mission-oriented Policies: Exploring Changing Market Creating Policies in the US and European Space Sector," *Research Policy,* 48(4).

Suzuki, K. [2003] *Policy Logics and Institutions of European Space Collaboration,* Farnham, Surrey, England: Ashgate.

Technopolis [2022a] Impact Evaluation of UK Investment in ESA-PART-A: First Impact Evaluation of CMIN19 Investments (https://www.technopolis-group.com/wp-content/uploads/2022/10/3617-Impact-Evaluation-Report_PART-A_220427_FINAL.pdf, 2024年 3 月17日閲覧).

——— [2022b] Impact Evaluation of UK Investment in ESA-PART-B: Programme Level Reports (https://www.technopolis-group.com/wp-content/uploads/2022/10/

3617-Impact-Evaluation-Report_PART-B_220808_FINAL.pdf, 2024年3月17日閲覧).

UK Space Agency［2015］Evaluation Strategy（https://assets.publishing.service.gov.
uk/media/5a80b3ace5274a2e87dbb56f/Evaluation_Strategy_August_2015_FINALv2.
pdf, 2024年3月17日閲覧).

（三上 真嗣）

あとがき

　本書は，JSPS 科研費（22K01318）の助成を受けたものであり，晃洋書房の丸井清泰氏の全面的なご協力をいただきつつ刊行することができたものである．

　丸井氏からの最初のお話は2025年３月に同志社大学を退職される山谷清志先生の退職記念論文集を刊行してはどうかというものであった．だが，山谷先生は最後まで現職にこだわられていた．この本が退職記念論文集ではないのはこのためである．

　なお，山谷先生は本書と同時進行で『日本の政策評価』（晃洋書房，2025年）という著作を執筆されていた．山谷先生には大きなご負担をおかけすることとなったが，読者にはぜひ本書とともに『日本の政策評価』を手にとっていただきたい．その方が本書の意味も意義もより深く理解できるはずである．

　本書の基本コンセプトについては，同志社大学政策学部の講義，「科学技術政策論」（2023年度および2024年度）を下敷きにした（担当は山谷・南島）．この講義は，行政学からのアプローチを強く打ち出し，政策学各論として科学技術政策を位置づけるものであった．講義のなかでは JAXA の宮崎英治氏と柳瀬恵一氏にも話題提供をいただいた．宇宙開発というパワーコンテンツを，現場で研究開発を手がけている現職の方々にお話いただいたが，学生の反応には非常に強いものがあった．そのエッセンスは本書に収録されている．なお，関連書籍として南島和久編『JAXA の研究開発と評価——研究開発のアカウンタビリティ——』（晃洋書房，2020年）もご参照いただきたい．この講義においてあらためて実感できたことがあった．それは政策学各論の重要性であった．

　本書の具体的な内容については科研研究会で何度も何度も議論を重ねた．その初期段階では行政学者の城山英明先生や廣瀬克哉先生にもご相談をさせていただいた．本書は城山先生の『科学技術と政治』（ミネルヴァ書房，2018年）や廣瀬先生の『官僚と軍人——文民統制の限界——』（岩波書店，1989年）の背中を追いつつ，現場の議論や評価の議論を付け加えていこうというところから出発したものである．あわせてここに，山谷先生が師事した故・中村陽一先生のお名前も挙げさせていただきたい．中村先生はドン・K. プライスの『科学と民主制』（みすず書房，1969年）の翻訳も手がけられるなど，科学技術政策に関する

研究にも着手しておられたこの分野の先駆者である．

　本書の執筆陣は科研研究会のメンバーであり，研究会はその都度大きな盛り上がりをみせた．それは構成メンバーの識見もさることながら，科学技術政策という分野の奥深さや魅力にも原因があった．分野の魅力というのは研究を進める上で大きなウエイトを占めている．それが確認できただけでもこの研究会は成功であったと考えている．

　最後にあらためて，本書の刊行に多大なご尽力・ご協力をいただいた晃洋書房ならびに編集を手がけていただいた丸井清泰氏および徳重伸氏に感謝を申し上げる．お二人に大変なご迷惑をおかけすることで本書は日の目を見ることができた．記して謝意を表したい．

　2025年1月

南 島 和 久

索　引

〈アルファベット〉

COVID-19　7, 11
ESA Agenda2025　191
ESA Technology Strategy　191
NPM（New Public Management）　156, 165
SDGs　194
Society 5.0　70, 100
TEC-H（Technology Cooperation and Planning Office）　192
TECNET（The Technology Network）　192
TEC-P（Management Support Office）　192

〈ア　行〉

アイゼンハワー　50
アウトソーシング　75, 107-108, 171
アカウンタビリティ　1-6, 10, 14-16, 18, 166, 169, 172, 189-191, 195
アトムズフォーピース演説（原子力平和利用に関する演説）　50
安倍晋三　68, 84, 94, 96, 110
イギリス宇宙局　190
池田亀三郎　43
伊藤博文　23
イノベーション　36-37, 59, 68-72, 81-83, 110-112, 114-118, 140, 148-157, 164-166, 178
──25　69, 114, 164
──・ナショナルシステム　115, 116
──の創出　68, 70-71, 106, 110-111, 114-115, 117-118
ウクライナ侵攻　188
失われた30年　140
宇宙開発事業団（NASDA）　60, 174-175
宇宙開発戦略本部　82, 158
宇宙科学研究所（宇宙研，ISAS）　60, 174, 176
宇宙航空研究開発機構（JAXA）　60, 82, 169-185, 187-189, 192, 195
運営費交付金　63, 67-68, 75, 77, 109-110, 116,

129-130, 139
エビデンス　99, 101, 150, 152, 183
欧州宇宙機関（ESA）　187-194
欧州宇宙技術研究センター（ESTEC）　188, 190-193
欧州宇宙研究機構（ESRO）　189
欧州宇宙政策（European Space Policy）　190
欧州原子核研究機関（CERN）　189
欧州連合（EU）　189-190, 192, 194, 196
欧州ロケット開発機構（ELDO）　189
応用研究　29-30, 44, 160
大隈重信　23
大蔵省　32, 46-47, 49, 55, 64-65, 90, 95, 160
尾身幸次　64, 67

〈カ　行〉

外部評価　112, 173, 179-180, 193
外務大臣科学技術顧問　82, 87
海洋研究開発機構（JAMSTEC）　60, 177
科学　7-9, 12-13, 21, 24-25, 29
科学アカデミー　81, 83-85, 96, 99, 101-102
科学技術　1-18, 21, 25-31
──イノベーション　68-72, 114-115
──イノベーション基本計画　70, 100, 150
──・イノベーション基本法　36, 70, 89, 130, 156
──（・）イノベーション政策　68-70, 81, 111, 114-117, 147, 150
──イノベーション総合戦略　69, 72, 99, 115, 150, 157
──イノベーション創造推進費　71, 157
──会議　59-63, 66-67, 73, 87-88, 91-92, 101, 130, 136, 142, 155
──・学術政策研究所　82, 139, 148
──基本計画　36, 64-65, 67-71, 74, 99, 114, 118, 130, 150, 157, 164, 173
──基本法　35-36, 59-61, 63-65, 70, 74, 130, 151, 158, 164, 173
──行政協議会（STAC：Scientific Techni-

cal Administration Committee) 34, 42
-45, 49, 51-54, 56, 86-88, 161
——指標 148
——審議会 26, 28, 30-32, 49, 52-53
——振興機構（JST） 156, 175, 177
——振興長期計画 61
——振興調整費 62, 155, 157, 163
——新体制確立要綱 21, 26, 28-31
——創造立国 93, 164-165
——庁 10, 35-36, 41-56, 59-67, 72, 81, 86
-93, 96, 101, 154-157, 161, 164
科学審議会 26, 30-31
科学的助言・提言機能 85-86, 101
学者の国会 35, 61
学術人材の育成機能 85
学術の振興機能 85
学術の統合・体系化機能 85
革新的研究開発推進プログラム（ImPACT）
71, 157
官庁技術者懇談会 44-45
官邸主導 59, 68, 70, 72
菅直人 69
官民研究開発投資拡大プログラム（PRISM）
71
企画院 25-26, 28-31
菊池大麓 24
技術 21-24
——院 26, 28, 30-31, 34-35
——革新・イノベーション目標 148
基礎研究 25, 29-30, 44, 60, 62-63, 65, 100,
114, 123, 136-137, 139, 149, 152, 155, 157
-158, 163-166, 180
——ただ乗り論 163, 137
基本国策要綱 26-28
行政改革会議 66, 105-106, 108, 128, 130
——『最終報告』 66, 105-106, 128
行政管理庁 43-46, 48, 53
行政責任 15
国の研究開発評価に関する大綱的指針 172
-173, 182
経済科学企画庁 47
経済企画庁 48, 50-51, 54-55, 95-96
経済財政諮問会議 67, 84, 99

計算科学技術活用型特定研究開発推進事業
（ACT-JST） 63
研究開発の評価 105, 116-117, 173, 180
研究開発力強化法 111-113, 118-119, 127
-128
研究力強化・若手研究者支援総合パッケージ
132
研究力低下 139, 147-148, 165
健康・医療戦略推進本部 82, 158
原子力基本法 38, 51, 56
原子力研究所 49, 52-54
原子力庁 51, 59, 154
小泉純一郎 67, 108
興亜院 25-26
工業技術院 35-36, 42-43, 46, 51-52, 75
工業技術庁 35-36, 42
公共善 101-102
航空宇宙技術研究所（NAL） 60, 174
航空主兵主義 33
講座制 132-133, 138, 162-163
公設試験研究機関（公設試験場） 160, 162
工部省 23-24, 37
国際共同研究事業（ICORP） 63
高速増殖炉もんじゅの事故 89
国立研究開発法人 10, 36, 52, 86, 102, 105
-119, 123, 129, 150, 155, 157, 169-185, 195
国立試験研究機関 93, 130
国立大学法人 68, 82, 105-111, 113, 116-118,
129-130, 139

〈サ 行〉

サイクロトロン 33-34
最先端研究開発支援プログラム（FIRST）
157
さきがけ（PRESTO） 63, 93
櫻井錠二 29
サブプログラムディレクター（SPD） 157
サンフランシスコ講和条約 81
実用研究 29-30
準拠枠（frame of reference） 6
商工省 28-31, 35, 38, 42
司令塔 28, 36, 59-77, 83-84, 89, 94, 96, 99
-101, 109, 112, 115, 156-159, 164-165

城山英明　　10
新技術開発事業団　　155-157
人文科学（人文社会科学）　　7-8, 10, 44, 46, 55,
　　48-49, 61, 64, 66, 69-70, 83, 89, 155, 156
垂直的減量　　108
水平的減量　　108
菅義偉　　70, 96
鈴木一人　　188
成果志向　　165
成果評価　　179-180
政策遺産　　147, 151, 153, 159-161, 165-166
政策学習　　149-150
政策過程　　11, 147, 166, 190
政策形成プロセス　　147-149, 153
政策サイクル　　149
政策責任　　15-16
政策ドクトリン　　147
政策評価　　3-4, 11-12, 14, 150, 172-173
政治責任　　15-16
セオリー評価　　193
選択と集中　　68, 110-111, 138-139, 148, 151
　　-152, 160, 165, 184
全日本科学技術団体連合会　　25-26, 38
戦略的イノベーション創造プログラム（SIP）
　　71, 157
戦略的基礎研究推進事業（CREST）　　63
統合イノベーション戦略　　72, 100, 150
総合海洋政策本部　　82, 158
総合科学技術・イノベーション会議（CSTI）
　　59, 70, 82-83, 99, 117, 156, 173
総合科学技術会議（CSTP）　　59-60, 63, 66,
　　67, 69, 74, 83-84, 87, 94, 97-99, 101, 112-115,
　　156, 164, 173, 180
総合調整　　44-49, 51, 54-55, 81, 84, 86-87, 94,
　　112, 154-159
増税なき財政再建　　133
造船疑獄　　46
創造科学技術推進事業（制度）（ERATO）
　　62-63, 93, 137, 153, 155-157, 163

〈タ　行〉

第一次臨時行政調査会（第一臨調）　　154
第二次臨時行政調査会（第二臨調）　　134, 154

大学共同利用機関　　82, 93, 126, 173
大学審議会　　109, 135
大艦巨砲主義　　32-33
卓越研究事業　　125
多田礼吉　　31
知恵の場　　87, 94
知的財産戦略本部　　82, 158
中央教育審議会（中教審）　　107, 132, 142
中央省庁再編（中央省庁等改革）　　66, 81, 89
　　-94, 96, 105, 107, 128-129, 157, 158, 173
中期計画　　106, 109, 150
中期目標　　106, 109, 150
通商産業省　　35, 46-50, 52-53, 55, 64, 81, 87,
　　91-92, 96
定量的指標　　148
テニュア・トラック制　　131
東海再処理工場における火災爆発事故　　89
東京大学　　125-126, 130, 160
　　——教職員組合　　125
東北大学　　126, 141
　　——職員組合　　126
遠山敦子　　108
遠山プラン　　108-109
ドクトリン　　147-166
特別の機関　　56, 83, 89, 90
独立行政法人　　10, 36-37, 82, 85, 89, 105-114,
　　117-118, 169, 129, 150, 156-158, 160, 171
　　-173, 179-181
　　——通則法　　112-114, 171-173
ドッジライン　　47
トップダウン　　72, 93, 117, 153, 156-159, 162
　　-166
朝永振一郎　　33, 123

〈ナ　行〉

内閣府　　10, 14, 66-67, 71-72, 83, 89, 91, 94,
　　156-159, 172-173, 177, 193
内部評価　　179-181
西周　　22-23
仁科芳雄　　33
日本科学技術連盟　　44
日本学術会議　　33-35, 42, 45, 48-51, 56, 59, 61,
　　81-102, 136, 159

——法　34, 83, 94
日本学術振興会　28-29, 34, 82, 85, 155
日本再興戦略　84, 110, 115, 157
任期制　93, 124, 130-133, 135-138, 140
農商務省　160

〈ハ　行〉

派遣切り　127
橋本和仁　115
橋本龍太郎　66, 89, 105
ピアレビュー　166
非正規雇用問題　124
ビッグサイエンス　59-60, 158, 187
百学連環　22
評価業務　177, 193
評価者　170, 173, 182-183, 185
評価資料　177, 177, 179-185
評価疲れ　165, 172, 182, 189
平沼プラン　109
ファンディング・エージェンシー　156
福沢諭吉　21-22
藤垣裕子　19
プログラム・アカウンタビリティ　1-3
プログラム化　149-150
プログラムディレクター（PD）　157
プログラム評価　1-6, 15-17, 172
プロジェクトマネジメント　176, 173, 178
プロセス・アカウンタビリティ　3-5
米国航空宇宙局（NASA）　188-189
ポストドクター等1万人支援計画（ポスドク一

万人計画）　130-131, 139
ボトムアップ　72, 97, 101, 117, 163, 166

〈マ　行〉

前田正男　42-44, 47
松前重義　45
無期転換ルール　126, 128, 141
ムーンショット型研究開発制度　71
文部科学省　10, 13-14, 59, 63, 66-67, 81-82,
　91, 94, 110, 125-126, 128-129, 139, 148, 157
　-158, 173-174, 177, 193

〈ヤ　行〉

八木秀次　31
雇止め　123-128, 130, 139
山中伸弥　128
有期雇用　124-128, 130
湯川秀樹　25, 33, 123

〈ラ・ワ行〉

ライフサイエンス　62, 137
リヴァイアサン　1-2, 6, 16-17
理化学研究所　25, 29, 34, 36-38, 82, 114, 123
　-125, 129, 141, 173, 177
理研ネット　124-125
リーマン・ショック　127
臨時教育審議会（臨教審）　107, 109, 135
連合国軍最高司令官総司令部（GHQ）　21,
　34, 85
ロジックモデル　150, 193

《執筆者紹介》（執筆順，※は監修者，＊は編著者）

※山谷清志（やまや　きよし）[第1章]
　　奥付参照

＊南島和久（なじま　かずひさ）[第2章]
　　奥付参照

山谷清秀（やまや　きよひで）[第3章]
　　同志社大学大学院総合政策科学研究科博士後期課程修了，博士（政策科学）
　　現在，大阪経済大学国際共創学部専任講師
　　主要業績
　　『公共部門のガバナンスとオンブズマン──行政とマネジメント──』（晃洋書房，2017年）
　　『地域を支えるエッセンシャル・ワーク──保健所・病院・清掃・子育てなどの現場から──』（共
　　　　著，ぎょうせい，2021年）
　　『地方自治入門』（共著，法律文化社，2023年）

定松　淳（さだまつ　あつし）[第4章]
　　東京大学大学院人文社会系研究科博士課程単位取得退学，博士（社会学）
　　現在，東京大学教養学部特任准教授
　　主要業績
　　『科学と社会はどのようにすれ違うのか──所沢ダイオキシン問題の科学社会学的分析──』（勁草
　　　　書房，2018年）
　　『科学コミュニケーション論の展開』（共編著，東京大学出版会，2023年）
　　「文部科学省審議会における『もんじゅ』後続炉選定過程の分析」（『科学史研究』305，2023年）

村上裕一（むらかみ　ゆういち）[第5章]
　　東京大学大学院法学政治学研究科博士課程修了，博士（法学）
　　現在，北海道大学大学院公共政策学連携研究部・法学部教授
　　主要業績
　　『技術基準と官僚制──変容する規制空間の中で──』（岩波書店，2016年）
　　『地方創生を超えて──これからの地域政策──』（共編著，岩波書店，2018年）
　　「『より良い規制』のための評価システムの条件」（『日本評価研究』22(2)，2022年）

西山慶司（にしやま　けいじ）[第6章]
　　法政大学大学院社会科学研究科修士課程修了，博士（政治学）
　　現在，山口大学経済学部教授
　　主要業績
　　『公共サービスの外部化と「独立行政法人」制度』（晃洋書房，2019年）
　　「独立行政法人制度における目標管理と評価──国立研究開発法人の観点から──」（『日本評価研
　　　　究』21(1)，2021年）
　　「独立行政法人制度における目標管理の変容──特定国立研究開発法人に着目して──」（『季刊行
　　　　政管理研究』177，2022年）

湯 浅 孝 康（ゆあさ　たかやす）［第7章］
　　同志社大学大学院総合政策科学研究科博士後期課程単位取得満期退学，博士（政策科学）
　　現在，大阪国際大学経営経済学部准教授
主要業績
　　『政策と行政の管理——評価と責任——』（晃洋書房，2021年）
　　『政策と行政（これからの公共政策学 2）』（共著，ミネルヴァ書房，2021年）
　　『地方自治入門』（共著，法律文化社，2023年）

白 川 展 之（しらかわ　のぶゆき）［第8章］
　　慶應義塾大学大学院政策・メディア研究科博士後期課程所定単位取得満期退学，博士（政策・メディア）
　　現在，新潟大学人文社会科学系経済学系列・工学部准教授
主要業績
　　『社会イノベーションの科学——政策マーケティング・SROI・討論型世論調査——』（共著，勁草書房，2014年）
　　ピレト・トヌリスト，アンジェラ・ハンソン著，経済協力開発機構（OECD）編『先見的ガバナンスの政策学——未来洞察による公共政策イノベーション』（単訳，明石書店，2023年）
　　Digital Transformation in Asian Economies: Enhancing Productivity, Socioeconomic Impacts, and Policy Insights（編著，Asian Productivity Organization, 2024）

宮 崎 英 治（みやざき　えいじ）［第9章］
　　早稲田大学大学院理工学研究科修士課程修了，博士（工学）
　　現在，国立研究開発法人宇宙航空研究開発機構研究開発部門研究領域主幹
主要業績
　　『JAXA の研究開発と評価——研究開発のアカウンタビリティ——』（共著，晃洋書房，2020年）
　　「国立研究開発法人における研究評価の現状と課題—— JAXA 研究開発部門の事例——」（共著，『日本評価研究』21(1)，2021年）
　　"Outgassing properties of bamboo-derived cellulose nanofiber for space applications"（共著，*Acta Astronautica*, 225, 2024）

柳 瀬 恵 一（やながせ　けいいち）［第9章］
　　鳥取大学大学院工学研究科博士課程修了，博士（工学）
　　現在，国立研究開発法人宇宙航空研究開発機構経営企画部参事
主要業績
　　『JAXA の研究開発と評価——研究開発のアカウンタビリティ——』（共著，晃洋書房，2020年）
　　「国立研究開発法人における研究評価の現状と課題—— JAXA 研究開発部門の事例——」（共著，『日本評価研究』21(1)，2021年）
　　「宇宙機搭載機器用機械的インパクト式衝撃試験における衝撃応答スペクトラムの予測および調整手法」（共著，『日本機械学会論文集』87(896)，2021年）

三 上 真 嗣（みかみ　まさつぐ）［第10章］
　　同志社大学大学院総合政策科学研究科博士後期課程修了，博士（政策科学）
　　現在，長野県立大学グローバルマネジメント学部講師
主要業績
　　『政策と行政（これからの公共政策学 2）』（共著，ミネルヴァ書房，2021年）
　　『地域を支えるエッセンシャル・ワーク——保健所・病院・清掃・子育てなどの現場から——』（共著，ぎょうせい，2021年）
　　『評価と行政管理の政策学——外務省と開発協力行政——』（晃洋書房，2025年）

《監修者紹介》

山 谷 清 志（やまや　きよし）

中央大学大学院法学研究科博士後期課程退学，博士（政治学）

現在，同志社大学政策学部教授

主要業績

『政策評価の理論とその展開——政府のアカウンタビリティ——』（晃洋書房，1997年）

『政策評価』（ミネルヴァ書房，2012年）

『日本の政策評価』（晃洋書房，2025年）

《編著者紹介》

南 島 和 久（なじま　かずひさ）

法政大学大学院社会科学研究科博士後期課程修了，博士（政治学）

現在，龍谷大学政策学部教授

主要業績

『公共政策学』（編著，ミネルヴァ書房，2018年）

『政策評価の行政学——制度運用の理論と分析——』（晃洋書房，2020年）

『JAXA の研究開発と評価——研究開発のアカウンタビリティ——』（編著，晃洋書房，2020年）

ガバナンスと評価16

科学技術政策とアカウンタビリティ

2025年3月20日　初版第1刷発行　　＊定価はカバーに表示してあります

監修者	山　谷　清　志	
編著者	南　島　和　久	ⓒ
発行者	萩　原　淳　平	
印刷者	江　戸　孝　典	

発行所　株式会社　晃　洋　書　房

〒615-0026　京都市右京区西院北矢掛町7番地

電話　075(312)0788番（代）

振替口座　01040-6-32280

装丁　クリエイティブ・コンセプト　印刷・製本　共同印刷工業㈱

ISBN978-4-7710-3959-9

|JCOPY| 〈(社)出版者著作権管理機構　委託出版物〉

本書の無断複写は著作権法上での例外を除き禁じられています．複写される場合は，そのつど事前に，(社)出版者著作権管理機構（電話 03-5244-5088, FAX 03-5244-5089, e-mail: info@jcopy.or.jp）の許諾を得てください．

山谷 清志 著
日 本 の 政 策 評 価
A 5 判 234頁
定価3,080円（税込）

三上 真嗣 著
評 価 と 行 政 管 理 の 政 策 学
——外務省と開発協力行政——
A 5 判 258頁
定価3,300円（税込）

山谷 清志・岩渕 公二 編著
協 働 型 評 価 と Ｎ Ｐ Ｏ
——「政策21」の軌跡——
A 5 判 204頁
定価2,750円（税込）

山谷 清志 監修／源 由理子・大島 巌 編著
プ ロ グ ラ ム 評 価 ハ ン ド ブ ッ ク
——社会課題解決に向けた評価方法の基礎・応用——
A 5 判 260頁
定価2,860円（税込）

張替 正敏・山谷 清志／南島 和久 編
Ｊ ＡＸＡ の 研 究 開 発 と 評 価
——研究開発のアカウンタビリティ——
A 5 判 96頁
定価1,320円（税込）

南島 和久 著
政 策 評 価 の 行 政 学
——制度運用の理論と分析——
A 5 判 226頁
定価3,080円（税込）

西山 慶司 著
公共サービスの外部化と「独立行政法人」制度
A 5 判 228頁
定価3,520円（税込）

山谷 清秀 著
公共部門のガバナンスとオンブズマン
——行政とマネジメント——
A 5 判 256頁
定価3,080円（税込）

鏡 圭佑 著
行 政 改 革 と 行 政 責 任
A 5 判 198頁
定価3,080円（税込）

湯浅 孝康 著
政 策 と 行 政 の 管 理
——評価と責任——
A 5 判 194頁
定価2,970円（税込）

マーク・H. ムーア 著／松野 憲治 訳
パ ブ リ ッ ク マ ネ ジ メ ン ト
——不確実な時代の公共戦略——
A 5 判 402頁
定価6,050円（税込）

デレク・ビレル, ポール・カーマイケル, デアドレ・ヒーナン 著／箕輪 允智 訳
英 国 の 地 方 分 権
——政治・権限・政策——
A 5 判 276頁
定価6,160円（税込）

晃 洋 書 房